本书是 2021 年度河北省社会科学发展研究课题
"河北省职业院校'双师型'教师资格认定标准
研究"（课题编号：20210201458）的研究成果

新时代应用型高校"双师型"
师资队伍建设与创新发展研究

姜　鑫　王建猛　刘　欣◎著

燕山大学出版社

·秦皇岛·

图书在版编目（CIP）数据

新时代应用型高校"双师型"师资队伍建设与创新发展研究 / 姜鑫，王建猛，刘欣著.
—秦皇岛：燕山大学出版社，2021.10
  ISBN 978-7-5761-0071-6

Ⅰ．①新… Ⅱ．①姜… ②王… ③刘… Ⅲ．①高等学校－师资培养－研究－中国
Ⅳ．①G645.12

中国版本图书馆 CIP 数据核字（2021）第 223319 号

新时代应用型高校"双师型"师资队伍建设与创新发展研究
姜　鑫 王建猛 刘　欣 著

出 版 人：陈　玉
责任编辑：孙志强
封面设计：刘韦希
出版发行：燕山大学出版社 YANSHAN UNIVERSITY PRESS
地　　址：河北省秦皇岛市河北大街西段 438 号
邮政编码：066004
电　　话：0335-8387555
印　　刷：英格拉姆印刷(固安)有限公司
经　　销：全国新华书店

开　　本：700mm×1000mm　1/16　　印　张：19.5　　字　数：288 千字
版　　次：2021 年 10 月第 1 版　　　　　印　次：2021 年 10 月第 1 次印刷
书　　号：ISBN 978-7-5761-0071-6
定　　价：79.00 元

前　言

随着《国务院关于加快发展现代职业教育的决定》《现代职业教育体系建设规划（2014—2020年)》《关于引导部分地方普通本科高校向应用型转变的指导意见》等文件的相继出台，我国应用型本科院校步入政策指导和落地实践阶段。全国广东、浙江、河北等20多个省（区、市）出台了引导部分普通本科高校向应用型转变的文件，从简政放权、专业设置、招生计划、教师聘任等方面为普通本科高校转型改革提供支持。全国有200所地方高校相继启动了探索应用型大学建设工作，成为全国向应用型大学转型的试点高校。加快应用型本科高校转型建设是党中央、国务院的重大决策部署，是时代的呼唤与要求，在政策引领和驱动下必将带来高等职业教育体系与结构的重大变革和发展，为高等职业教育服务社会经济发展和优化区域产业结构需求作出新贡献。

随着我国进入新的发展阶段，产业升级和经济结构调整加速。社会分工正朝着多样化、精细化、国际化方向发展，大数据、人工智能、信息化和工业化时代催生应用技能型人才需求逐年增加。应用型高校转型发展是优化高等教育结构和人才供给结构的时代要求，是新时代我国经济转型升级的现实要求。鉴于应用型高校发展还处于初级阶段，虽然在转型发展过程中积累了一定经验，但是由于"双师型"师资力量薄弱，很难培养出行业企业急需的、具有较好专业理论基础、较强专业实践能力和一定技术应用创新能力的应用技术型人才。为此，加强"双师型"教师队伍建设就成为应用型高校迫切的现实要求。

改革开放以来，我国职业教育"双师型"教师队伍规模不断扩大，体系结构更加合理，质量显著提升，创新持续，特色凸显。2019 年，国务院颁布的《国家职业教育改革实施方案》强调"职业教育与普通教育是两种不同的类型，具有同等重要的地位"，明确了职业教育体系类型教育的本真价值。同年，教育部等四部门印发了《深化新时代职业教育"双师型"教师队伍建设改革实施方案》，提出经过 5 ～ 10 年时间，基本建成一支师德高尚、技艺精湛、专兼结合、充满活力的高素质"双师型"教师队伍。该方案的发布，标志着我国"双师型"教师队伍建设进入新时代，也为我国新时代高校院校教师队伍建设提供了明确的方向指引。"双师型"是职业教育师资队伍建设的目标和要求，建设高素质"双师型"教师队伍是现代职业教育发展的关键和难点。

为此，本书从应用型高校的师资队伍建设理论出发，进而阐述了新时代"双师型"师资队伍建设的培养模式、培养方法、专业认证标准体系、"双师型"教师资格认定标准、专业素质提升策略等。对完善我国职业教育教师政策体系，指导应用型高校教师队伍建设实践，丰富职业教师师资理论具有理论意义。对于构建"双师型"教师培养机制，创新"双师型"教师培养模式，切实落实国家"双师型"教师队伍建设，尤其是"双高"背景下高水平"双师型"教师队伍建设要求，具有十分重要的现实意义。

目　　录

第一章　现代职业教育体系

第一节　现代职业教育概论

现代职业教育是适应 21 世纪经济、社会发展需要的现代教育中的一个教育类型。现代职业教育的发展是现代产业结构调整、现代劳动力市场供求的"晴雨表",已成为促进新世纪全面小康社会发展的关键。加快发展现代职业教育,建立与现代产业相匹配的职业教育体系,有利于加速我国经济发展方式的转变。现代社会发展需要依靠广大劳动者素质的提高和科学技术的进步,需要培养生产、管理、服务等领域广泛的技术应用型人才和熟练的劳动者。现代职业教育的发展是实现我国经济社会发展战略任务的驱动器,是促进劳动者高质量就业的重要途径。

一、职业与职业教育

(一)职业

人类社会由于生产的发展,劳动逐渐复杂化,于是产生社会分工。但是在原始社会早期,社会生产力极其落后,人类对抗自然的力量非常弱小,必须依靠集体的力量获得生存,那时人们是集体劳动,为了生存人们从事各种劳动,从事的是非固定性的工作。当农业与畜牧业逐渐分离后,社会生产力的发展使劳动者相对地从事某种固定性的工作,这种工作就是早期职业的萌芽。社会分工促成了职业的形成。

职业关乎生活来源,需要付出劳动服务社会,这种劳动和服务需要一定的知识或者技能，这就是职业的特性。随着这种特性的改变，职业也相应地发生着改变。数千年来，随着社会的发展变化，各种新的职业不断出现，也有千千万万旧的职业不断消失。现代社会中，劳动者为了快速适应社会劳动的需要，有目的地提前接受有关职业工作的知识或者技能，教育对职业产生了重大的影响。

（二）职业教育

1. 教育

我国学者一般将教育分为广义和狭义两个层面来定义，广义的"教育"指一切增进人们知识技能，影响人们思想品德的活动；狭义的"教育"主要指学校教育，指教育者根据一定的社会或阶级的要求，有目的有计划地对受教育者身心施加影响，把他们培养成为一定社会或阶级所需要的人的活动。欧美学者一般将"教育"等同于个体学习或发展过程。如《英汉双解英语词典》把"教育"解释为：成功地学习知识、技能与正确态度的过程。这里所学的应是值得学习者为之花费精力与时间的内容，学习方式则一般应使学习者能通过所学习的知识表现自己的个性，并将所学的知识灵活地应用到学习时自己从未考虑过的境遇和问题中去。

2. 职业教育

对人类而言，自有人类存在便产生了教育；对个体而言，教育与生俱来，与生而止。《辞海》"职业教育条"将职业教育界定为"给予学生或在职人员从事某种生产、工作所需要的知识、技能和态度的教育"。这一界定来源于"教育是为生活做准备"的思想，即教育工具论。联合国教科文组织（UNESCO）公约对职业教育与培训的定义也与此具有相似性："包括教育过程的各种形式和各种层次，它除了一般知识的传授外，还涉及技术和相关科学知识的学习，以及对于社会生活和经济生活息息相关的实用技能、专业知识、态度和看法的掌握。"

近年，也有国内学者将职业教育定义为：职业教育就是在一定普通教育的基础上，对社会各种职业、各种岗位所需要的就业者和从业者所进行的职业知识、技能和态度的职前教育和职后培训，使其成为具有高尚的职业道德、严明的职业纪律、宽广的职业知识和熟练的职业技能的劳动者，从而适应就业的个人要求和客观的岗位需求，推动生产力的发展。这一概念是职业教育从单纯的工具论，发展到兼顾教育的价值功能，兼顾"教育即生活"，职业教育除知识、技术、技能外，还注意学习者的素养、品质的养成。

二、现代职业教育发展环境

（一）我国社会经济高速发展，需要大力发展职业教育

中国特色新型工业化、信息化、城镇化、农业现代化局面正在形成，信息化与工业化得到深度融合，推进以人为核心的新型城镇化已经全面启动。创新型国家建设成效显著，载人航天、探月工程、载人深潜、超级计算机、高速铁路等实现重大突破。当前我国正处于社会主义现代化的关键阶段，为实现国家富强、民族振兴、人民幸福的中国梦，需要加快发展工业化、信息化、市场化、城镇化，转变经济发展方式，促进产业结构调整和转型升级，迫切需要培养大批技能型、应用型人才，必须更加重视和加强职业教育，大力提高高等职业教育的质量和水平。

加快产业结构调整，推动战略性新兴产业、先进制造业健康发展，加快传统产业转型升级，推进城乡发展一体化。设立新兴产业创业创新平台，在新一代信息技术、先进制造、新能源、新材料等方面赶超先进，引领未来产业发展。大力发展现代服务业，优先发展生产性服务业，促进文化创意和设计服务与相关产业融合发展，加快发展保险、商务、科技等服务业，促进信息化与工业化深度融合，推动企业加快技术改造。

产业结构的调整、科学技术的发展、职业岗位的变动，都是影响职业教育生存与发展的重要因素。职业教育必须满足产业发展的需求，随着产业、行业企业技术含量的日益提高，对劳动者综合素质的要求也不断提高。但在劳动力供给和需求市场上，却存在严重的产业需求不足与就业困难的矛盾，这种矛盾并非劳动力总量不足，而是劳动力供给结构与产业需求结构的矛盾。一方面，技术工人总量不足、年龄与知识结构不合理、技师和高级技师断档；另一方面，大学生找不到工作，农村劳动力剩余，严重制

约了产业和企业的发展，成为社会经济发展的瓶颈。随着产业结构调整、科学技术发展，职业技能的要求会越来越高，职业岗位的变动会更加频繁，劳动力供求的结构性矛盾将更加突出，技能型人才供不应求的矛盾也将进一步加剧。劳动力市场的新矛盾，对现代职业教育的发展提出了新要求、新使命，为职业教育的大力发展提供了新的契机。职业教育只有主动应对产业市场的需求，主动服务从业者职业资格及其职业能力的动态变化，才能适应市场经济的潮流，培养出满足社会需求的、全面发展的、具有创新精神的职业人才，才能办出人民满意的教育。

（二）国家高度重视现代职业教育的发展

我国正处于全面建设小康社会的关键时期，高技能人才在增强国家自主创新能力、提升产业技术水平方面，具有不可替代的重要作用，因此，必须把教育事业放在优先发展的战略地位。职业教育是培养技术技能型人才的摇篮，是提高劳动者素质的基地，党中央、国务院高度重视发展职业教育，大力推进职业教育发展，支持各级各类职业教育办出特色、办出效益。

《中共中央关于教育体制改革的决定》首先提出"大力发展职业技术教育"，提出"发展职业技术教育要以中等职业技术教育为重点，同时积极发展高等职业技术院校"，是我国职业教育发展的一次重大转折，《职业教育法》则奠定了职业教育在国民教育中的法律地位。国际经济竞争的核心，是技术和人才的竞争，我国要更加有效地参与国际合作和竞争，就必须不失时机地大力推进职业教育发展。《国家中长期教育改革和发展规划纲要（2010—2020年）》提出大力发展职业教育，对职业教育的发展作出了长远规划，认为"发展职业教育是推动经济发展、促进就业、改善民生、解决'三农'问题的重要途径，是缓解劳动力供求结构矛盾的关键环节，必须摆在更加突出的位置"。要求政府切实履行发展职业教育的职责，"把职业教育纳入经济社会发展和产业发展规划"，提高技能型人才的社会地位和待遇。《国务院关于加快发展现代职业教育的决定》进一步强调要"深化体制机制改革，统筹发挥好政府和市场的作用，加快现代职业教育体系建设"，确立"政府推动、市场引导"的原则，"强化省级人民政府统筹和部门协调配合"。

（三）经济全球化以及科技革命新浪潮给职业教育发展带来新的机遇

经济全球化以及科技革命新浪潮给我国发展提供了巨大动力和机遇。经济全球化给各国的发展带来新的机遇，世界经济国际投资的迅速增长带来了资本的国际化，对外贸易成为国际交往中最为活跃的环节和各国经济发展中不可缺少的组成部分，促进了市场的国际化，国际金融交易大大超过世界生产和商品交易、服务贸易，成为国际交往的重要组成部分。

新科技革命的影响加深，经济信息化加速发展。科学技术是世界经济发展、人类历史进步的主要动力。它改变了世界经济增长的方式；引发了世界范围内的产业结构调整；加深了国际分工；加强了世界各国的经济联系，推动了经济全球化趋势；它在创造新产品、新产业的同时，也改造了旧产品、旧产业，促进了生产力的发展，改变了人们的消费结构、生活方式，提高了一些国家的经济实力。尤其是以数字化和网络化为特征的信息技术的飞速发展，使全球经济增长方式发生了根本性的变化。知识逐渐取代自然资源成为经济增长的第一要素；高技术产业逐渐超过传统产业成为国民经济的第一支柱。21世纪的社会是全面信息化的社会，随着现代信息技术、网络技术在各方面的广泛应用，信息产业得到了高速增长。经济全球化、新科技革命和信息化为现代职业教育的发展提供了动力，带来了新的发展机遇。

（四）现代职业教育发展面临的主要问题

我国职业教育尤其是高等职业教育，在近十余年发展速度非常快，所取得的成效也非常显著，初步形成了具有中国特色的职业教育体系。但是随着社会主义市场经济的高速发展以及现代化，我国职业教育也面临新的困难和挑战。

第一，受传统文化"学而优则仕"观念影响，职业教育受歧视的现状难以改观。技能人才的社会地位、福利待遇、社会保障程度较低，分配机制不够合理，与普通教育相比，职业教育的生存环境有待改善。

第二，职业教育投入仍然不足，投入体制需进一步理顺，国家对职业教育经费的投入需要加强。投入不足直接影响职业院校办学条件，一些经济落后省份的职业院校教学设备陈旧，严重影响职业教育的正常发展。

第三，职业教育管理体制机制不顺畅，多头管理，政出多门，资源分散。职业资格制度混乱，甚至出现同一专业岗位对应的职业资格证书过多，不同的政府部门开设不同的资格证书考试，认证标准各不相同等问题。

第四，校企合作、工学结合两张皮的问题难以解决。校企合作企业积极性不高，学生实习困难，企业与学校责、权、利不明确，相关法律法规保障不完善，难以深度合作。企业的宗旨首先是盈利，在校企双赢机制不健全的情况下，校企合作的利益难以协调，企业单方面的资助行为难以长久。尤其是在企业接收职业院校学生实习的税收减免、安全事故的责任等法律规范没有明确的前提下，校企合作动力、合作制度、合作机制有限。

第五，师资力量不足，尤其双师型教师不足。高等职业教育规模扩张过快，教师数量不足，教师本身承担过多的教学任务，且学生人数又多，直接影响教学质量。同时，无论是中等职业还是高等职业教育，教师专业实践技能都有待提高，教师的课程理念跟不上课程改革的发展，局限于从事学科课程的教学，缺乏必要的工作岗位实践经验。有的学校实训课程开设不足，占学习课程比例较少，学生得不到应有的操作训练，职业能力培养质量不高。

三、现代职业教育理念与特点

（一）现代职业教育理念

职业教育理念是人们对职业教育科学发展的一种理性认识，是办学者和参与者职业教育思想的体现，也是职业院校办学、教育教学的指导方针，对学校教育改革发展具有重要的影响。不同的职业学校和教育者、研究者，从各自的视角提出了多种多样的教育理念，如有的学者提出职业教育现代化、市场化、产业化、素质化、终身化理念，有的提出人本教育理念、选择教育理念、职业教育理念、能力本位教育理念等，仁者见仁智者见智，关键是理念与教育实践的有机结合，理念能付诸实际。职业教育理念随着社会经济发展、产业的转型升级、职业岗位能力变化而不断地发展变化，教育理念是一个动态的、发展的概念。

1. 职业教育终身化

终身教育成为时代发展的需要。自20世纪60年代中期以来，在联合国教科文组织等国际组织的大力提倡、推广之下，加之知识经济和网络时代的需要，使得终身教育深入人心，并成为各行各业自身发展和适应职业需求的生存之道。学校教育是一种阶段性教育，普通教育是一种职前教育，而与终身教育息息相关的教育就是职业教育。职业与生存的需要，使学习成为人们一种基本的生活方式和发展方式，有力地推动了现代职业教育的发展。

自法国的保罗·朗格朗（Pari Lengrand）提出终身教育以后，建立全民参与的终身教育体系已成为世界教育发展的共同潮流。法国于1971年制定《终身职业教育法》，将终身教育与职业教育合二为一，作为成人教育的法律推据。美国于1976年制定并颁布《终身学习法》，并在联邦教育局设立终身教育局，作为国家对终身教育的管理机构。日本于1988年在文部省设立终身学习局，1990年，国会颁布实施《终身学习振兴法》，并在文部省设立终身学习审议会，同时要求地方政府依法设立专门行政机构，制定终身学习的振兴计划。21世纪科学技术突飞猛进，信息技术改变了人们的学习空间和方式，如慕课的出现，就是借助开放网络资源综合发展起来的一种在线课程模式，是一种大规模的网络开放课程，它将分布于世界各地的授课者和学习者通过开放式网络平台联系起来，形成一种便利的、自由的、开放的终身学习模式。我国通过开展社区教育、成人教育、职业培训等方式，大力推动终身教育，以适应社会的现代化发展水平。同时，转变我国经济发展方式和发展现代产业体系，也需要建立终身教育体系，以促进职业教育的可持续发展，促进劳动者适应职业技能的发展变化。

2. 职业教育社会化

社会化是人从自然人到社会人、从生物属性到社会属性的转化过程，是社会通过各种方式使人习得社会行为规范并内化为个体的行为、价值观念，成为社会人的过程。社会化包括社会对个体的教化和个体社会成员的相互学习两个方面，是心理学、教育学的重要概念。人的社会化对传递人类文化、增进人的生存技能、促进社会的发展具有重要意义。美国人类学家米德（Margaret Mead）将社会化分为三种模式：后喻文化、前喻文化、同喻文化。米德的研究对教育社会学理论的发展产生了重大的影响。在社会化过程中，教育起了极其重要的作用，通过教育传递人类文化经验、社会规范、道德意识。教育社会化就是系统地对个体进行有关生产与生活基本知识和基本技能的传授，授以社会行为规范，确定人生目标，培养人的社会角色。

职业教育是一种终身教育，包括职前、职中、职后三个阶段，从单一的学校教育延伸到整个社会，实现教育的社会化。职业教育受众范围十分广泛，包括在校学生、在职员工、下岗人员、农村人员，从年龄视角可分为成年人、未成年人，且教育需求具有多样性，包括全日制教育、岗位培训、继续教育或就业培训等，是社会性最为广泛的教育。职业教育社会化的内涵包括保障全体社会成员有平等接受职业教育与培训的机会，为失业者和处境不利人群提供各种正规和非正规的技术和职业培训，促进终身教育和社区教育，为社会成员提供有效的职业指导与咨询。职业教育社会化是现代工业社会发展的必然要求，也是世界许多国家发展职业教育的成功经验，是当代职业教育的重要发展趋势。

职业教育社会化的特征，主要体现在以下几个方面：①职业教育内容的社会化。职业教育必须使受教育者获得某种职业或生产与生存的技能，其知识和技能的构成必须是与社会经济生活紧密关联的、实用性的。②职业教育方式、手段、途径的社会化。职业教育的实践性、实用性要求职业教育的教学必须与实践相结合，加强校企合作、工学结合或半工半读，为企业服务，为生产服务。通过企业实训实习、为企业提供技术支持、开发新产品等方式形成社会化学习网络。③职业教育要实行社区化办学。面向企业，面向行业，走进社区，开展职业培训、职业咨询和指导。④职业教育社会化将助推农村职业教育的发展。按照农科教相结合的原则，推进农村科学技术的发展，普及农业技术知识，通过建立农村技术培训机构、现代农业示范园区，开展农业科学技术培训，促进农村的发展与进步。

职业教育社会化还体现在教育的开放性方面，职业教育是向社会开放的教育，是任何社会个体都可以进入的教育。职业教育的开放性主要表现在：一是教育对象的开放，职业学校教育的生源具有广泛性，任何人都可以接受职业岗位培训。二是入学条件的开放，职业教育接受来自社会各阶层和各层次的生源，在入学条件上不受限制。三是教育内容的开放，根据行业、职业岗位的需求，调整教育或培训的内容。四是教育模式的开放，根据实践教学的需要，灵活地开展校企合作、工学结合等多种教学方式。五是教育场所、时间的开放等。

3. 职业教育能力化

职业教育的本质特征决定了其在教育过程中注重能力培养，注重技术与技能的提高。职业教育培养人才，不仅仅是向他们传授知识，更重要的是培养他们的各种技术能力，尤其是创新意识和创造能力。通过"做中学"培养学生动手的能力、实践的能力，培养学生发现和获得新知识的能力、分析和解决问题的能力、交流与合作的能力、收集和处理信息的能力，培养出具有实际应用能力的人才。

职业教育能力化不等于能力本位的职业教育（CBVE）。能力本位的职业教育理念是 20 世纪二三十年代在欧美国家流行的一种职业教育观。能力本位职业教育指在教学之前，先确定从事某种行业所必需的知识、技能和态度，之后，根据这些确定的教学内容来教导学生，并且使每一个完成课程的学生都达到预定的技能水准。一个完整的能力本位教育通常包括以下几个步骤：①分析行业；②确定行为目标；③编写教材与计划教学；④实施教学；⑤评鉴教学结果。能力本位职业教育是基于岗位工种的"能力本位"职业教育理念，是工业化大生产背景下"效率崇拜"的产物，难以适应劳动力流动加剧的变化，过于强调职业教育的工具价值，忽视了对人的内在精神和态度的培养。

职业教育能力化建立在以人为本的素质教育的基础之上，尊重人，尊重学生个性的发展，在教育过程中渗透价值教育理念。在教育过程中注重学生的主动性和创造性，经过教育使其身心得到自由的发展，培养学生具有良好的职业道德、专注工作的创新能力、良好的团队合作精神和社会交流能力。以人为本的素质教育包含基本素质、职业素质、工作素质和岗位素质。基本素质指工作的主动性，即有自发的愿望完成工作、达到目标，有饱满的热情和能力提出问题和解决问题。职业素质指了解职业需要，主动追踪工作的发展，完成专业任务。工作素质指要具有保证质量和节省资源的理念，创造效益，尽早完成工作目标。岗位素质指与培养目标对应的职业岗位所需要的专业理论知识、实践技术和专门技能。

（二）现代职业教育的特点

1. 实用性

职业教育人才培养的基本目的，就是要解决生产、服务中的具体技术，培养应用型技术人才，必须突出"应用""实训"的特点，学用结合，培养适应生产、建设、管理、服务等一线需要的技术技能型人才，即培养从事应用和操作的高级技术和管理人员。

2. 实践性

职业教育必须强调实际训练，突出技术、技能教育，培养一线应用型人才。为此，要建立实训基地，加大实训力度，以技术应用能力、动手能力作为教学的中心环节。例如，德国"双元制"规定实践课和理论课比例为1∶1，教学与生产实践紧密结合，加强校内实训、校外实习。

3. 生产性

为学生创造能直接获取实践经验的真实的生产环境，加强校企合作、顶岗实习、工学结合，通过校内模拟训练和校外现场实习等一系列产教融合的实践性教学环节，增强实践教学与具体生产、生活的拟合度，培养学生熟练掌握企业的生产、工艺、设备技术的能力。

4. 专业性

职业教育培养某一职业领域的专业人才，培养一线的技术人员、管理人员、技术工人、新型农民以及其他劳动者，与一线职业的对口性很强，偏重理论的应用、实践技能和实际工作能力的培养。不同于普通高等教育，普通高等教育侧重培养的是具有学术性、理论性和基础性的专门人才或拔尖创新人才。因此，职业教育在师资要求上强调教师既要有一定的理论知识，又要熟练掌握技术，具备实际操作能力，即"双师型"教师。

5. 区域性

职业教育以就业为导向的办学宗旨，决定了其服务区域社会经济发展的基本功能，这一功能要求职业教育依靠区域办学和为区域服务。职业教育的区域经济功能要求其必须针对本地区经济社会发展状况，针对岗位需求状况，调整专业设置和课程体系，服务地方经济、社会发展。同时，职业教育还需要充分利用区域（社区）资源，依托社区行业、企业办学，推动职业教育发展。

第二节　高校教育特色论

一、校企合作与产教融合

校企合作、产教融合已经成为培养技术技能型人才的基本途径，也是现代高等职业教育发展的主要特色。校企合作办学具有多种模式，校企一体化为其高级发展形式，产教融合则是校企深度合作的产物。

（一）校企合作的内涵

1. 校企合作的基本内涵

校企合作作为现代高等职业教育发展的基本途径，它的有效运行与实施是一项复杂的系统工程，涉及社会、行业企业、学校、学生等方方面面的关系和利益，最大限度地发挥校企合作功能，才能真正培养应用型技能人才。早在21世纪初，国务院《关于大力发展职业教育的决定》就提出要"大力推行工学结合、校企合作的培养模式"。广义而言，校企合作是指教育机构与产业界在人才培养、科学研究和技术服务等领域开展的各种合作活动。高等职业教育的校企合作就其核心内容而言主要是职业院校与企业在相关人才培养、培训中进行的合作，属于国际上通称的合作教育。因此，校企合作是以培养应用型技术、技能型人才为目标，产学合作，校企双方共同参与，以工学结合、顶岗实践为形式的职业教育人才培养基本方式。通过校企合作，学校能掌握企业对高等职业教育的人才要求，有利于合理设计专业结构，改革课程体系，制订人才培养方案，并充分利用企业的实践平台，培养学生的实践操作技能，开展师资培养与科研合作；企业则通过校企合作解决企业的管理、技术等问题，获得企业需要的高技能人才，为企业的转型升级服务。校企双方在实践教学场所、师资力量、社会服务、信息资源等方面实现互利共赢，促进职业教育的内涵发展。

2. 校企合作的内容

校企合作的内容包括多个方面，但所有合作内容最终都指向学生的实践能力培养。通过合作将学生在课堂上的学习与工作中的学习结合起来，将理论知识应用于实践之中，遵照"实践—认识—实践"的学习规律，以"做中学"和"学中做"的方式，学习与生产劳动相结合。通过与行业企业的全面合作，提升教学质量，提高学生的实践能力和综合素质。

（1）学生实践的合作

学校通过与企业合作的形式培养学生的实践能力。企业为学校提供实习实训基地、技术指导甚至资金支持，学校派出指导教师对实习全过程进行监控和指导，使学生在生产线将所学的专业理论知识转化为实际操作能力。

（2）师资培养的合作

高等职业教育教师不仅要具备一个高校教师的基本能力，还须具备与职业教育相匹配的职业技能，既要传授理论知识，还要动手示范。因此，高等职业教育教师的基本能力要求是"双师型"的。但是目前职业院校教师的主要来源是高校毕业生，理论知识较为丰富，实际操作技能不足，缺少实际工作经历和行业背景。这就要求应用型高校教师必须经历一个企业实践的过程，以提升教师的综合业务素质。校企合作是解决"双师型"师资不足的有效途径。让教师进入企业学习或挂职锻炼，扩大企业相关人员与学校教师的交流，实现教师专业化发展。

（3）专业与课程设置的合作

高等职业教育的一个重要功能是服务区域社会经济的发展，企业是人才需求的主体，专业必须为产业服务。专业设置影响学校的发展，因此，学校应与企业保持紧密联系，充分调查、了解区域社会经济发展的需要、行业企业的需要，调查区域内的经济结构、人力资源结构、就业结构，才能科学合理地设置符合社会需要的专业。不仅如此，学校还需要根据专业市场和人才培养规格的需要，调整专业课程结构，与企业合作共同开发课程，以保证教材理论性与实践性的紧密结合，反映企业生产岗位最新生产技术。在专业与课程设置方面校企共同合作，制定专业标准和人才培养方案，企业专业人员参与教材的编写，承担与实践相关的课程教学等。

（4）科研创新的合作

开展科研创新，实现科研成果的产业化是校企合作的又一个重要内容。学校拥有丰富的科研资源，企业则是科研成果的消费场所。校企产学研合作能加快学校的科研成果转化，直接融入市场和生产实践。

除此之外，校企合作的内容还包括利用应用型高校资源对企业员工进行培训、校企共同办学（包括校内教学机构、校外培训机构等），校企共同举办实体，实行校企一体化实习实训，等等。

（二）校企合作的模式探索

我国高校现有的校企合作模式表述多样，新名词迭出，概括起来主要有以下几种形式。

1. 订单式人才培养模式

这种模式是学校与企业签订人才培养协议，按共同制订的人才培养计划组织教学，学生在学校学习与在企业生产实践相互交替，毕业后直接到企业就业的培养模式。这类合作模式自出现之始就被迅速、广泛地在全国各个职业学校复制。如"订单式"人才培训，根据现代企业对岗位和能力的要求，采取"定方向、定课程、定计划、定时间地点、定考核标准"的方式，为企业培训专业技术人才。

2. 校企实体合作模式

这是近年比较流行的一种方式，包括校内教学实体（合作组建二级学院、系、专业、班等）、校内培训机构、股份制产业实体（实训基地）。企业以设备、场地、技术、师资、资金等多种形式全方位参与，合作办学，并承担一定的管理职能［如企业负责人（或代表）兼任董事长或副董事长、院长或副院长等］，分享办学效益。

3. "2+1" 或 "2.5+0.5" 模式

学生前两年或两年半在校内进行理论学习和校内生产性实训，最后一年或半年到企业顶岗实习并进行毕业设计。其中"2.5+0.5"模式几乎成为各类高等院校或中职不言而喻的"潜模式"。

4. 企业主导型模式

这类形式在民办应用型高校中较为典型，大型企业根据发展的需要或企业发展战略的谋划，在办学中投入资金和设备，从服务社会需要、市场需要出发整合资源，合作办学。

5. 校企互动式模式

学校和企业双向介入，把理论学习与企业岗位训练、实际工作经历有机结合。

（三）校企一体化

随着我国高等职业教育的快速发展，校企合作不断深化，形式不断丰富和完善。校企一体化是校企合作的一种高级发展形态，是校企合作由浅层次走向深层次、由松散型走向紧密型的一种具体形式，是校企深度融合共赢共创的新载体。校企一体化的内涵，是指学校和企业两个独立组织，为提高其竞争力，进行紧密合作，彼此分享所有责任、权利、义务、风险及利益，建立密切的合作关系，而其本身仍维持独立之法律个体。

（四）产教融合

产教融合是校企深度合作的一种表现。校企一体化是办学形式层面的融合，而产教融合则更多地表现为教学形态层面的融合或"一体化"。学校与企业无缝对接，校企共同参与研讨、制订实用性较强的专业人才培养方案，通过企业平台与市场接轨，构建以应用能力培养为出发点的人才培养体系。产教融合基本内涵应该表述为：职业教育与经济社会发展相融合、专业设置与产业需求相融合、课程内容与职业标准相融合、教学过程与生产过程相融合、产业岗位职业环境与教学情境相融合，最终达到学生素质和技能与产业员工职业素质和技能标准一致的准员工目的。产教融合的具体环节包含专业人才培养方案顶层设计、专业课程开发、专业实训基地建设、专业师资培养、专业教学模式设计等主要专业教学环节，还包括生产管理与教学管理融合。

产教融合是高等职业教育发展的一个新命题，不仅运行机制需要探索，其保障机制更需提前研究，如法规保障机制、督导评价机制、激励补偿机制等，缺乏保障的模式和创新，最终是一种空谈。精选的企业，应在区域或行业有较大影响，并代表发展方向，同时对发展职业教育有很好的理解、参与兴趣和较强的需求意愿。深度的"产教融合"应建立在产和教的彼此利益关切和紧密联系上。更大胆地探索股份制、混合所有制的路子，特别是在学校的二级学院层面、专业层面，探索股份制、混合所有制，与企业、行业组织建立利益共同体。

二、现代化与市场化

（一）高校教育的现代化特征

教育现代化是以形成现代职业教育观念为基础，构建现代职业教育体系，完善高等职业教育体制机制，并以现代化的教育内容和教育手段为媒介，为社会培养数以亿万计的现代化高素质技术技能型人才的职业教育形态。

1. 树立现代化高等职业教育思想

高校教育理念体现在现代化的人才观、专业观、课程观和教学观方面。人才观就是要坚持高等职业教育发展的基本方向，培养适应区域社会经济发展需要的高技术应用型人才，特别是面向生产服务第一线的高技术技能型人才。同时培养学生形成独立获取知识的能力，为学生的终身学习和继续发展奠定基础。树立素质教育和创业教育观念，培养学生的创新创业品质和精神，提高其适应能力和竞争能力。

2. 教学管理现代化

管理现代化是推进应用型高校现代化建设，全面提高教育质量的体制保障、机制保障、运行保障。教学管理现代化就是要以应用型高校现代化发展战略为目标，确立现代教育管理理念，通过制度建设、治理体系建设，使教学管理计划、组织、领导、人员与现代科学技术、文化思想水平相适应，并借助信息化、网络化等手段，促进管理效益的提高。高校教育管理现代化的关键是师资队伍现代化，建设一支适应现代产业和社会经济发展需要的"双师型"师资队伍。

3. 专业建设现代化

高校专业建设不仅要适应区域经济发展的需要，而且要遵照以就业为导向的原则，满足劳动力市场的需要。专业建设的现代化对高校的现代化具有决定性的作用。高校教育专业设置必须依据区域产业发展需要来确定和调整，服务区域特色产业发展。这就要求在进行专业建设的时候，充分了解本区域的经济特征、发展趋势，密切与产业行业的联系和合作，使专业设置符合本区域经济现代化发展。

4. 课程的现代化

课程是专业内涵与目标的具体体现，也是人才培养标准的具体反映。专业的现代化需要通过课程的现代化来实现。现代化的高等职业教育课程要及时反映新思想、新技术、新知识、新方法、新信息、新规范，突出学生能力的培养，科学教育与人文教育并举。

5. 办学条件现代化

办学条件现代化是高等职业教育现代化的基础，是衡量一所学校现代化程度高低的基本标志。高校教育现代化必须重视办学条件的改善，如现代化的实验实训设施、多媒体教室、网络设施，符合现代化生产、管理、经营的校内外实习基地建设等。尤其是教育教学要充分运用信息化、网络化资源，以及现代教学手段与媒介，使学生在现代化的环境中潜移默化地提高技术技能与素养。

（二）现代高校教育的市场化特征

社会主义市场经济的逐渐完善，使高等职业教育与市场的关系日趋紧密。长期以来以行政权力配置资源的方式使高等职业教育陷于僵化，高等职业教育迫切需要对资源进行合理、优化配置并形成资源优化配置的能动机制。高等职业教育相对于普通高等教育这一"准公共产品"而言，其自身的特性和定位更倾向于"私人产品"，市场机制在高等职业教育资源配置中具有明显的社会效应，供需关系具有市场调节倾向。高等教育大众化是世界高等教育发展的必然趋势，高等教育大众化的一个重要特征就是利用市场机制合理配置教育资源。

在社会主义市场经济条件下，教育市场化是高校发展的现实的迫切需要。政府明确提出要处理好政府与市场的关系，凡是属于市场调节的因素都会归于市场。因此，对于高等职业教育，除宏观调控外，政府必然还将运用投资体制、市场准入等市场手段。特别是《国务院关于加快发展现代职业教育的决定》关于发挥"市场的作用"促进高等职业教育发展的决定，许可各类主体举办职业教育，经营合作方式机动灵活，对高等职业教育的市场化特色给予了国家政策层面的明确肯定，也是对我国高等教育体制长期受计划经济制约的一次实质性改革，是对高等教育泛行政化的改革的重大举措。

我国高等职业教育市场化是国际高等教育市场化的一个组成部分。20世纪80年代以来，由于受公立教育僵化、效率低，教育竞争激烈等因素影响，国际上许多国家教育市场化受到欢迎，其中尤以职业教育表现突出。这些国家根据市场需求，引入市场运作方式和竞争机制，推动职业教育发展。美国、英国、澳大利亚等国家都有成功的经验。美国公司直接兴办各类职业教育，为企业的生产经营服务，美国企业内部开展的训练和教育计划非常庞大，实际上已经形成一种传统职业学校的替代，企业每年用于教育和培训的经费约600亿美元。不少公司可授予学员学士、硕士、博士学位。澳大利亚则以市场需求为导向设置专业，引入市场法则，促进职业教育市场化。英国20世纪80年代由于高校拨款方式的改变，促使学校走向市场化，拓宽筹款渠道，产生了一批创业型应用性大学。

教育市场化要求在职业教育领域引入市场机制，形成以市场供需规律为基础的教育资源配置体系。在培养目标设定、专业和课程设置、师资队伍建设、实习实训、教学质量评估、招生就业等方面均引入市场机制，建立适应市场经济运行规律的高等职业教育管理体系，从而促进高校教育健康有序地发展，培养适应市场需求的高素质人才。针对区域优势发展、重点发展的产业领域或产业链，以市场供需为杠杆吸引骨干企业参与办学，以学校为"母体"先试行局部性的"一校两制"，建立人事、财务、教学等方面的灵活机制，逐步成熟后再走向完全的"两校两制"，在区域层面形成职业教育的多元办学格局。

教育市场化的特征具体表现为高等教育投入与产出的市场化,即高校根据市场的需求,培养出适销对路的教育产品——毕业生,促使教学过程更多地考虑和贴近社会需求,在专业建设、课程设置、师资配备、招生人数等各个方面,越来越多地根据市场需求进行调整,体现出职业教育的社会功能与本质特征,从而催生以下环节的市场:专业和课程设置的市场化、师资队伍的市场化、教学质量评估的市场化、实训实习的市场化和招生就业的市场化。

三、职业文化导向的高等职业教育

(一)职业文化与高等职业教育职业文化

1. 职业文化

职业文化是社会文化的一种类型。文化是以环境为基础、以内化为目的熏陶人、教化人、塑造人的过程。职业文化是职业人在长期的职业活动中逐步形成的,它既受制于整个社会文化环境,同时又对其他文化具有辐射作用。它以职业人为主体,以职业行为为基本内涵,以职业价值观为核心,以职业制度规范和职业行为为载体,以职业习惯、气质、礼仪与风气为外在形态,是职业理念、职业态度、职业道德、职业责任等价值内涵的活化。职业文化一旦形成就会对职业人的职业心理和职业行为产生潜移默化的影响,并产生内在的约束作用。职业文化相对于企业个体而言,职业文化是行业文化,企业文化受职业文化的制约。职业文化可以分为广义和狭义两个方面,广义的职业文化是指涵盖现代社会众多职业、为广大职业人所普遍遵循的价值观念和行为规范;狭义的职业文化是指独特或相近职业的职业人应遵循的价值观念和行为规范。

2. 高等职业教育职业文化

职业文化的培养是高等职业教育人文素养教育的重要内容,高等职业教育校园文化建设的核心,也是现代高等职业教育的根本特征。高等职业教育职业文化既要具有职业的文化特点,又要同时具备高等教育的文化素养,良好的职业文化是高等职业教育学生的核心竞争力。这种文化心理的形成需要校园文化和企业文化的共同熏陶、感染，通过引进企业文化、介绍企业文化，更重要的是通过校企合作、工学结合，让学生走进企业感受企业文化，体验职业文化，在产教融合中使企业文化和校园文化在学生的身心行为中得到融合与升华，形成具有行业特色、企业特点的应用型高校职业文化。职业化是应用型高校校园文化的本质特征，也就是职业院校职业文化具有职业性。这种职业性体现在：其一，职业院校构建职业文化是为了学生能够较顺利地适应工作岗位，并且在工作中有所创造与发展。其二，职业院校要与企业进行积极有效的合作以更好地构建职业院校职业文化，职业院校职业文化源于企业与职业，融合于职业院校，服务于职业院校内学生。其三，职业院校所形成的职业文化最终实践于学生，促使学生有效地理解与融合职业文化，具备应有的职业素养、职业认知与职业发展观，使学生能够积极地适应工作氛围，有效发挥自身的作用，实现自身的价值。

应用型高校职业文化的基本内涵主要体现为职业愿景、职业精神、职业道德、职业技术技能、职业规范和职业礼仪。职业愿景是以个人的职业兴趣为立足点，将职业发展与人生规划合二为一，企业目标与个人追求得到有机的统一，是职业选择的前提。职业精神的内核是对职业的热爱，在实践中表现为对职业的敬、勤、精，并为此尽职尽责。职业道德是职业人必须信守的基本行为准则，诚实守信，忠于职守，遵守社会道德，敢于承担责任。职业技术技能是职业文化的基本特征体现，是职业文化区别于其他文化的标志，是职业个性和职业风格的外在形式，是职业人职业行为产生的内在决定因素。职业规范是从业者在职业岗位上必须遵守的制度、规则和要求等，是对职业人的明文约束。职业礼仪是在职业行为过程中约定俗成的律己、敬人的某种仪式、礼节。职业文化一旦形成就具有相对的稳定性、行业（群体）特色性、约束性、自觉性。应用型高校在发展中要重视职业文化的建构，促使学生在走上工作岗位前就养成职业人所必需的基本职业意识、职业素养。

（二）高等职业教育职业文化的培养

高等职业教育职业文化的职业性特征决定了高等职业教育职业文化的

培养必须与职业实践相结合，在实践中养成。

1. 在校企合作中培养高等职业教育职业文化

校企合作是高等职业教育人才培养的基本模式，也是高等职业教育学生认识和了解企业文化的重要途径。通过校企合作渗透企业价值观念，推进校企一体化课程改革，实现与企业的深度融合。学校通过聘请行业企业的管理者、师傅、技术人员走进校园，以讲座、兼课、指导学生实训、交流等方式，直接或间接地向学生介绍企业文化、企业理念。也可以通过校企深度合作，让学生、教师下企业，在企业的实践岗位上、在工学结合的过程中感悟职业文化，提升自身的职业素养。

2. 在校园环境建设中培养高等职业教育职业文化

校园是学生生活学习的空间，在校园文化建设中渗透职业因子，营造浓郁的校内职业文化环境和氛围，有利于学生职业人格的养成。因此，不仅要在人才培养方案、教学内容中融入职业文化教育内容，而且也要在学校物质环境如校园网、宣传栏、建筑景观等中设计职业因素，使学生在日常的社会环境中耳濡目染。

3. 把工业文化、商业文化融入高等职业教育职业文化

有研究显示，高校学生在跨越教育职业的鸿沟时，文化的冲突将成为这一过程的巨大障碍，将延长学生学习生涯向专业社会化转变的过程，亟须职业院校加大产业文化进校进程，为学生建立文化缓冲。因此，要在高等职业教育中有意识地渗透工业文化和商业文化，在学生中普及产业文化知识、开展产业价值观教育，在思政教育、课程建设、教学实践中渗透产业文化因素，学校与行业企业进行经常性的文化合作与交流，促进学生产业文化素养的提升。

高等职业教育要增强社会的吸引，不是依靠政府的资助和历史的文化馈赠，而是取决于自身人才培养的质量，取决于自身文化建设的软实力。高等职业教育利用职业教育的实践优势，提升学生的实践技能，赢得社会的认可，是提升自身价值的根本途径。高等职业教育文化建设的基本点是把企业文化有机地嫁接到职业院校文化中，使院校文化与企业、行业文化融为一体，形成"服务为本、职业情怀、经世致用、重技崇学、能力为本"

的职业文化核心。高等职业教育文化作为一种具体的文化形态，既具有大学文化精神，又具有职业文化的内涵与特征。在现阶段，高等职业教育文化是以就业为导向，以培养高素质技术技能型人才为目标，以工学结合、校企合作为培养途径，以职业文化为内在品质的高等教育文化。有研究者将以"人文关怀、理性追求、自由独立"为主要内涵的大学精神、以"职业情怀，经世济用，开放合作"为主要内容的职教规律和以"创业心怀，效能至上，和谐共赢"为主要元素的经济理念，作为高等职业教育文化的三个来源，较为准确地概括了高等职业教育文化形成的基本要素。

第三节　现代职业教育体系

随着经济发展和科技进步，我国高等职业教育得到快速发展，职业教育体制不断完善，工学结合、校企合作日益深入。高等职业教育内专科和本科甚至更高层级教育的通道正在构建，职业教育作为一种类型的教育得到社会的认可。但是我国职业教育的发展也存在一些问题，如体制机制不够健全、行业企业参与不足、人才培养模式落后、层次结构不合理、专业设置与社会经济（产业）发展不够协调等，职业教育体系不能适应经济发展转型升级的要求。现代职业教育体系日益成为增强国家竞争力、促进产业经济发展的战略举措。因此，以现代教育理念和国际视野构建现代职业教育体系，是实现教育现代化、培养大批中高级技术技能型人才、提高劳动者素质、建设人力资源强国、推动经济社会发展的必然选择。

一、现代职业教育体系概论

教育体系一般指互相联系的各种教育机构的整体或教育大系统中的各种教育要素的有序组合。广义的教育体系，除教育结构体系外，还包括人才预测体系、教育管理体系、师资培训体系、课程教材体系、教育科研体系、经费筹措体系等。狭义的教育体系，仅指各级各类教育构成的学制，或称教育结构体系。

中国特色现代职业教育体系是一个服务于职前与职后、以终身教育理念为特征和目标的复杂庞大的教育系统。首先以职前教育为在校生和未升学毕业生提供职业技能教育，这是现代职业教育的主要构成部分。这一段，包括初中高三个层次的技术工人、中等程度技术人员与管理人员、高级技术技能人才。其次是继续教育和终身教育，这是现代职业教育的重要组成部分。这一段包含城市职业技术培训和农村技术人员培训与农技推广。城市职业技术培训除在职员工的全员培训外，尤其要重视下岗、失业、转业人员的培训。

现代职业教育体系在重视学校教育体系建设的同时，还重视人才预测体系、师资培训体系、教育管理体系、专业与课程体系的建设。人才预测体系是直接关系职业教育发展规划，影响职业教育发展是否适应社会经济发展的基础工程。只有经过科学合理的人力资源需求预测，才能为劳动力市场提供各类符合需求的人才。师资数量与质量直接影响职业教育规模和人才培养质量，职业教育的职业性特征要求教师具备"双师型"素质，职业教育师资培养和在职培训及企业实践锻炼是一项系统性工程。职业教育师资的规划（预测）、培养、使用、发展与职业教育整体发展规模及社会经济发展需求密切关联，加强职业教育师资队伍建设，是现代职业教育健康发展的战略选择。

二、现代职业教育体系构建

职业教育服务社会经济发展，服务区域产业转型升级，是通过培养适应发展需要的人才来实现的，社会经济发展对应用型、技术技能型人才的需求决定了职业教育发展的方向，也是确立职业教育体系和结构的根本依据。当前，职业教育还不能完全适应经济社会发展的需要，结构不尽合理。加快发展现代职业教育是党中央、国务院作出的重大战略决策。面向生产服务一线，培养高素质技术技能型人才，建立现代职业教育体系，是促进现代职业教育服务转方式、调结构、促改革的制度性安排。

1.现代职业教育体系的构成

现代职业教育体系是在现行学制体系的基础上，按照"加强统筹、分类指导"的原则，统筹发展各级各类职业教育，实现学校教育和职业培训并举，推进中等和高等职业教育衔接，优化高等教育结构，实现"中高本"职业教育一体化。

现代职业教育的层次结构分为：初等职业教育、中等职业教育、高等职业教育。初等职业教育侧重在有需要的地方开展实用技术技能培训；中等职业教育着重开展基础性的知识、技术和技能教育，培养技能型人才；高等职业教育在办好现有专科层次高等职业（专科）学校的基础上，发展应用技术型高校，培养本科层次职业人才，高等职业教育规模占高等教育的一半以上，本科层次职业教育达到一定规模。这是我国职业教育发展史上一次重大的突破，系统构建了从中职、专科、本科到专业学位研究生的完整的培养体系，满足各层次技术技能型人才的教育需求。

现代职业教育在办学类型方面，提出了政府、企业、社会共为办学主体，构建公办和民办职业院校共同发展的职业教育办学体制，政府实行统一的准入制度。规划提出增加非全日制职业教育在职业教育中的比重，改革学制、学籍、学分管理，实行工学交替、双元制、学徒制、半工半读、远程教育等多种学习方式。职业院校可以同时开展学历职业教育和非学历职业教育。现代职业教育体系规划还构建了职业教育的终身一体系统，包括职业辅导教育，普通教育学校要为在校生和未升学毕业生提供多种形式的职业发展辅导；职业继续教育；劳动者终身学习，增强职业教育体系的开放性和多样性。

2.现代职教体系的产教融合特色

在我国全面推进职业教育现代化的进程中，产教融合、校企一体化充分体现出现代职业教育的本质特征，既是一种职业教育的方法，也是实现现代职业教育理念的实践平台，产教融合、校企一体化有机地将教学与平台、理论与实践、方法与内容紧密地结合起来，有效破解了职业教育校企合作、工学结合"两张皮"的瓶颈。一定意义上，产教融合、校企一体化的实践程度已成为反映一所职业院校办学现代化水平和内涵建设的重要因素。由于产教融合、校企一体化是一个主体多元化联合平台，受到学校内外多种因素的制约，因此在现代职教体系的实践中需要契合区域社会经济发展，突出区域特色、院校特色，使教育教学改革与产业转型升级衔接配套，校企协同，共同推进现代职业教育的发展。

三、现代职业教育体系实践模式的探索

高等职业教育培养技术技能型人才必须而且只能通过实践训练才能获得，实践实训、工学结合是普通教育与职业教育的最大区别。这种专业化训练——高等职业教育的专业教学是在学校课堂和社会课堂（产业实践）中交互完成的。因此，校企合作的深度和质量对高等职业教育的质量具有决定性影响。我国曾经学习德国的双元制，美国、加拿大的 CBE 教学模式，日本的产学合作等先进的办学模式，但由于各国之间文化、政策、社会经济、人口等存在较大差异，难以直接仿效。因此，根据我国的具体国情，探索具有中国特色、符合中国国情的高等职业教育模式是各应用型高校努力的方向。产教融合、校企一体化正是近年来各高等职业教育院校，不断探索职业教育办学模式、教学模式，力图通过"厂与校"内在的结合和统一，解决校企合作的教学实践问题，使职业化认知、专业化技能训练、技术化能力养成等得以有机融合。产业、市场、教育三者找到自身发展规律的共性，破解校企深度合作难题，实现教育与产业、学校与企业、专业与岗位的良性互动。

校企一体化是在市场机制作用下各利益相关者长期博弈、合力推动的结果，政府、学校、行业企业是校企合作中重要的利益相关者，他们以市场为契约，以利益共赢为目标组成利益关联共同体，通过人才培养这条纽带，实现各自的利益需求。

1. 校企一体化办学模式探索

校企一体化是高等职业教育共同关注的一个热点问题，是职业院校与行业企业共同探求学校教育与企业生产之间相融互化、互利共赢的结合因子，通过机制构建维系、保障彼此的利益。学校与企业本来是独立的两个

主体，由于两者间存在着某些价值诉求共同和利益相关的诸多要素，使学校教育与企业生产相得益彰，真正体现出教学性生产与生产性教学的结合，这就是校企一体化的基本形态。

通过一体化构建使学校主体的"教"与企业主体的"产"相互融合，这种融合需要各参与主体发出内在的主动性，这种主动性以利益追求为驱动，以契约为纽带，以共有平台为依托，形成你中有我、我中有你的格局。

2. 校企一体化教学模式探索

高等职业教育产教融合、校企一体化教学模式，是指应用型高校与相关企业基于高技能专门人才培养，实施教学性生产与生产性教学紧密结合，确保校企利益双赢的运行机制和方法。通过高等职业教育与企业深度融合的体制机制，探索产教融合、校企一体化的教学规律。

3. 一体化实践的平台建设探索

破解产教融合、校企一体化中教与学有机融合的问题，需要搭建一个各主体共同参与的共有平台，才能针对教育主体的教学流程和生产主体的工作流程，通过节点关联和双方利益保障，促使一体化的生成，有效解决高等职业教育校企合作"一头热一头冷"、产教貌合神离的困境。

教学、生产共时，要求学校的实践教学计划及安排，要结合企业的生产时性；企业安排学生的实践岗位要尽量考虑与实践教学的计划和内容相联系。技术资源共享，就是强调高等职业教育的人力、智力、研发等优势与企业的生产、技术、市场化等优势充分整合，使之成为教育与生产共享的资源。课程体系共建，就是把专业课与具体的专业核心能力结合起来，专家与行家共同为学生制定课程。专业队伍共建，是优势互补、资源共享的重要体现，让合作专业的教师成为企业的技术顾问和新产品研发的骨干，让企业的技术师傅成为学生生产实践的指导教师，以提升校企双方专业团队的实力。校企利益共赢，是一体化所追求的最终目标。

四、我国现代职业教育体系的探索历程

改革开放以来，党和国家的中心工作转移到经济建设上来，其后，党

中央又提出科教兴国战略，优先发展教育事业。伴随着经济体制改革的深化，教育改革也在不断深化，与时俱进构建职业教育体系成为推进职业教育发展的重要举措。

（一）1985 年提出职业技术教育体系

1985 年中共中央召开了全国教育工作会议并印发了《中共中央关于教育体制改革的决定》（以下简称《教育改革决定》），作为以中共中央名义印发的关于教育的综合性改革政策文件，其目的是为社会主义现代化建设多出人才、出好人才。《教育改革决定》第一次提出建立职业技术教育体系，强调了纵向从初级到高级、横向与行业配套，同时职业教育与普通教育沟通，《教育改革决定》影响深远，这个职业技术教育体系也具有较强的前瞻性与科学性。

（二）新世纪以来对现代职业教育体系的持续探索

进入新世纪以后，国家对发展职业教育高度重视，持续加大制度创新、政策供给和投入力度，在此过程中逐步形成了现代职业教育的理念与体系。2002 年国务院印发《关于大力推进职业教育改革与发展的决定》，文件第一次使用"现代"字样，同时强调了特色鲜明、自主发展、灵活开放，具有无穷的探索之意。2005 年国务院召开全国职业教育工作会议，并印发《关于大力发展职业教育的决定》（国发〔2005〕35 号）（以下简称《决定》），提出中国特色现代职业教育体系。较之以前政策，《决定》特别强调了中国特色，充分表明了中国职业教育改革发展的目标，同时，《决定》也强调了满足人民群众终身学习需要，充分体现了发展职业教育的目的和根本。2010 年党中央国务院召开了全国教育工作会议，会议系统部署了面向 2020 年的教育改革和发展并印发了《国家中长期教育改革和发展规划纲要（2010—2020 年）》，提出建设中高职协调的现代职业教育体系，职业教育体系建设的目标更加具体化、明晰化。

（三）2014 年提出中国特色、世界水平现代职业教育体系

2014 年习近平总书记对职业教育作出重要指示强调，必须高度重视，加快发展，坚持产教融合、校企合作，坚持工学结合、知行合一，要营造劳动光荣、技能宝贵、创造伟大的时代风尚，促进人人皆可成才、人人尽展其才。2019 年国务院印发《关于加快发展现代职业教育的决定》，对现代职业教育体系建设有了更具体的描述，中国特色基础上的世界水平是这个文件的鲜明特征，充分表明了我们正在探索一条中国特色基础上谋求世界水平的现代职业教育发展之路。同时教育部等六部门印发了《现代职业教育体系建设规划（2014—2020 年）》，比较全面系统地专门性地对职业教育作出了规划，也具有划时代的重要意义。

2021 年 4 月，全国职业教育大会召开。习近平总书记对职业教育工作作出重要指示，强调加快构建现代职业教育体系，培养更多高素质技术技能人才、能工巧匠、大国工匠。大会的召开，充分体现了以习近平同志为核心的党中央对职业教育的高度重视，必将有力推动职业教育高质量发展，为全面建设社会主义现代化国家提供坚实的人才和技能支撑。2021 年 10 月中共中央办公厅、国务院办公厅印发了《关于推动现代职业教育高质量发展的意见》，主要围绕贯彻落实习近平总书记重要指示和全国职业教育大会精神，定位于破除职业教育改革发展的深层次体制机制障碍，推动职业教育高质量发展。一是巩固职业教育类型定位。习近平总书记强调要优化职业教育类型定位。《意见》把类型定位作为谋划职业教育工作的逻辑起点，予以巩固和优化。二是构建现代职业教育体系。聚焦高质量发展，树立系统观念，强化职业中等教育的基础地位，高质量发展职业高等教育，稳步发展职业本科教育。三是服务技能型社会建设。要求通过加快建设国家重视技能、社会崇尚技能、人人享有技能的技能型社会，激励更多劳动者特别是青年一代走技能成才、技能报国之路。

第二章 应用型高校内涵建设的顶层设计

第一节 我国应用型大学的探索

应用型高校已成为我国高等教育的重要部分,应用型高校建设是当代经济社会和科技发展的客观需要,是高等教育大众化和普及化发展的内在要求。应用型本科院校已成为我国本科教育的主体部分。

一、我国应用型大学的探索

我国应用型大学萌芽于 20 世纪八九十年代,兴起于 21 世纪初期,在 2010 年后得到了迅速发展。在这一发展进程中,我国部分地方高校以各种形式,探索着应用型大学建设的发展路径。

应用型本科教育是我国高等教育大众化和普及化发展的必然产物,是 21 世纪经济社会发展和科技进步的客观要求。20 世纪 80 年代末 90 年代初,我国一些思想敏锐且富有远见的新建院校办学者率先提出了应用型人才培养问题并进行了积极有益的探索,随着一批新建本科院校的涌现和快速发展,越来越多的高校不约而同地选择了应用型人才培养定位与发展方向并积累了一定的办学经验,在高教界逐渐被认同和接受,影响不断扩大,形成了星火燎原之势,引起了政府和社会的关注与重视。

1999 年,第三次全国教育工作会议召开,启动了我国高等教育扩招的大幕,向高等教育开始从精英化阶段向大众化阶段迈进。根据"巩固、充实、调整、合并"的要求,一大批地方高校升格为本科高校。从 2000 年到

2015 年的 16 年间，我国新建本科院校（含独立学院）共 678 所，占全国普通本科院校的 55.6%，占据了本科院校的半壁江山。

2000 年，南京工程学院在全国率先提出办应用型本科院校的目标，2002 年教育部高等教育司在该校召开的应用型本科人才培养模式研讨会上，将与会的 29 所本科高校称为"应用型本科院校"，这是政府首次正式使用"应用型本科院校"这一称谓。此后，越来越多的新建院校加入应用型教育实践行列。2007 年，全国高等学校教学研究会成立了民间性质的应用型本科院校专门委员会，100 多所新建院校加入专门委员会，就应用型本科高校专业建设和人才培养等问题进行深入交流和研讨，取得了可喜成果。

与此同时，政府大力倡导应用型本科教育，积极指导应用型人才培养和应用型本科院校的建设发展。2009 年开始施行的新建院校教学工作合格评估方案，在总结 20 余年应用型高校办学经验的基础上，明确提出了"两突出"（突出地方性、突出应用型）的评估导向要求，并将之作为评价新建院校办学、教学和人才培养工作的主题主线。

二、政府推进应用型大学的政策探索

政府作为我国高等教育的举办者和高等教育制度的主要供给者，在推进应用型大学建设过程中进行了多种政策探索。

（1）早期的政策探索。从新中国成立之初到 20 世纪八九十年代，在苏联高等教育体制和人才培养模式的影响下，我国高等教育无论是大学、专门学院还是高等专科学校，都以培养社会发展和行业所需的应用型人才为主要目标，尤其是专门学院和高等专科学校，具有很强的行业性，被称为"行业办大学"。改革开放初期，为了适应我国现代化建设需要，输送更多应用型人才，国家多次强调了这类人才的培养。

1983 年，国务院在批转教育部和国家计委《关于加速发展高等教育的报告》中指出："要在发展中逐步调整好高等教育内部的比例关系，多办一些专科。""考虑到目前高等院校中，专科学生较少，而各方面所需要的专门人才中又急需补充专科毕业生。因此，各类院校所增加的招生任务，特别是工科主要应招收专科学生。"在 20 世纪 80 年代末期，国家开始推动高等理工科教育的改革。1990 年，教育部牵头召开"兰州会议"，提出要构建"面向 21 世纪、规模适宜、布局合理、结构优化、加强基础、重视应用、分流培养、水平较高的具有中国特色社会主义理科教育体系"、要求"高等理科本科教育在培养少而精基础性研究和教学人才的同时，要把多数理科毕业生培养成具有良好科学素养的应用性理科人才"。同年，国家教委出台《关于深化改革高等理工教育的意见》，提出把多数理工毕业生培养成为适应实际应用部门需要的、具有良好科学素养的应用性人才，促进理科人才流向厂矿企业和其他应用部门是今后一个时期高等理科教育改革的重点。1993 年，鉴于当时高校人才培养的规格主要偏重于基础理论研究和实用技术，面向地方的尤其是基层的应用型人才缺乏这一现状，中共中央、国务院在《中国教育改革和发展纲要》中提出，高等教育发展的目标和战略之一就是"重点发展应用学科"。

（2）教育大众化实践阶段的政策探索。1999 年，我国启动高校扩招，正式启动教育大众化战略，在这一过程中，国家不仅加强了对应用型人才培养的政策实践，同时也注重了对应用型大学的理论探索。2001 年，教育部《关于加强高等学校本科教学工作提高教学质量的若干意见》中强调，"以社会需求为导向，走多样化成才培养之路。高等学校要根据国家和地区、行业经济建设与社会发展需要和自身特点，结合学校实际和生源状况，大力推进因材施教，探索多样化人才培养的有效途径"。同年，教育部《关于做好普通高等学校本科学科专业结构调整工作的若干原则意见》提出，随着我国高等教育规模的扩大以及产业结构调整步伐的加快，社会对高层次应用型人才的需求将更加迫切，高等学校，尤其是地方高等学校，要紧密结合地方经济发展需要，科学运用市场调节机制，合理整合和配置教育资源，加强应用型学科专业建设，积极设置主要面向地方支柱产业、高新技术产业、服务产业的应用型学科专业，为地方经济建设输送各类应用型人才。

2002 年，党的十六大报告指出，"要造就数以亿计的高素质劳动者、数以万计的专门人才和一大批拔尖创新人才"对国家发展需要的人才培养工作提出了战略目标，也明确了按不同层次类型对人才进行分类培养的思想，指明了不同类型的高校应承担不同类别的人才培养功能。同年7月，教育部高教司在南京牵头召开"应用型本科人才培养模式研讨会"，来自全国29所应用型本科院校的校长、副校长、教务处负责人等共62人参加了会议，这是国家教育行政部门对"应用型本科人才"和"应用型本科教育"提法的首次正式回应。在这次会议上，与会的部分应用型本科院校倡议并发起成立了"全国（工程）应用型本科教育协作组"，这是一个进行工程应用型本科教育改革与发展研究的学术性协作组织，在教育部高教司理工处和全国高等学校教学研究中心领导下开展工作，以"为繁荣我国高等教育事业和培养适应新型工业化发展所需的高素质应用型工程技术人才服务"为宗旨。但对政府有关应用型本科教育的认识仍局限在工程教育领域。

（3）新时期的政策推动。2010年以后，我国高等教育进入从规模扩张向内涵发展的新时期。提高高等教育质量，优化高等教育结构成为新时期我国高等教育的主要任务。中央和地方政府就全面推动应用型大学建设出台了一系列的政策举措。

2010年7月，《国家中长期教育改革和发展规划纲要（2010—2020年）》颁布，其中明确提出，要"适应国家和区域经济社会发展需要，建立动态调整机制，不断优化高等教育结构。优化学科专业、类型、层次结构，促进多学科交叉和融合。重点扩大应用型、复合型、技能型人才培养规模。加快发展专业学位研究生教育"。将扩大应用型人才培养规模作为推动我国高等教育结构优化的重要举措。

2013年，国务院副总理刘延东在出席全国职业院校技能大赛闭幕式时提出，要"鼓励推动地方本科高校向职业教育转型，使专业结构和层次结构与人力资源需求相适应，以增强学生就业创业能力和职业转换能力，提高就业率和就业质量"，并将推动地方本科高校转型、建设应用型大学作为加快发展现代职业教育的重要任务。2014年2月，国务院总理李克强主持国务院常务会议，研究部署加快发展现代职业教育，其中明确提出要"引导部分地方本科高校向应用技术型高校转型"。2014年6月，全国职业教育工作会议召开，习近平同志就加快职业教育发展作出重要指示，强调"要深化体制机制改革，创新各层次各类型职业教育模式"。

在中央领导同志对应用型大学高度关注的同时，中央和地方政府出台了一系列政策，引导地方本科高校向应用型大学转型。2014—2015两年时间内，国家先后颁布《国家新型城镇化规划纲要（2014—2020年）》《国务院关于加强现代职业教育的决定》《中共中央国务院关于深化体制机制改革，加强实施创新驱动发展战略的若干意见》《现代职业教育体系建设规划（2014—2020年）》《关于引导部分地方普通本科高校向应用型转变的指导意见》等一系列重要文件，从国家战略层面上，对地方高校向应用型转型、建设应用型大学作出了部署和强有力的政策引导。与此同时，作为国家教育行政主管部门的教育部，也连续三年将推动地方高校向应用型转型作为重点工作之一。2014年提出"探索本科层次职业教育"，2015年则具体化为"印发引导部分地方本科高校向应用技术型高校转型发展改革试点的指导意见，启动改革试点，有序引导部分有条件、有意愿的地方高校转型发展"，2016年为"鼓励具备条件的普通本科高校向应用型转变，加大支持力度，有序开展改革试点，会同有关部门共同建立跟踪检查和评估制度"。在《关于引导部分地方普通本科高校向应用型转变的指导意见》中，应用型大学作为一种高等教育类型而非高等教育层次的政策得以明确，为很多地方高校高举应用型大旗、开展应用型建设实践探索提供了强大的政策激励。随后在2016年发布的《中华人民共和国国民经济和社会发展第十三个五年规划纲要》以及2017年发布的《国家教育事业发展"十三五"规划》中均进一步提出，推动具备条件的普通本科高校向应用型转变。特别是2017年印发的《教育部关于"十三五"时期高等学校设置工作的意见》就高校分类发展、经费投入、办学条件、学生就业政策等作出了一系列具体规定。2019年1月，国务院印发《国家职业教育改革实施方案》，提出到2022年"一大批普通本科高校向应用型转变"的具体指标。2019年2月，中共中央、国务院印发《中国教育现代化2035》，提出现代化的十大战略任务，其中即包含"持续推动地方本科高等学校转型发展"这一重要战略内容。

随着中央政府一系列文件的出台，地方政府也发布了相应的"规划纲要""实施意见"或者"通知"等。例如，根据《国家中长期教育改革和发展规划纲要（2010—2020年）》的指导思想和战略目标，各地也先后制定和发布了各自的"规划纲要"，对未来十年的教育改革和发展规划进行了整体谋划和布局。其中，各地都有针对性地就"应用型大学建设"进行了规划部署，例如安徽明确提出，"支持部分高校完成从传统办学模式的转型，建设应用型本科高校"；广东提出"鼓励在珠江三角洲地区新设一批主要面向高新技术产业、先进制造业、生产性服务业的应用型本科学校和高等职业学院"。同时，根据《国务院关于加强现代职业教育的决定》的指导思想和战略目标，各地也先后制定了各自的"实施意见"，包括到2020年的职业教育改革和发展谋划，其中20余个省区市的"实施意见"对推动本科院校向应用型大学转型有明确的表述，如江苏提出"探索发展应用技术型本科教育"、安徽提出"加快发展应用技术型本科和专业学位研究生教育"等，各地的实施意见也对建设应用型大学的总体要求、转型目标、转型任务和保障措施等作了具体的明确。

根据《关于引导部分地方普通本科高校向应用型转变的指导意见》的要求，截至2016年3月，已有15个省区市先后下发了"通知"，确定了200所地方本科高校整体转型为应用型大学或部分专业群的转型。各地也出台具体方案，对转型提出了具体要求，例如湖北省提出："转型高校的试点专业校企合作覆盖率达到85%以上、实践性教学课时比例达到30%以上、'双师型'教师逐步达到50%以上、到2016年特色优势专业在校生占在校生总规模比例不低于40%、试点高校来自中高职优秀毕业生的招生比例要逐步达到15%以上"；山东省提出"到2020年，建成60个左右高水平应用型重点专业，进入全国同类专业前10%，推动10所左右高校综合实力排名进入全国应用型本科高校前10%；培育建设40个左右专业，逐步达到高水平应用型重点专业建设标准；适应现代农业、先进制造业、战略性新兴产业、现代服务业等经济社会发展需求，形成一批特色鲜明、优势突出的专业群，为我省经济社会发展提供更加有力的人才和技术支撑"。根据各地关于转型的要求，200所参加转型试点的高校均提出了各自的实施方案。

至此，我国中央政府、教育主管部门、地方政府三级联动，多层次、多角度推动地方本科高校向应用型大学转型的政策体系已初步建立，为地

方高校以应用型为办学定位，加强自身建设，寻找新的发展优势，提供了
强有力的制度和政策保障。

第二节　应用型高校的办学理念

一、理念及办学理念

（一）理念

"理念"最初是西方哲学史的概念，源于古希腊文，指一种理想的、永
恒的、精神性的普遍范型。"理念"一词，原义是见到的东西，即形象。柏
拉图（Plato，古希腊）抛弃其感性意义，特指理智的对象，即理解到的东
西。他认为变化不定的个体事物，其所以相对地具有某种性质，只是由于
模仿离开个体事物而绝对存在的理念。柏拉图认为"理念"是独立于个别
事物和人类意识之外的、永恒的精神实体。

《辞海》对"理念"有两种解释。一是"看法、思想、思维活动的结
果"；二是"观念，通常指思想。有时亦指表象或客观事物在人脑里留下的
概括的形象"。《语言大典》将"理念"理解为"宇宙的心理本质或精神本
质，它与物质世界之间的关系，就像人的灵魂与肉体之间的关系一样"。

在理论界，众多学者对理念进行了深入的研究，得出了以下一些观点：
①理念是一个具有能反映一类事物每个个体或一类现象每种个别现象共性
之能力的普遍概念，具体说它是诸理性认识及其成果的集大成。②理念是
指人们通过实践逐步形成的对事物发展的指向性的理性认识，它形成之后
又会影响人们的实践，推动事物的发展。③理念是一个精神、意识层面上
的上位性、综合性结构的哲学概念，是主观（认知、观念）见之于客观
（规律、存在）的科学反映，是人们经过长期的理性思考及实践所形成的思
想观念、精神向往、理想追求和哲学观点的抽象概括，是理论化、系统化
了的，具有相对稳定性、延续性和指向性的认识、理想的观念体系。

综合众多研究者的观点，本书认为，理念即是人们对一类事物或现象

高度升华的认识所构成的观念体系，它涉及对事物或现象本质的深刻把握以及由此确立的价值取向、目标追求，属高层面的理性认识，成熟的理念一经形成，将在思想、目标、方向等方面引领和指导人们的实践活动。理念具有三个方面的特征：第一，理念是理性的，不是感性经验的产物。理念不是关于现实事物的具体知识，而是高度抽象的元话语。第二，理念是应然世界的东西。理念具有理想性与完满性，具有终极意义。第三，理念是可以实践的。即理念能够转化为现实。

（二）办学理念

教育理论界对办学理念的研究取得了丰富的成果，但缺乏共识性的结论：①办学理念，即学校的教育理想和教育信念。具体而言，理念，即概念、观点、观念或思想及其价值追求的集合体，理念就是一整套概念体系或观念体系。办学理念，即学校发展中的一系列教育观念、教育思想及其教育价值追求的集合体，是学校自主建构起来的学校教育哲学；②办学理念是办学主体在长期的办学实践和理性思维活动中形成的，对办学的价值取向、理想追求的抽象概括，是办学主体对"办什么样的学校"和"怎样办好学校"的深层次思考的结晶。

根据理念的内涵和教育活动的本质，在总结学者们研究成果的基础上，本书以为，办学理念是教育理念的属概念，是学校最具理性价值意义的教育观念，是学校基于"办什么样的学校"和"怎样办好学校"的深层次思考的结晶，是基于对教育规律和学校目标、使命深刻理解和准确把握后形成的理性认识的哲学升华，是学校文化的重要组成部分。

二、应用型高校办学理念

高等职业教育是特殊类型的高等教育，既要遵循高等教育的规律，也要遵循职业教育的规律。按照以上对理念及办学理念的理解，应用型高校的办学理念是应用型高校对自身存在价值、功能定位、发展取向的高度升华的教育哲学观念，是应用型高校办学思想体系的内核，属应用型高校文化体系中最高层面的共享价值。应用型高校的办学理念是一种精神标志，表征着应用型高校的理想意愿、目标追求和社会责任,是关于应用型高校办学思想的具有理想性的、可实践的元话语。独特的办学理念是应用型高校办学特色的源头和基础,它不仅引导着应用型高校特色的形成和发展,而且为应用型高校办学的行为准则的构建提供价值取向。

应用型高校的办学理念无论以什么样的方式表述,其内核和精神实质都具有一致性,都必须回答"学校是什么""教育是什么""学生是什么"等问题,上述问题实际上就是应用型高校的"学校观""教育观"和"学生观"。科学的"学校观""教育观"和"学生观"是应用型高校办学理念的精神内核,也是衡量应用型高校办学理念先进性的标准。

(一)应用型高校的学校观

办学理念反映的是学校的教育理念,因而,办学理念不能回避对学校的理解。办学理念是教育理念的体现,因此,应用型高校办学理念必须基于对学校内涵及功能的正确理解。

学校是专门的育人机构,学校教育是影响受教育者身心发展最重要的外部因素。学校不单纯是传授知识的场所,对受教育者来讲,学校不只是物质环境,更重要的是精神环境,在充满文化气息的学校环境中,受教育者将受到其他外在因素不可能实现的有计划的、系统的影响。应用型高校是培养高素质技术技能型人才的专门机构,不是单纯的"职业培训所"。应用型高校的人才培养活动也绝非单一的"技能训练"。应用型高校培养的是全面发展的高素质"现代职业人",这是应用型高校培养目标定位应有的境界,这一观念应忠实地体现在应用型高校的办学理念之中。

(二)应用型高校的教育观

教育观是办学理念的思想基础,应用型高校的办学理念建设必须清晰、准确地反映科学的教育观,只有建立正确的教育观,才能有正确的教学观、教学质量观、教学过程观和教学评价观。应用型高校的教育观应回答两个问题:一是高等职业教育是什么?二是学生通过接受高等职业教育获得什么?

应用型高校不同于其他类型的高等院校和其他层次的职业教育学校,高等"教育性"和高等"职业性"是它的基本特征。就高等"教育性"而言，高等职业教育的人才培养活动须以促进受教育者的成长和发展为目标，忠实体现教育的育人功能，在知识传授、技能训练、专业能力培养的同时，重视其健康人格的养成，为受教育者终身发展、终身幸福奠基，为国家培养合格公民。为此，应用型高校要积极实践素质教育的理念，注重受教育者综合素质的培养。就高等"职业性"而言，应用型高校必须紧跟经济社会发展需要，按照行业、企业的人才需求，建立专业与产业的良性互动机制，以就业为导向，大力推进工学结合、校企合作，深入开展人才培养模式、教学模式的改革，根据技术技能型人才的成长规律，不断优化教育教学过程，培养高质量的应用型、职业性人才。

（三）应用型高校的学生观

根据教育学的理论，学校教育的学生观包含以下几方面内涵："学生是人""学生是发展中的人""学生是独特的人"。学校应基于"人"的视野开展教育教学活动。作为特殊类型和层次的教育活动，高等职业教育面对的是特定群体的教育对象，一方面，他们接近成人或已成人，世界观、价值观、人生观基本形成，但不稳固；另一方面，就教育目标而言，他们接受的是专业定向的教育，须掌握较深厚的专业知识，形成熟练的专业技能和全面的专业能力。因此，高等职业教育应全面实践以人为本的教育理念，以培养高素质的现代职业人作为教育价值追求，根据高等职业教育学生的特点及成长目标设计教育教学活动。

三、应用型高校办学理念与校训、校风的关系

大学的办学理念就是大学发展远景与方向的指导原则，或者说是大学的最高领导原则。应用型高校与同属学校文化有机组成部分的校训、校风既有内在联系，又有明显的区别。

1.校训、校风的内涵

按《辞海》的解释，校训是指"学校为训育上之便利，选若干德目制成匾额，悬之校中公见之地，其目的在于使个人随时注意而实践之"。《现代汉语规范词典》将校训定义为"学校制定的对全校师生员工有指导意义

和激励作用的口号"。校训是师生共同的价值诉求和行为准则,是学校"符号建筑"的重要组成部分,更是应用型高校学校文化和学校精神的集中体现。作为学校文化的重要内容,校训经过深刻凝练,不断实践和传承,最终可积淀为应用型高校自身独特的大学气息和精神,成为学校发展建设过程中不可替代的文化元素。

校风,简而言之,指一所学校的风气,是学校在长期的办学活动中形成且达稳定状态的行为方式和群体风尚,它体现为一种特殊的心理氛围和心理环境,稳定而具有导向性。校风包含教师的教风、学生的学风、班级的班风和学校的整体精神风貌。校风体现一所学校的品位与文化,对师生的行为、学校各方面的办学产生润物细无声般的影响。它既是学校建设发展的成果,也是一种强大的精神力量。校风的实质是一种稳定的心理环境,这种心理环境是学校师生员工长期行为习惯的积淀,已形成的心理环境又进一步强化师生业已形成的行为习惯和行为方式。

2. 应用型高校办学理念与校训、校风的区别

办学理念、校训、校风同属应用型高校教育思想的有机组成部分,但它们之间存在明显的区别,主要表现在以下两个方面。

第一,层次不同。

应用型高校办学理念是应用型高校对自身存在价值、功能定位、发展取向的高度升华的概括和总结,属教育哲学层面的问题。一方面,办学理念是应用型高校办学思想体系的统帅,是应用型高校建设发展最高层面的"战略",是基于学校发展全局的观念上的总体谋划,办学理念的缺失,将导致学校发展战略谋划上的"空",学校各方面的建设和活动就会缺乏精神引领和价值导向。另一方面,办学理念是应用型高校办学思想的哲学表达,高层面的思想观念一定是高水平的理性认识。应用型高校办学理念是基于对高等职业教育规律及院校自身定位的精准把握后所形成的应用型高校理论化、系统化的"世界观",是应用型高校的信仰和追求,而不是对应用型高校某一领域、某项活动的认识与凝练。

与办学理念不同的是,应用型高校校训、校风在一定程度上是属于具体层面的问题,校训更多地昭示着学校的主张和规范,是基于"训育上之便利"，目的是"使个人随时注意而实践之"。从宗旨和功能上讲，具有显著的指向性和功利性。校风是学校稳定的行为方式和群体风尚，是一种精神环境和氛围，它表现为一种对师生行为的潜移默化的影响和规范，是无声的教育。因此，无论校训还是校风，对应用型高校而言，都是"实实在在"带有规范意义的主张，相较办学理念，未达思想统帅的高度，从表达上讲，更未达哲学层面。

第二，功能不同。

办学理念具有统帅、引领功能，它影响和干预的是应用型高校的办学方向、价值取向，解决的是办学价值取向和使命的问题，是应用型高校对办什么样的教育和如何办教育的认识和思考，属于应用型高校发展建设中"务虚"层面的问题，不带有功利性质，它的功能表现为方向引领。校训、校风则是在办学理念的引领和支配下对师生各方面行为的要求和期待，具有现实功能和价值。

3. 应用型高校办学理念与校训、校风的联系

第一，办学理念与校训、校风同属应用型高校教育思想理念范畴。

应用型高校办学理念与校训、校风从不同层面、不同角度回答了办什么样的高等职业教育、如何办高等职业教育，师生行为塑造的方向，学校对教风、学风、工作作风的主张等问题，既集中反映了应用型高校对高等职业教育的深刻理解和对高等职业教育规律的整体把握，也结合学校传统、优势特色，对自身的培养目标、校园风尚进行了总体设计。它们不属于学校办学活动中操作层面的问题，而是集中反映了学校特别是校长的教育思想和教育理念。

第二，办学理念是校训、校风的基石和前提。

办学理念是应用型高校的精神中枢，是应用型高校的最高领导原则。包括校训、校风在内的学校精神和文化领域的一切主张，无论其内涵还是表达，须源于办学理念，积极呼应办学理念所确定的原则和方向，也就是说，办学理念昭示的学校的思想灵魂必须清晰地体现在校训、校风之中。

第三，办学理念与校训、校风均属应用型高校学校文化体系的有机组

成部分。

学校文化是学校在长期的教育教学实践活动中积淀起来的，为其师生员工认可并遵从的价值观、精神风貌、行为准则和行为方式的总和。学校文化是学校的基因，也可将学校文化归纳为三个方面，一是教育思想形态，二是学校物化产品形态，三是师生行为方式形态。教育思想形态是学校文化的灵魂和内核，应用型高校办学理念、校训、校风即归于此。所以，应用型高校办学理念与校训、校风都是应用型高校学校文化体系的有机组成部分，分别是学校文化的不同表现形式。

四、应用型高校办学理念的功能

（一）导向功能

应用型高校办学理念体现应用型高校的办学方向、价值取向，是应用型高校对办什么样的教育和如何办教育的认识和定位，它必然反映高等职业教育的规律和院校自身的办学追求。例如，根据高等职业教育与经济社会发展之间的关系，就必须树立为生产、建设、管理、服务一线培养技术技能人才的理念，根据教育与受教育者之间的关系，就必须树立坚持育人为本、为受教育者终生发展奠基的理念。这些理念一旦树立且深入人心，成为学校文化的一部分，就为学校的办学行为指明了方向，学校的专业建设、教育教学、人才培养等方面活动即有了明确的方向。

（二）精神引领功能

办学理念是应用型高校的精神中枢，办学理念昭示的学校价值追求是应用型高校不竭的精神力量。作为一种培养人的社会组织，其精神追求恰似人的信仰，没有信仰就没有方向、没有动力。应用型高校成熟的办学理念就是应用型高校的信仰，它能凝心聚力、振奋精神、坚定信心，鼓舞师生员工共同努力，朝着预定目标奋力迈进。

（三）文化塑造功能

办学理念是应用型高校学校文化最深刻的内核，高品位的学校文化必定要求成熟的学校文化建设。部分应用型高校文化建设不深入，成效不明显，学校缺乏底蕴和根据，一个重要的原因就是包括办学理念在内的学校理念文化建设滞后。价值使命和精神追求要么缺失，要么未达成共识，这种状态下形成的学校文化注定是缺乏灵魂的，是一种浅薄的、极不成熟的学校文化。因此，办学理念的凝练和深入人心对应用型高校文化建设起着不可替代的作用。

（四）特色定位功能

应用型高校办学理念不可能"千人一面"，任何一所应用型高校，其办学理念都承载着自身赖以存在和成长的基因，都应具有自己的个性和特色。根据所处的办学地域环境、自己的办学历史等差异，应用型高校都分别有各自的发展定位和建设发展预期，都会提出办学思想层面的一系列主张，这些首先都将以办学理念的形式加以明确。所以，应用型高校办学理念越成熟，办学定位就越准确，办学特色就越鲜明。

五、应用型高校办学理念的实践路径

应用型高校办学理念不是单纯的"口号"，办学理念建设也非单一的"思想"建设，它更是一种实践。只有基于实践的办学理念，才能成为院校自身的精神引领。因此，办学理念建设的关键在实践。

（一）构建开放办学的格局

高等职业教育是紧贴经济社会发展建设的高等教育，深度融入产业、行业、企业是高等职业教育规律的必然要求。衡量高等职业教育的发展水平只能体现在专业与产业的契合度、人才培养对企业需要的满足度等方面。因此，应用型高校必须具有足够的开放度，一方面，应用型高校要改革传统高等教育关门办学、计划招生的弊端，创新体制机制，秉承"合作办学、合作育人、合作就业、合作发展"的理念和要求，构建政、行、企、校良性互动机制，从专业建设到人才培养过程，充分体现社会经济发展建设要求，根据企业一线工作的需要确定人才培养目标、规格；按照工作过程的要求进行课程建设；基于"教学做一体"的模式开展专业教学工作。总之，学校的一切教育教学活动必须富含企业、职业元素，这是职业教育开放办学最基本的内涵。另一方面，高等职业教育的评价应是多元的、开放式的评价。培养满足社会需要的应用型人才是高等职业教育的使命和社会责任，也是高等职业教育赖以存在的唯一基础。为此，对应用型高校专业建设水平、人才培养质量的评价，最有发言权的是社会，是用人单位，是受教育者，即高等职业教育的利益相关方。应用型高校应建立完善的人才培养质量第三方评价机制，通过开放式的评价，理性审视办学活动中存在的问题，据此不断修正和调整自身的办学姿态和办学行为。开放办学还意味着应用型高校要适应高等教育的时代要求，拓展国际化视野，提升国际化水平。我国的高等职业教育起步晚、底子薄，远未形成成熟的模式，需要借鉴和学习国外先进的职业教育经验，基于国际化的眼光和视野办现代意义上的高等职业教育，培养符合国际标准、适应我国"走出去"战略的高素质技术技能型人才。

（二）坚定高素质技术技能型人才的培养目标

职业性和教育性是高等职业教育的基本属性，也是高等职业教育人才培养目标定位的基本依据。高等职业教育是应用型的高等教育，这一类型和层次特征，是确定高等职业教育人才培养目标的基础。总体上讲，高等职业教育应培养高素质技术技能型人才，这一目标定位的内涵体现在以下两个方面。第一，"技术技能型人才"。"技术技能型人才"是懂技术、能熟练操作的职业型人才，这类人才熟悉企业生产的规范流程，能按照职业岗位的要求开展企业生产经营活动，符合企业的实际需要，同时，也能顺利满足自身生存发展之需，从我国现阶段经济社会发展现实状况考量，技术技能型人才的需求十分旺盛，因此，高等职业教育人才培养的重要目标就是培养和提升受教育者的职业技能、职业能力。第二，"高素质人才"。现代社会，"人才"有一个共性标准，即"高素质"，在科学技术日新月异、产业换代升级日益频繁的背景下，企业生产、经营活动不断被赋予新的内涵、新的要求，就受教育者而言，仅凭在学校教育领域培养的某一技术技能，实难适应和支撑其职业生涯的发展。因此，受教育者应具有基本的学习能力，具有适应不断变化的职业生活要求的意识和勇气，还需要具有强烈的责任心、奉献精神、吃苦耐劳的品质和团队合作的精神，这正是受教育者"高素质"的体现，也是高等职业教育"教育性"特征的彰显。

（三）建立完善的社会服务体系

社会服务是高等职业教育联系产业、企业的重要纽带，是衡量高等职业教育社会贡献度的关键指标，也是实践高等职业教育办学理念的重要途径。高等职业教育社会服务体系的构建须重视以下几方面工作。一是强化专业与产业、教育教学与企业生产经营活动的对接。应用型高校第一位的社会服务体现于培养的人才对企业职业岗位的应适度上。"说企业能听懂的话"，是应用型高校社会服务能力建设的基础，高等职业教育专业设置应充分体现地方产业发展要求，人才培养活动应忠实反映企业生产经营活动的实际要求，培养的人才，企业用得上、留得住。二是强化社会服务品牌建设。应用型高校应根据地方优势产业的现实需求，着力建设标志性的社会服务品牌，在技术技能积累、服务团队等方面作顶层设计。要重视专业建设过程中的技术技能积累，形成技术品牌优势；要充分利用自身智力资源，与企业专家一道组建高水平的专业团队，"做对企业有益的事"，针对企业生产经营中出现的困难和问题，校企联动，合力攻关，优化生产流程，积极研发新技术、新产品、新工艺，帮助企业提高产品质量和生产经营效益。

（四）大力培育办学特色

特色，指事物所表现的独特的色彩、风格等。办学特色是一所学校在一定的办学思想指导下和发展历程中逐步形成的，并为社会公认的、独特的、优于其他院校的办学风格和发展模式，它是学校办学经验的总结，并在办学实践中传承、积累、发展，进而形成的优良传统的结晶。在我国高等职业教育的实践中，办学特色是在应用型高校办学同质化现象比较突出的背景下，对高质量办学的理想追求，相当部分应用型高校均将特色化办学作为办学理念的重要内涵。一般而言，办学特色体现为"你无我有，你有我优，你优我特"，也就是说，特色是相对的，有基于"存在"的特色，也有基于"程度"和"质量"的特色，特色最根本的内涵是相对"不可替代性"。应用型高校特色化办学主要体现在以下几个方面。第一，"错位"设置专业。要紧贴地方产业发展战略，围绕重点产业和支柱产业开展专业设置规划，要深入研究地方产业的特点和个性，专业设置既体现特定产业的共性，又要突出产业的地方性需要，也就是说，要"接地气"，在培养目标、培养规格、课程设置等方面彰显与兄弟院校同类专业之间的差异与优势。第二，符合职业教育规律的办学模式、人才培养模式、教学模式。模式选择是应用型高校最鲜明的特色，学校应确立真正意义上的开放办学、产教融合的理念，并建立与之相适应的完善的内部管理运行机制；各专业应积极实践多样化工学结合人才培养模式，人才培养过程的设计应体现技术技能型人才的成长规律，具有充分的实践性；课程特别是专业课程的教学要结合特定操作过程的要求，教、学、做一体，将理论学习与实践训练有机融合。第三，有效的校企合作。要建立校企合作的长效机制，逐步建立基于需要和相互依赖的战略性合作。

总之，办学理念不单是应用型高校思想层面的标识，更是指导和引领学校各方面办学行为的精神信条，它的价值和功能只能唯一地体现在办学实践之中，体现在具体的教育教学和管理活动中，只有基于实践的办学理念才能升华为学校文化，成为引领应用型高校办学的指南。

第三节　应用型高校的培养目标定位

一、应用型高校人才培养目标的内涵

（一）高等职业教育人才培养目标的含义及依据

应用型高校人才培养目标一般指专业人才培养目标，是应用型高校根据社会需求、专业特点和技术技能人才成长规律，对专业人才培养结果的预期。它规定专业人才培养的质量、规格和标准，决定培养过程的总体设计、课程体系的设置、教学内容的选择、教育教学过程的组织，是一切人才培养活动的出发点和最终归宿。

由此，不难理解和判定，定位高等职业教育人才培养目标的依据体现在以下几个方面。

第一，社会需求。社会需求既是高等职业教育专业设置最重要的依据，更是高等职业教育专业人才培养目标定位的来源。经济社会建设对人才的需求和定义是有一定层次的，就社会需要而言，学术型人才、工程型人才绝非专业人才的总体，生产、建设、管理、服务一线的熟练劳动者占绝大部分比例，应用型高校专业人才培养的使命就是适应社会需求，面向"一线"培养合格劳动者。

第二，技术技能人才成长规律。社会需求是定位高等职业教育人才培养目标的外在条件和理由，就高等职业教育人才培养活动自身而言，要培养社会所需人才，还必须思考一个问题，即能否培养符合一线需要的技术技能人才。这就需要深入研究技术技能人才成长规律，否则，高等职业教育定位的人才培养目标就是"空中楼阁"，难以据此展开有效的人才培养活动。

第三，专业特点。应用型高校的专业来源于特定的社会职业，二者具有高度的关联性。不同的职业对劳动者素质、知识、技能、能力的要求是有差异的，在某一职业领域或工作岗位是"专家"，在其他的职业领域或工作岗位则可能是"新手"。以社会职业为来源的高等职业教育，其专业人才培养必须明确社会职业的界限，其中的核心和首要问题就是根据社会职业的特点和要求，明晰专业的应然培养目标。考虑到受教育者入职需要及未来职业生涯发展需要，不同的高等职业教育专业在定位人才培养目标之时，还应具有适度的预见性和前瞻性，要深入研究特定职业和相关岗位的发展趋势，准确把握受教育者顺利入职和可持续的职业生涯发展之间的关系。

（二）高等职业教育人才培养目标与教育目的、教育目标、教学目标的关系

教育目的是指国家和社会对教育实践活动所要培养的人才质量、规格的总体规定和预期，集中反映国家和社会对整个教育活动的价值取向和追求，是各级各类学校和其他教育机构开展办学活动的依据。教育目标则是教育目的的下位概念，指的是各级各类学校和教育机构为实现国家和社会的教育目的，通过教育教学活动，学生的身心发展应达到的要求和标准。教学目标指教学活动预期达成的结果，是教学活动的出发点和最终归宿。一般而言，教学目标主要指课程教学目标和课堂教学目标。因此，教育目的、教育目标是确定专业人才培养目标的依据，而教学目标是为实现专业人才培养目标服务的。

（三）应用型高校专业人才培养目标的基本要素

应用型高校专业人才培养目标必须回答两个问题，即培养目标和培养规格。根据深入的研究及多年的探索，理论界和应用型高校对高等职业教育专业人才培养目标已达成基本的共识，即高等职业教育应培养适应生产、建设、管理、服务一线需要的技术技能型人才，就培养规格而言，上述目标蕴含以下几方面要素。

1. 知识

知识是人类社会在实践活动中认识客观世界的成果，从广义上讲，可分为陈述性知识、程序性知识和策略性知识三类。为清晰职业教育领域知识、技能、能力的界限，此处的知识概念限于狭义层面，即特指陈述性知识。陈述性知识是"知道是什么"和"知道为什么"的知识。在高等职业教育中，陈述性知识主要指以普通文化知识为代表的通识性知识和以专业理论为代表的专业知识。教育是以知识为主要材料的职业，知识的类型决定教育的类型。高等职业教育以高素质技术技能型人才为培养目标，丰富的知识积累是实现这一目标的基础。

就通识性知识的教育而言，它实现的是职业教育的教养功能，彰显教育的宗旨和要义。在具体的高等职业教育实践中，有浓厚的轻通识性知识教育的倾向。这种教育实质上是"半人教育"，与教育的"育人"功能相悖。因此，必须给予通识性知识教育于高等职业教育中应有的地位，特别要加强人文知识的教育，使受教育者真正为"人"。

就专业知识的教育而言，任何专业技能、专业能力的形成都必须以相对扎实的专业知识为前提。高等职业教育中的专业知识教育主要表现为专业理论的传授和掌握。专业理论的欠缺必然制约专业技能的培养和专业能力的形成。目前，对高等职业教育界"理论够用为度"的主流观点，应有一个正确的认识，关键是如何理解和把握"够用"。"够用"的尺度应该是专业理论的学习足以支撑专业技能的培养和专业能力的形成，足以支撑受教育者未来职业的可持续发展。因此，"理论够用为度"绝非轻视专业理论教育，而是应强调专业理论学习的"够用"。

2. 技能

技能是指掌握并能运用专门技术的能力，就广义的知识而言，属于程序性知识。根据认知心理学信息加工理论，主要以产生式和产生式系统表征，用来解决"做什么"和"怎么做"的问题。技能有"会""熟""巧"等不同的层次。

技能是高等职业教育培养目标极重要的内容，是高等职业教育应用型人才培养价值取向的直接体现。根据我国高等职业教育多年的实践，无论是前期的职业大学，还是处于创新发展时期的各类应用型高校，都将技能培养作为自身人才培养工作的重要目标。在我国高等职业教育改革发展的历史过程中，对进入高等职业教育人才培养目标的"技能"有不同的定位，表现为"高级操作人员""技能型人才""高技能人才""高端技能人才""技术技能人才"等不同的表述。

3. 能力

按照心理学的定义，能力是指个体直接影响活动效率的心理特征，这是从广义层面对能力这一概念的诠释，其外延应包含技能。但从职业教育培养目标的角度，应明确区分能力与技能的界限。著名职教专家姜大源先生认为，"能力是个体特有的主观才智，与一个特定的情境无关"。相反，技能必定与特定的职业岗位或具体的活动形式相联系。因此，从某种意义上讲，技能是"有形"的、具体的，能力是"无形"的、抽象的，它是个体长期锻炼和接受教育后的"积淀"。

任何形式的高等教育都将受教育者能力的锻炼作为培养目标的重要内容，我国国家层面高等职业教育培养目标定位虽然聚焦于应用型人才，但无论怎样定义"人才"，其规格必然包含能力，这一点毋庸置疑。抛弃能力的技能锻炼是不可想象的，职业教育绝非纯功利性的教育活动，应张扬全面发展的能力观，应践行能力本位的教育理念。

作为职业教育培养目标基本要素的能力包含专业能力、方法能力和社会能力。专业能力是基于深厚的专业知识、精湛的专业技能，从容、内行地开展专业活动，应对专业领域的变化的能力，它是个体从事专门化职业劳动的基础；方法能力指个体面对变化了的环境与情势，重组经验，创造性地获得工作方法的能力；社会能力实际上就是体现人的社会性，与他人和社会交往、交流、互动的能力。由此可以看出，作为现代职业人，无论是专业能力、方法能力，还是社会能力，都是其从事职业活动之必需，更是其职业生涯发展之基石。能力培养应是高等职业教育人才培养目标的重要内容。

4. 素质

素质指在人的先天生理的基础之上，经过后天的教育和社会环境的影响，由知识内化而形成的相对稳定的心理品质及其素养、修养的总称，它包含生理素质、政治素质、思想道德素质、文化素质、心理素质等方面的内容。

职业教育应实践素质教育理念、"全人教育"理念，将受教育者全面发展作为自身的目标追求。职业教育应充分应用第一、第二、第三课堂，积极创新载体，正确处理今天、明天和未来的关系。着力在六个维度上下功夫：重视思想政治教育——培养做人的高度；重视文化素质教育——培养做人的厚度；重视业务素质培养——培养做人的深度；重视身体素质锻炼——培养做人的长度；注重心理健康——培养做人的宽度；注重创新创业素质——培养做人的强度。

高等职业教育不应单纯追求技能、专业能力培养的功利性的教育目标，作为高等教育的特殊类型，还应遵循高等教育的普遍规律，立足于受教育者的成长和发展，立德树人，关注高等职业教育学生综合素质的培养，高举以人为本的旗帜，将学生的素质培养实实在在融入人才培养的目标之中。

二、应用型高校人才培养目标的特征

(一)"高等性"层次

高等职业教育属于特殊类型的高等教育，就培养目标的层次而言，具有高等性特征。相较中等职业教育，高等职业教育培养目标的高等性特征，体现为比中职教育有更坚实的专业知识和专业理论、更高级的技术技能水平、更强的职业综合素质和可持续发展能力。首先，在专业知识方面，高等职业教育相较中职教育更强调各领域理论知识的系统化和深度，更注重对各领域理论和规律的学习和把握；其次，在技术技能水平方面，高等职业教育以培养学生适应特定职业群或岗位群应具备的专业技能、专业能力为主。高等职业教育培养的技术技能人才侧重于"手脑并用"，以专业核心技能为核心，并向设计、管理方面拓展的一专多能、具备从生产一线的技能骨干发展为助理工程师、机器系统管理者的能力；再次，应用型高校人才培养目标的"高等性"层次还表现在高等职业教育学生可持续发展能力的培养方面，中职教育聚焦未来就业的岗位适应性，强调学习和工作的"零距离"衔接，但随着社会的发展和技术的进步，中职学生的可持续发展能力较差，需要不断接受专门的学习和培训，高等职业教育学生因其较深厚的专业理论和职业综合素质，具有较强的可持续发展能力，转岗适应性更强。

（二）"应用型"类型

高等职业教育属于应用型高等教育，培养的是应用型人才。通过教育培养的人才包括学术型人才和应用型人才，其中，应用型人才包括工程型人才、技术型人才和技能型人才。应用型人才培养的目标是应用知识，而非创造和发现知识。随着工业化和信息化的深入，社会对应用型人才的需求日渐旺盛。高等职业教育培养的是应用型人才，高等职业教育的专业来源于社会职业，高等职业教育的内容紧贴生产、建设、管理、服务一线，理论学习的目的是提高学习者的技术技能水平，到工作岗位后，能优化生产工艺，提高生产效率和产品质量。所以，从某种意义上讲，高等职业教育带有浓厚的"功利性"，即职业性，是应用型高等教育。

（三）"高素质"取向

高等职业教育培养目标的又一鲜明特征体现为其培养对象的高素质，就高等职业教育学生的发展和成长而言，高级技术技能水平绝非高等职业教育人才培养的唯一目标。作为一种特殊类型、特定层次的高等教育，高等职业教育应坚守教育的宗旨，以育人为天职，以提高受教育者的素质为基本要务。"高素质"有丰富的内涵，指一个方面或若干方面一般人不具有的良好品质或优越素质，诸如品德高尚，敬业乐群，个性优良，团队意识、合作意识强，思维敏捷，富有责任感和使命感等。这些品质的培养依赖教育，作为具有鲜明"职业性"特征的高等职业教育，在教育实践中，往往注重的是受教育者职业技能的训练，追求岗位适应性，但包含高等职业教育在内的一切形式的学校教育，都应重视受教育者素质的提升。现代社会，各方面发生着深刻的变化，各职业领域甚至具体的劳动岗位对劳动者的要求也在不断地发生改变，仅依靠单一的高水平技能、能力极难支持一生的职业生涯。古代，技艺精湛的木匠可以凭自己的技艺维持一辈子的生活，但现代社会相应角色的劳动者还必须懂得数控机床的原理和操作，也还应具备一定的美学知识和素养。同时，现代社会中，真正意义上的个别劳动已几乎不存在，需要社会意义上广泛的合作，这对劳动者素质提出了更高的要求。因此，高等职业教育在重视受教育者职业技能、职业能力培养的同时，还必须关注受教育者素质特别是通识性素质的提升。高等职业教育之"高"，重要的内涵就是在培养目标的定位上体现高素质。

（四）"技术、技能型人才"定位

应用型高校培养的是既能动脑，又能动手，既具有较高知识层次，又熟练掌握操作技能的人才。在生产领域，该类人才既能熟练地进行生产操作，将工程型人才的设计成果转化为符合要求的产品，又能保障整个机器系统的正常运转。此外，也能参与新技术、新产品、新工艺的研发。为此，仅仅将高等职业教育的培养目标定位为高技能人才是不够的，应用型高校培养的不仅仅是"高级工"，高等职业教育和中等职业教育培养目标的界限绝非单一地体现在技能层次的差异方面，否则，高等职业教育存在的理由就会受到质疑。事实上，在具体的职业领域，高等职业教育学生愈来愈多地参与了新技术、新产品的创研。因此，高等职业教育培养目标定位于"技术、技能型人才"是科学的，也是符合实际的。

第四节　应用型高校的办学模式

一、办学模式及高等职业教育办学模式的内涵

（一）办学模式

模式，即模型和范式，指人们在长期的实践活动中提炼、抽象出的规律，是对某一类活动经验的高度凝练和总结，也是已上升到理论高度的、被实践反复证明行之有效的活动方式。成熟的模式一旦形成，可为同类活动提供可资借鉴的模型和范式。因此，在某种意义上讲，模式也是指导实践活动、解决同类问题的方法论，属升华到理论高度的方法或方法体系。

高等教育办学模式即是一定主体开展高等教育办学活动的模型和范式。高等教育办学模式是指在一定的历史条件下，以一定办学思想为指导，在办学实践中逐步形成的规范化的结构形态和运行机制。它是有关办学体制、投资体制、管理体制与高等学校之间形成的相对稳定的权力结构和关系。这一定义揭示了高等教育办学模式的深刻内涵。对高等教育办学模式的研究，通常有两个方面的立足点，一是立足于宏观的高等教育系统，探寻国家高等教育办学体制、投资体制、管理体制；二是立足于具体的高等院校，探索其办学活动的运行机制，揭示高等学校与办学相关利益主体之间稳定的权力结构和运行模式。

（二）应用型高校办学模式

循上述逻辑，高等职业院校的办学模式就是应用型高校办学活动体制机制的特定范式。办学模式建设既是应用型高校内涵建设的重要内容，也属应用型高校办学顶层设计的重要方面，是应用型高校发展建设战略层面的问题，它集中解决应用型高校"如何办学"的问题。在应用型高校办学模式建设的研究和实践中，相当部分研究者和院校对办学模式缺乏正确的思考和定位，将办学模式与人才培养模式甚至教学模式混淆。办学模式属于学校层面的问题，聚焦学校如何"办学"；人才培养模式主要属于专业层面的问题，聚焦专业如何进行"人才培养"；教学模式属于课程层面的问

题，聚焦如何进行"教学"。站在应用型高校发展建设的高度考量，办学模式属思想理念层面的"战略问题"，专业人才培养模式、教学模式属操作层面的"战术问题"。

（三）应用型高校办学模式的特征

1. 合规律性和合目的性

应用型高校办学模式建设应遵循高等职业教育规律和高技能人才成长规律。职业教育是与经济社会发展联系最为紧密的教育形式，从专业设置、专业建设到具体的人才培养活动，必须与具体的行业、产业发展建立有效的良性互动。根据市场需要设置专业，根据岗位工作过程的要求设置课程，根据用人单位的反馈调整办学姿态，也就是说，应用型高校不是"象牙塔"，应用型高校的办学并非学科模式，应根据社会需求培养生产、建设、管理、服务一线的技术技能人才，这是高等职业教育规律的最基本内涵。技术技能人才的培养必须基于具体的、真实的生产情境，高等职业教育学生专业知识、技能的学习过程须基于企业的生产过程，传统的教室和图书馆学习是培养不出技术技能型人才的，高等职业教育的专业人才培养必须走工学结合、校企合作之路。

应用型高校的办学活动必须符合各相关方的利益诉求，相较其他形式的普通高等教育，参与高等职业教育的各主体，其利益诉求带有明显的"功利性"价值取向。就国家而言，要求高等职业教育培养符合经济社会发展建设一线需要的技术技能人才，企业希望高等职业教育培养适应岗位需求、能提高生产效率和产品质量的高素质劳动者，学生及家庭则希望通过接受高等职业教育学到"一技之长"，为学生顺利进入社会职业生活和终身职业发展奠定基础。因此，高等职业教育各主体利益诉求更具体、更"朴素"。应用型高校办学模式建设应立足于各方利益诉求，达成各方满意的目标，这是应用型高校办学模式建设合目的性的基本要求。

2. 稳定性和发展性

应用型高校办学模式是应用型高校办学顶层设计的重要方面，一旦形成并经实践检验是科学且可行的，长期坚守即成为学校文化的有机组成部分，是学校办学思想、办学理念的重要表现，也是学校办学特色的基础，具有相当的稳定性。这种稳定性对应用型高校的人才培养活动具有重要作用，任意中断、调整或者随意移植其他院校办学模式的做法，都是不理性的。

另外，任何事物的发展都不是一成不变的，应用型高校办学模式也是如此。在经济社会发展建设的不同时期，对高等职业教育会提出差异化的要求。例如，20世纪80年代的"高级操作人员"到现阶段"技术技能人才"的高等职业教育人才培养目标定位对各个时期应用型高校的办学活动就有不同的要求。高等职业教育培养的是适应社会经济建设一线的应用型人才，但不同时期，对"一线"人才的能力、素质规格要求发生着深刻的变化。以前的"一线"要求的是具体生产流程的熟练操作工，目前可能是机器人的操控者。更为重要的是，应用型高校对高等职业教育规律和高技能人才成长规律的理解和把握并由此带来的思想、理念的更新和成熟更是长期的。由此，应用型高校的办学模式应该是动态的，办学模式的建设过程应是坚守科学的办学思想、办学理念前提下的不断优化的过程。

3. 共性和个性

应用型高校办学模式应遵循高等教育特别是高等职业教育规律，这是应用型高校办学模式建设的前提和基石，更是基本规范，也就是我们通常所说的高等职业教育必须姓"职"，同时姓"高"，否则，应用型高校办学模式建设势必偏离正确的轨道。因此，应用型高校办学模式要根据高等职业教育规律体现普遍的共性要求，例如，要体现开放办学的思想，实践工学结合的理念。同时，虑及学校类型、办学历史、专业结构、办学优势等方面的差异，应用型高校办学模式应强调个性化，不能简单地相互移植和复制，这正是应用型高校办学模式建设的意义所在。任何应用型高校的办学模式都是其办学历史、办学优势的集中反映，是一种长期的积淀，这种积淀是应用型高校个性化办学模式的来源。

二、应用型高校办学模式建设中存在的问题

（一）对办学模式建设的重要意义认识不足

相当部分应用型高校对自身办学模式建设缺乏深入的思考，对诸如

"办什么样的学校""如何办学"等问题未能从学校改革发展战略的高度进行总体设计。办学理念是应用型高校对自身存在价值、功能定位、发展取向的高度升华的教育哲学观念，是应用型高校办学思想体系的内核，属应用型高校文化体系中最高层面的共享价值，办学模式是应用型高校办学活动体制机制的特定范式，是在教育思想指导下，对办学经验的高度凝练和总结。办学理念是办学模式的思想、理念基础，办学模式则带有浓厚的实践性，是在办学理念指导下的办学实践模式和路径选择，不能以办学理念代替办学模式，缺乏办学模式支撑的办学理念只能是"空中楼阁"。

（二）对办学模式的认识和把握存在明显的偏差

应用型高校办学模式建设的核心任务是确定与经济社会发展相适应，反映高等职业教育规律，同时体现自身特色和优势的办学活动运行机制。它是应用型高校办学的"宏观路径"选择，并不针对特定专业人才培养的模式安排，更不是具体课程实施意义上的策略。

相当部分应用型高校模糊了办学模式与专业人才培养模式、教学模式的关系，未能厘清三者的区别。应用型高校办学模式的内核是"体制创新、开放办学"，专业人才培养模式的核心是"工学结合、校企合作"，教学模式的要义是"教、学、做"一体化，三者属于不同层面的问题，具有不同的功能和价值、建设取向和建设思路。

办学模式是学校宏观办学层面的根本问题，解决战略方向上"如何办学"的问题，归于学校的"高层决策"和定位。每一所应用型高校只可能有一种办学模式。人才培养模式和教学模式则不同，就人才培养模式而言，在保证"工学结合、校企合作"基本思想的前提下，不同的专业会有不同的操作。比如，应用电子技术专业和文秘专业，因其不同的专业特点，在人才培养过程中，校企合作、工学结合的设计和思路必然呈现出较大的差异，其人才培养模式不宜相互移植。从这个意义上讲，在人才培养模式建设方面，学校层面强化的应是"工学结合、校企合作"这一价值取向，具体任务由专业层面完成，学校层面不应有统一的、整齐划一的人才培养模式，应体现和倡导多样化工学结合、各具特色的专业人才培养模式。教学模式是人才培养过程中课程实施的模式和策略，其主旨是教学内容与岗位工作过程的衔接,强调"教、学、做"一体化。与人才培养模式建设类似,须学校层面定位的仅是宏观要求,以保证课程实施的职业化取向,事实上,为完成专业人才培养目标组合在一起的各门课程,其课程性质和教学目标的针对性均有较大差异,"教、学、做"一体化的具体实践操作也各有自身特点。例如,机械制图与大学语文两门课程,前者的教学目标表现出更明显的工具理性取向,它的教学内容直接反映特定岗位的工作任务,"教、学、做"一体化的思路清晰;后者的教学目标既包含工具理性取向,培养学生的表达能力,更体现价值理性取向,提升学生的人文素养,这门课程的价值更多地体现在学生的精神领域,其教学模式不能简单移植机械制图教学模式的实践操作。

因此,在办学模式建设的实践中,应用型高校要进一步深入研究办学模式、专业人才培养模式、教学模式的特征,准确把握它们的区别和联系,分清层次,科学定位办学模式建设的取向和任务。

(三)特色不鲜明

办学模式建设的总体要求和精神实质是"体制创新、开放办学",但因专业结构、办学历史和传统、办学特色和优势、行业背景等方面的差异,就具体的应用型高校来讲,"体制创新、开放办学"有不同的内涵和要求,办学模式应是各有特色,应是"校本"的。但是,相当一部分应用型高校办学模式通识性过于明显,究其原因,主要是结合学校的实际不够,未能深入研究和分析自身的实际情况,对自己的个性和特色把握不准,太过理论化和通识性,缺乏根基,更缺少学校自身的"基因",极难固化和传承。

(四)缺乏系统性

实践中,为发挥应用型高校办学模式的价值和功能,应对学校各方面职能进行系统设计。如前述,应用型高校办学模式的核心是"体制创新、开放办学",这就要求学校在专业设置、专业建设、教育教学、招生就业、人事制度等方面大胆改革,积极探索适应有利于形成职业教育开放办学格局的运行体制机制,充分利用各种办学资源,调动政府、行业、企业等各方面参与办学的积极性,合作育人。因此,应用型高校的办学模式的功能绝非仅仅体现在专业建设和教育教学领域,办学模式建设的任务也绝非单纯地依附于专业建设和教育教学领域，它是一个系统工程，需要系统化设计。在现实的高等职业教育实践中，对办学模式建设有一种简单化倾向，将办学模式建设单纯定位于专业建设和教育教学领域的任务，未形成各职能系统的联动机制。基于这种思路形成的办学模式根基不牢，难以发挥其应有的价值和功能。

三、应用型高校办学模式建设的思路和策略

（一）创新体制机制，确立开放办学的思想

职业教育是与经济社会发展建设联系最为紧密的一种教育类型或教育活动，担负着为社会培养高素质技术技能型人才的任务，高等职业教育培养目标定位、专业建设和人才培养活动等必须紧密结合经济社会发展要求，树立开放办学的思想和理念，这是应用型高校办学模式建设的根本任务。但现实情况是，应用型高校的办学还相对封闭，办学资源的单一性还比较突出，从专业建设、教育教学到学校管理还比较僵化，对社会办学资源的整合远未达到理想状态。毋庸讳言，虽然每一所应用型高校都在强调校企合作，但实际上，大多数应用型高校的校企合作基本上属于"机会性"，而非"战略性"合作。企业方与高等职业教育的积极性大都来源于单一的用工需求。为此，应用型高校开放办学模式建设必须以体制创新为重点和突破口，按照"合作办学、合作育人、合作就业、合作发展"的理念和思路，转变思想观念，调动政府、行业、企业等各方积极性，充分利用各种社会资源，敞开大门，走多方联动、合作办学之路。

基于体制机制创新的开放办学模式，其内涵是非常丰富的，它体现在根据社会需要设置专业，根据工作岗位（群）需求开设课程，根据用人单位反馈调整办学姿态，根据双师队伍建设要求改革人事制度等方方面面，这些方面良好的体制机制一旦建立，学校开放办学就有了坚实的基础。

此外，在高等教育国际化背景下，体制创新、开放办学的高等职业教育办学模式还体现在扩大视野、走出国门，学习其他国家和地区发展职业教育的先进经验，加强国际合作与交流，提高学校的国际化水平和能力，

培养具有国际化视野的人才。

（二）凸显院校个性，彰显办学模式特色

应用型高校千校千面，各有其不同的专业结构、办学历史、特色优势，这些构成了应用型高校办学模式建设的基础和条件。应用型高校要准确分析自身专业结构的特点以及专业结构与地方产业结构的关联度、契合度，要深入凝练自身职业教育办学历程中积累的有益经验，要认真总结自身的办学特色和优势。在此基础上，展开广泛而深入的调研，形成符合学校实际，能指导和引领学校办学活动，富含学校文化"基因"的行之有效的校本办学模式。在这一过程中，思想理念是基础，校本分析是关键，"从群众中来，到群众中去"是基本路径，基于上述思路形成的办学模式才是科学的、可行的，切忌"假""大""空"，切忌随意模仿、简单移植，否则，办学模式要么形同虚设，要么"水土不服"，发挥不了其对学校办学应有的价值和功能。

（三）系统化设计，确保办学模式的效能

办学模式效能的发挥是高等职业教育办学模式建设的重要内容。按照系统论的观点，任何事物或活动都是一个大的系统，该系统的有效运行，依赖于各子系统相互关联、整体协作。应用型高校自身也是一个大的系统，其办学目标的达成、办学活动的有效性取决于各子系统功能的发挥及相互协作的效果。如前文所述，办学模式是应用型高校办学活动体制机制的特定范式，对学校办学活动的方方面面起指导和引领作用，它的功能绝非仅仅体现在专业建设和教育教学领域。办学模式建设的任务也绝非单纯地依附于专业建设和教育教学领域，它是一个系统工程，需要系统化设计，从专业设置、专业建设到教育教学，再到招生就业、人事制度等方面都要根据办学模式的内涵要求，进行深入的改革，建立良好的运行机制和联动机制，鉴于此，高等职业教育办学模式建设过程中，必须强化制度建设，形成保证办学模式正常运行的制度体系。

第三章　职业教育内涵建设的关键

第一节　职业院校专业设置

一、应用型高校专业设置的基本原则

（一）科学性原则

专业设置的科学性原则首先要求教育行政部门要引导和规范应用型高校的专业设置，引导应用型高校根据区域社会经济发展规划及人才需求科学设置专业，要围绕国家产业发展战略重点和地方产业发展要求进行专业设置和布局。同时，教育行政部门要逐步完善高等职业教育专业设置预警机制，使高等职业教育专业设置及人才培养规模与市场需求基本匹配和平衡。

更为重要的是，应用型高校应将专业设置作为自身内涵建设的重要内容，在广泛调研的基础上，准确把握地方经济社会发展的战略重点以及人才需求，深刻研究自身发展建设规划，使专业设置与办学目标定位和服务面向定位相一致。同时，应用型高校专业设置还应充分考虑自身的办学条件、办学优势和专业结构，保证专业设置有条件，专业设置能实现学校教育教学资源的优化配置。专业设置的科学性还意味着应用型高校专业设置要符合国家的相关规范和要求，名称要规范，内涵要清晰。

（二）需求导向的原则

应用型高校专业设置的基础性任务是开展深入的市场调研，准确把握市场的人才需求。人才需求调研的重点是区域发展建设规划，特别是区域

重点产业发展规划，在调研基础上科学预测专业人才的中长期需求。也就是说，应用型高校的专业设置必须具有坚实的人才需求支撑，体现需求导向的基本原则，如此，方能实现高等职业教育的存在价值。

（三）特色性原则

由于地域特征、办学优势、办学历史各异，应用型高校的专业结构和专业布局应各具特色。事实上，专业特色始终是应用型高校办学特色的重要基础。专业设置的特色性原则首先要求应用型高校专业设置既要"有所为"，也要"有所不为"。要依托地方经济社会发展的主导产业和优势产业，集中力量办好优势专业和特色专业。应用型高校专业设置切忌"大而全"，切忌盲目"跟风""跟新"，专业设置无视区域经济社会发展需要，不接地气。要逐步调整与区域经济社会发展需要关联度不高、人才需求支撑力度不大的专业，错位发展，形成自身的专业特色。

（四）可行性原则

应用型高校的基础办学条件、专业师资团队、专业人才培养活动必需的实验实训设施设备、校内外实训基地等，是专业设置的基本条件。因此，应用型高校的专业设置，应进行可行性论证，从学校的办学条件出发，保证专业人才培养活动能顺利开展。此外，应用型高校现有办学格局、专业结构，都是在自身办学历程中逐步积淀和形成的，具有历史继承性。就办学历史和传统而言，每一所学校都有自己的优势，应用型高校的专业设置首先应考虑如何有效利用这种优势。反之，完全背离传统办学优势的专业设置，一般都具有办学条件薄弱的特点，专业建设基础差，人才培养质量难以保证。

二、应用型高校专业设置的操作规范和流程

（一）人才需求调研

人才需求调研应立足以下几方面问题。

1.行业、产业发展现状及发展前景

一般而言，社会特定发展时期，总有急需发展的优势产业或产业发展

重点。为适应国家产业发展战略定位，应用型高校必须加强调研，摸清重点产业发展的现状及未来的发展趋势，准确把握专业设置与产业发展的接口。此外，还应根据国家重点产业发展要求，结合地方产业规划和产业布局，以服务地方产业发展为宗旨，设置专业，适时调整专业结构。

2. 准确把握人才需求

人才需求是应用型高校专业设置的逻辑起点，专业服务经济社会发展的功能最终是通过满足行业、企业人才需求实现的。为优化应用型高校的专业设置，必须开展深入的人才需求调研，准确掌握适应地方产业发展规划的相关产业的人才需求。虑及高等教育人才培养的周期性和相对滞后性，人才需求调研须力求准确、精细，立足近期、中期和远期等不同的阶段，把握人才需求状况，为专业设置提供依据。更为重要的是，也为专业建设特别是不同时期专业办学规模、专业办学的基本保障条件的确立等提供依据。

从工作环节和流程而言，专业设置的人才需求调研须开展以下几个方面工作。

一是区域产业发展规划调研。通过调研，摸清地方一定时期产业发展的规划布局，特别是要准确掌握相关产业在地方产业结构中的位置，对促进地方经济社会发展的战略意义。

二是相关企业的人才需求调研。应深入研究企业发展规划，与企业开展深入的交流和研讨，准确掌握按企业发展规划确定的不同发展时期人才需求的数量和结构。

三是区域内兄弟院校专业人才培养状况调研。应全面掌握区域内兄弟院校专业建设、人才培养状况，特别是专业发展定位、人才培养规模、各自的特色优势等，据此确定自身的位置、发展重点和办学规模。

（二）毕业生就业前景调研

毕业生就业前景是学生选择就读专业的最重要依据，也是应用型高校对学生产生吸引力的唯一来源。应用型高校专业设置必须以展示真实的、富有诱惑力的就业前景为前提。真实的就业前景并非抽象的逻辑演绎，而是来源于实实在在的调研，一般而言，毕业生就业前景调研应包含就业的难易程度、薪资报酬水平、职业的社会地位、职业岗位的发展前景等。此外，为避免"叫好不叫座"的专业设置窘境，毕业生就业前景调研还应包括专业的社会认可度、接受度调研，深入了解学生及家长对专业的认识、态度和报考意愿。

（三）确定专业培养目标和规格

人才需求调研和毕业生就业前景调研解决了专业设置必要性的问题，但还未回答专业培养什么样的人的问题，即专业的培养目标和规格。在定位专业培养目标和规格工程中，应重点解决以下问题。

1. 准确把握"一线"人才的内涵

根据高等职业教育的类型和层次，应用型高校应培养适应生产、建设、管理、服务一线需要的高素质技术技能人才。目前，这一定位已深入人心，但是，其中的关键问题是何为"一线"？随着社会的发展进步、产业的升级，生产、建设、管理、服务"一线"的内涵在不断发生变化。以制造业为例，传统制造业的一线岗位就是直接生产产品，劳动者借助机器直接接触并按一定的工艺流程改变生产原料，生产出符合要求的产品。这种背景下，"一线"人才就是具体生产流程中的熟练工，衡量"熟练"程度的标准就是出自劳动者之手的劳动生产率及产品质量，这是传统劳动密集型生产方式的常态。

现阶段，对"一线"人才的上述定义已不符合现代产业发展，特别是产业换代升级的要求。目前，在制造业领域，相当部分能代表先进制造业发展水平的企业，其生产的自动化、智能化水平日新月异，生产方式发生了根本性变革。机器人、机械臂广泛地代替了人力劳动。在这种背景下，生产中的"一线"就成了对机器人、机械臂的控制与操作。"一线"内涵的变化必然要求高等职业教育培养目标定位与之适应，培养过程和培养方式的设计也应随之发生变化。

2. 准确定位"一线"人才的培养规格

高等职业教育培养的"一线"人才不是抽象的，有一定的规格要求。根据现代社会普遍意义的人才观和高等职业教育个性化的培养目标，以及从业者可持续的职业生涯发展，高等职业教育"一线"人才的培养规格一般定位于对知识、技能、能力、素质等方面的要求。对人才培养规格的这一定位，在高等职业教育发展历程中，先后有两种代表性观点。

一是"技能中心"。这一观点在20世纪我国高等职业教育界具有代表性。当时，受对高等职业教育规律认识局限性的制约，人们普遍认为，高等职业教育应培养技能型人才或高技能人才，受教育者技能水平的高低成为教育质量的衡量标准。显然，这一观点带有浓厚的社会需要决定论色彩。

二是"能力中心"。虑及教育的育人天职，20世纪以来，高等职业教育的培养规格逐步聚焦于人的发展，形成了当下居主流地位的"能力中心"或"能力本位"观点。这种观点认为，就高等职业教育的培养目标而言，技能不是唯一的，甚至不是最重要的。诚然，技能在受教育者入职阶段异常重要，几乎就是"敲门砖"，但在产业变革日新月异和劳动者职业生涯发展的大背景下，静态意义的技能难以"以不变应万变"。于心理学意义上讲，技能意味着特定动作和思维过程的"会""熟""巧"，它一定是针对某一特定岗位和工作任务的，难以达成跨情境乃至跨领域的迁移。现代社会，劳动者的职业变换加快，同一岗位甚至同一职业很难支撑劳动者职业生涯发展，而能起这种支撑作用的就是能力。按照姜大源先生的观点，职业能力来自职业情境中的行动训练而又超脱职业情境而本体存在，即其所谓源于职业情境而又高于职业情境。如果说技能干预的是学习者行为的"表层结构"，那么，能力就意味着学习者行为的"深层结构"。这种"深层结构"一旦形成和成熟，就可以跨情境、跨领域迁移。如此，不难理解，职业能力的培养应是高等职业教育之要务。高等职业教育关注的职业能力包括专业能力、方法能力、社会能力。21世纪高等职业教育强调职业能力的培养，并不意味着贬抑知识、技能在人才培养中的作用。相反，职业能力必须以坚实的专业知识、专业技能为基础。离开专业知识、专业技能，专业能力也就成了无源之水、无本之木。

（四）专业设置的可行性论证

在深入调研的基础上，应用型高校的专业设置应组织专家开展可行性论证，形成论证报告。可行性论证包含专业设置的必要性分析和可行性分析两个方面内容。

一般而言，必要性分析主要针对影响专业设置的外部因素，例如，国家政策、国家及地方的产业规划、相关产业人才需求、兄弟院校同类专业人才培养状况等。要科学归纳、深入分析先期调查数据，要逻辑严密、支撑有力，集中回答"市场有需求""开办有必要"等问题。

可行性分析主要针对影响专业设置的内部因素，例如，相关专业的办学经验、基本办学条件和保障等，集中回答开办"有实力""有条件"等问题。

（五）完成教学开发

教学开发在职业教育专业设置中的重要位置，体现为其对专业教学的指导作用，是课程开发的基础，也是教师组织教学单元及实施实践活动的基础。专业开发的主要内容包括专业描述、专业内容、课程目标、教学计划、教学媒体和教学设施等要素和资源的开发与准备。教学开发的过程是根据职业目标完成职业描述；依据专家意见和职业分析的结果制定职业能力表；按照教育规律确定专业目标，实施教学开发，制订教学计划、大纲，分配教学时间，准备教学资料、设施。

（六）上报备案或审批

设置高等职业教育专业应以专业目录为依据，遵循规定的基本程序，经备案的专业方可招生。

三、应用型高校专业设置动态调整机制建设

（一）充分发挥市场在优化专业布局结构中的主导作用

高等职业教育是与经济社会发展联系最为紧密的教育类型，其专业设置是人才培养与社会需求紧密结合的纽带。适应区域经济社会发展要求，动态调整和设置专业，是高等职业教育规律的重要方面。因此，根据市场需求动态调整和设置专业是应用型高校优化专业布局结构的应然价值取向。就高等职业教育而言，最主流、最突出的市场需求表现在战略性新兴产业和区域支柱产业对技术技能型人才的依赖上。随着现代科学技术的发展和产业的换代升级，战略性新兴产业和区域支柱产业对技术技能人才的需求发生了深刻的变化，这直接影响并决定了应用型高校专业设置与调整的方

向。针对战略性新兴产业设置专业，根据产业升级换代的现实和趋势，调整、改造专业，是应用型高校以主动积极的姿态适应市场需求、建设最优化的专业布局结构的应有策略。

（二）基于特色打造，提高专业聚集度

专业聚集是指应用型高校具有共性或互补性的专业，基于共性的专业人才培养目标和专业办学资源在专业布局上的集中，是专业集群发展，优化教育教学资源配置，打造专业特色的重要条件。但目前看来，应用型高校专业聚集度普遍不高，未形成优势的专业集群，基于集群发展的专业建设思路不清晰。就高等职业教育而言，院校之间专业设置同质化问题比较突出，难以体现各自特色。

由此，应用型高校应对自身专业布局作宏观层面的战略考量，逐步淘汰与专业群关联度不高、难以体现特色和优势的专业，固化若干能体现办学优势，与战略新兴产业、区域支柱产业契合度高的专业集群，按专业集群对专业进行科学的聚类。根据专业群的性质和特点，优化专业建设思路，集中配置专业办学资源，实现应用型高校专业人才培养规模化、特色化、效益化、品牌化的可持续发展。

（三）建立和完善有效的专业评估制度

应用型高校的专业评估是以专业为对象，根据既定的指标体系，使用科学的方法和手段，对专业建设和人才培养的活动、人员、管理和条件的状态与绩效，进行质和量的价值判断，为学校持续改善专业建设、不断提升专业人才培养质量提供可靠的依据。专业评估对应用型高校专业建设具有诊断、激励和改进功能。同时，也是促进应用型高校加强专业内涵建设，提升专业建设管理能力，形成自我发展与自我约束机制的有效举措。

应用型高校专业评估应从技术技能人才培养规律和基本要求出发，确定专业评估的总体框架、基本指标与主要观测点。重点观测专业设置和定位与社会需求的吻合度，师资与仪器设备等条件资源的保障度，校企合作与内部管理的支撑度，质量目标的达成度、他方的满意度和区域的贡献度。同时，观测专业在人才培养模式、产教融合与校企合作、教育教学改革、科学研究与社会服务、管理等方面的主要特色与创新。

第二节　职业院校专业人才培养方案建设

一、对高等职业教育专业人才培养方案的总体认识

专业人才培养方案是专业人才培养活动的总体设计，是为实现专业培养目标所制订的实施人才培养活动的具体方案，是学校开展人才培养活动的基本依据。

（一）人才培养方案是学校办学思想、理念的集中体现

作为人才培养过程总体设计的专业人才培养方案，应体现学校的办学思想、办学理念。根据高等职业教育的类型、层次和使命，高等职业教育办学思想理念的内核和精髓是遵循高等职业教育规律和技术技能人才成长规律，以就业为导向，开放办学，走校企合作、工学结合之路，聚焦学生职业能力培养，促进学生全面发展。高等职业教育人才培养方案首先必须基于上述思想和理念进行宏观思考和顶层设计，全面实践学校的办学思想、办学理念。这是人才培养方案建设的战略和灵魂，其他诸如课程体系的构建、校内外实习实训基地建设、教学团队建设、教育教学方式手段的改革等技术和操作层面的问题，都必须体现其内在精神实质。

（二）人才培养方案建设是专业建设的重要内容

人才培养方案是应用型高校专业人才培养的逻辑起点，科学、高质量的人才培养方案是提高人才培养质量的基本前提和保证。因此，人才培养方案建设是高等职业教育专业建设的重要内容，应将人才培养方案置于专业建设的高度予以足够的关注和重视，将人才培养方案作为专业建设的首要成果。也就是说，就专业人才培养活动而言，专业建设的首要任务是人才培养方案建设。在具体的实践中，相当部分应用型高校的人才培养方案建设停留在"编制""制定"层面，将一项内涵异常深刻、任务十分艰巨的工作作简单化处理，由此形成的人才培养方案难以对人才培养过程进行科学的设计和安排。

人才培养方案建设是专业建设的重要内容，还意味着，人才培养方案

建设是一个动态的过程。随着学校特别是专业负责人和骨干教师对专业、课程及高等职业教育人才培养规律认识的不断深入，人才培养方案也需逐步优化和完善，这也正是专业建设规律的体现。

（三）人才培养方案与教学计划的区别

人才培养方案与教学计划，不仅仅是名称的不同，更重要的是内涵的区别。两者的差异主要体现在以下几个方面。

第一，立足点的差异。

教学计划立足于教学工作，关注课程安排及课程教学目标的达成；人才培养方案立足于人才培养活动，它既包括教学计划，还包括教学团队、校内外实训基地、校企合作机制和教学管理等人才培养方案实施的各种保障条件。

第二，设计思路的差异。

人才培养方案聚焦的是人才培养活动，凡是学制阶段内对培养目标达成能构成系统性影响的各种要素，均应进行系统化设计。除了计划性外，人才培养方案更强调系统性和实施措施。教学计划是按照专业要求制定的学科模式，注重知识体系的完整性，更侧重教学的计划性规定，缺乏对职业性、学生素质及学生个性培养的设计。

第三，教学内容和课程体系上的差异。

在教学内容上，人才培养方案聚焦职业能力的培养，强调与职业岗位要求的对接；教学计划则更强调对讲授内容的系统性和知识体系完整性的计划与规定。在课程体系方面，人才培养方案摒弃了传统教学计划"学科本位"的课程观，遵循基于工作过程的理念，以未来应职（群）必需的知识、技能、能力、素质为主线构建课程体系。

第四，实施环节上的差异。

人才培养方案除执行规定课程教学任务、完成课程教学目标以外，还强调有计划、系统的"隐形课程"的执行，充分发挥第二课堂、专业协会、学校文化等因素的育人功能。此外，人才培养方案较之教学计划，更重视实践教学环节。

二、高等职业教育专业人才培养方案建设的指导思想和基本原则

（一）高等职业教育专业人才培养方案建设的指导思想

高等职业教育专业人才培养方案建设应遵循高等职业教育规律和技术技能人才成长规律，坚持以就业为导向，以全面素质教育为基础，以提高学生的职业能力和职业素养为宗旨，积极推进产教融合、校企合作，从院校及专业实际情况出发，在培养目标、人才规格、职业能力要求、课程体系等方面进行全面的设计，形成适应区域经济社会发展、符合高等职业教育规律、具有本专业特色的人才培养模式和课程体系，为人才培养质量的持续提升奠定坚实的基础。

（二）高等职业教育专业人才培养方案建设的基本原则

1.坚定技术技能型人才培养目标定位

根据高素质技术技能型人才的培养要求，结合区域经济社会发展对专业人才的需求，准确定位专业培养目标，对学生必备的知识、技能和素质方面，提出反映专业特色的人才培养规格要求，突出应用型特征。

2.坚持校企合作、工学结合人才培养理念

大力推行工学结合的人才培养模式，根据本专业的特点，摒弃"学科型"课程体系框架的束缚，围绕职业岗位和核心技能培养，加大课程的整合力度，优化课程内容。大力构建理论、实践一体化教学的课程，工科专业理论教学与实践教学的总体比例力争达到 1：1。

3.坚持工作过程导向的课程建设思路

基础理论教学以服务专业知识学习为目的，结合专业对基础课程知识的要求设置教学内容。专业课教学要加强针对性和应用性。在理论与实践、知识与技能的结合中，坚持能力本位的课程设计原则，把提高学生技能、技术应用能力放在突出重要位置。强调理论知识以应用为目标，强化职业技术、技能培养，将职业资格考试内容融入课程体系和教学内容，落实"双证书"制度的要求，不能对接国家职业资格考试的专业，要建立校内专业技能考核制度。

4. 强化职业素质的养成

坚持素质教育与职业、专业教育相结合，以促进学生全面发展、提升学生可持续发展能力为目标，将职业道德教育、职业素养的养成教育贯穿于人才培养的全过程。

5. 坚持分层、分类培养

根据不同类别、不同层次学生的实际情况，以提高人才培养质量为出发点，遵循因材施教的教育思想和理念，编制差异性的人才培养方案，按照人才培养方案组织分层、分类人才培养活动。

三、高等职业教育专业人才培养方案建设的规范流程

人才培养方案建设是高等职业教育专业建设的重要内容，必须着力回答"什么地方需要人""培养什么样的人""如何培养人""用什么资源培养人""用什么标准检验人"等基本问题。具体而言，须按流程开展以下工作。

（一）应职岗位及能力要求调研

应职岗位及能力要求调研是定位专业人才培养目标及培养规格的前提，是课程体系建设的基本依据。调研工作要明确毕业生未来的应职岗位及岗位的主要工作任务，在此基础上确定完成上述岗位工作任务所需的职业能力要求。

（二）确定培养目标及培养规格

根据应职岗位职业能力要求定位专业培养目标，具体回答"培养什么样的人"的问题，进而深入分析培养对象在知识、技能、能力、素质等方面应有的质量和水平，也就是对培养对象确定的规格、标准。

（三）确立课程体系

课程及课程实施是人才培养活动的载体，课程体系设置应忠实体现培养目标和培养规格的要求。人才培养方案的科学性在相当程度上体现为课程与培养目标、培养规格之间的契合度。

（四）明确保障条件

任何方案的实施都是有条件的，人才培养方案也不例外。要顺利实施人才培养方案，达成人才培养目标，必须明确课程、师资、实习实训条件、校企合作制度等方面的条件和要求。

（五）履行审批程序

作为人才培养工作的纲领性文件，人才培养方案必须经过严格的审批程序。一般而言，人才培养方案的审批须经专业教学指导委员会评议、教务处审核、学术委员会审议、校（院）长批准等流程和环节。

第三节　职业院校课程建设

一、高等职业教育课程的内涵

（一）课程设置的依据

高等职业教育培养的是适应生产、建设、管理、服务一线需要的高素质技术技能型人才。较之普通高等教育，这一目标定位带有浓厚的"功利"色彩。任何类型教育的课程设置都必须为其培养目标的达成服务，高等职业教育亦然。也就是说，高等职业教育课程设置的依据只能来源于高等职业教育人才培养目标及规格定位。

由此，要明晰高等职业教育课程设置的依据，必须对高等职业教育专业人才培养目标做深入的分析和科学的理解。"高素质技术技能型人才"具有深刻的内涵，一方面，它反映了经济社会发展对特定类型人才的需求。我国致力于走新型工业化道路，加快传统产业升级换代的任务十分艰巨。生物技术、信息技术、新材料技术、新能源技术等领域需要一大批掌握现代制造技术、有较高技能水平的技术技能型人才。目前，我国技术技能型人才队伍无论在数量上、质量上还是结构上，都不能满足经济社会发展的现实需要。适应这种现实需要，应用型高校以技术技能型人才培养为己任，彰显高等职业教育的"高等性""职业性"特征，体现高等职业教育的"工具理性"。其课程设置必须根据技术技能型人才培养这一核心任务的要求，聚焦实践能力，遵循技术技能型人才成长规律，淡化学科体系。另一方面，高等职业教育属于特殊类型的高等教育，须符合高等教育的一般规律。以立德树人为根本要务，促进受教育者的全面发展，培养"高素质"人才，彰显其"教育性"特征，体现高等职业教育的"价值理性"，为受教育者终身发展、终身幸福奠基。因此，高等职业教育的课程设置除了满足社会发展需要之外，还应体现个体发展之需，培养良好的思想品德，优良的个性，跨情境、跨领域的综合职业能力。

根据高等职业教育"高素质技术技能型人才"这一培养目标设置课程，是教育基本规律的要求。也就是说，适应并促进社会发展，适应并促进人的身心发展应是课程设置的根本价值取向。在现实的高等职业教育实践中，存在浓厚的重专业课程、轻通识性课程的倾向，这既不符合教育规律，也是与高等职业教育人才培养目标不相符的。

（二）课程内容的来源

课程内容的开发是高等职业教育课程建设极其重要的问题，它解决教师"教什么"、学生"学什么"的问题。缺乏课程内容的科学选择、组织和实施，课程就成为"空壳"。课程内容的开发首先须明确课程内容的来源。

高等职业教育培养的是适应生产、建设、管理、服务一线需要的高素质技能型人才。高等职业教育课程内容应来源于生产、建设、管理、服务一线的需要，而职业是联系社会和劳动者的纽带，特定的社会职业也就成了高等职业教育课程内容开发的依据。高等职业教育的课程观有别于普通高等教育，它不关注严密的学科知识逻辑体系，追求的是人对职业乃至岗位的适应性，强调的是"人职匹配"。因此，高等职业教育课程内容要对接职业市场的需求，遵循特定的行业（职业）标准，要以受教育者能顺利入职，且具有可持续的职业发展能力为出发点，以特定的职业岗位（群）为依据，以岗位职业能力培养为主线选取和组织课程内容。

高等教育课程内容的选择要符合科学性原则、情境性原则和人文性原则，高等职业教育也是如此。科学性原则强调课程内容所依赖的基本的学科知识体系，它是高等职业教育"高等教育属性"的重要保证。技术技能型人才的培养目标并不排斥一定程度的知识教育，也就是说，高等职业教育并非完全摒弃和拒绝"学科"。相反，它须以一定的系统化专业知识为基础，因此，专业知识是高等职业教育课程内容的重要组成部分。情境性原则强调高等职业教育课程内容应反映以过程逻辑为中心的实践情境，通过课程内容构建体现真实生产过程的"行动体系"。通过课程实施，积累和丰富受教育者的过程性知识，这是技术技能型人才培养的最鲜明特征。人本性原则作为实现教育根本目标的保证，则是一种主观性原则，在课程开发中处于最高层次。它是高等职业教育课程内容选择的根本原则。因为无论学科知识还是过程性知识，只有经学习者主观的"内化"，方能成为学习者自身的"经验"。如果说学科知识、过程性知识属外在因素的话，学习者对课程内容的"内化"才是真正内在的、起决定作用的因素，这也正是教育学"学习者主体地位"的体现。

（三）课程实施的模式

教学内容是确定教师教什么、学生学什么的问题。当教学内容确立之后，课程如何实施，即教师"如何教"、学生"如何学"就成了影响教学质量的关键因素。就一定的教育类型而言，最优化的"教"和"学"必定以成熟的教学模式为基本前提。何为教学模式，学者们有不同的见解和论述。①教学模式实质上是在一定教育思想或教育理论指导下建立起来的、较为稳定的教学活动结构框架和活动程序。②教学模式就是在一定教育思想指导下，围绕教学活动中的某一主题，形成的相对稳定的、系统化和理论化的教学范型。

由以上论述可以看出，教学模式应有以下几方面内涵：首先，教学模式是一种范式，从某种意义上讲，具有方法论意义；其次，教学模式是一种基于教学过程的策略，属教学过程范畴；再次，教学模式须以一定的教育思想或教育理念为指导和引领。为此，可对高等职业教育教学模式作如下理解和认识：高等职业教育教学模式是以职业教育理论为指导，遵循高等职业教育规律和技术技能人才成长规律，为实现课程教学目标而构建的稳定的、用于指导教学实践活动的结构框架和程序。它由教学思想理念、教学目标、操作程序、保障条件、评价检测五大要素构成。

在高等职业教育教学实践中，"教、学、做"一体是主流的教学模式，是职业教育教学改革的特色和方向。"教、学、做"一体的教学模式，其实质是完整意义的理论与实践的结合，是为实现课程教学目标的教师教、学生学、动手做诸环节的有机融合。它既摒弃了以课堂教学为主要形式的学科教学模式，又改善优化了先理论后实践、先学后做的传统的职业教育教学模式，达成了教师与师傅、学生与员工身份的统一，学习与工作的统一，教室与工厂的统一，符合职业教育教学规律和智力技能、动作技能形成的心理学规律，全面体现并贯彻了工学结合、任务驱动、能力本位的职业教育思想理念。

高等职业教育"教、学、做"一体教学模式是一种指导性的范式，是一种方法论，但并不意味着固定的、流程化的操作程序。事实上，不同的课程，根据其性质和目标，应有差异性的实践方式。"做"是高等职业教育课程教学模式的关键和核心，在不同的课程教学中有不同的内涵。例如，专业课与公共课，专业基础课与专业核心课等，在课程实施过程中，"做"就有差异性的方式。基于此，徐岩认为"教、学、做"一体教学模式有"边教边学、边学边做""随教随做、随做随学""先做后教、边做边学"等操作模式。

二、能力本位的高等职业教育课程观

（一）社会需要与个体发展融合的课程价值取向

课程价值取向实际上就是课程价值观。就理论研究来看，职业教育课程建设存在社会价值取向和学生个体发展取向两种价值观念。前者将职业教育置于社会发展大背景下，强调职业教育的社会服务功能。现阶段，国家将大力发展职业教育提升到了战略层面，体现的是职业教育的工具理性，它追求学生学业与职业的对接，强调职业适应和"人职匹配"。后者聚焦职业教育的教育性特征，强调职业教育价值理性的回归，主张基于更高的视野，本着人道的教育理念，以促进受教育者终生可持续的职业生涯发展为目标和取向来规划和设计高等职业教育课程。

按照高等职业教育的目标定位和应然使命，上述两种取向在高等职业教育课程建设中都是不可或缺的。一方面，高等职业教育属于职业教育范畴，职业性是其特色和个性。培养技术技能型人才是高等职业教育的天职，课程必须富含社会职业元素，准确反映特定职业甚至职业岗位的要求，以工作任务为线索和载体设计、组织课程内容，工作流程、技术规范是课程的核心，通过课程学习，达成学习者技术操作上的"熟""巧"。另一方面，高等职业教育终究是一种高等教育形式，它应遵循教育的普遍规律，以人的全面发展和终身幸福为目标追求，这种取向得不到坚守，高等职业教育可能沦为单纯的职业训练。因此，高等职业教育课程建设在强化职业性特征的同时，应回归教育的终极趣向和追求，体现其教育性。

社会需要的价值取向和个体发展的价值取向如何有机、和谐地统一于高等职业教育课程建设之中，是当下高等职业教育课程建设必须认真回答和切实解决的问题。在具体的高等职业教育课程建设实践中，有浓厚的重职业性轻教育性倾向，将高等职业教育视为单纯的就业教育，忽视受教育者的全面发展。因此，高等职业教育课程应进一步强化作为现代化职业人所必需的素质、情感、态度教育，将课程改革置于受教育者职业生涯发展的大背景下予以考量，聚焦受教育者终身发展。受教育者通过职业教育使自己具备一种能力，不仅能有饭碗，而且会有一个好饭碗，尤其是在丢掉这个饭碗时还能重新得到一个新饭碗。这是职业教育应有的境界。

（二）以能力为本的课程开发理念

借鉴西方发达国家成功的职业教育课程开发模式，结合我国经济社会发展及职业教育改革的实际，坚持能力本位的课程开发理念是高等职业教育课程开发的应然选择。根据国外的实践，职业教育的能力观大致有以下三种表现：一是任务本位或行为主义的能力观，此处的能力即任务；二是一般素质导向的能力观，这里的能力指具有普遍适应性的一般素质；三是整合的能力观，这里的能力指一般素质与工作任务的结合，可看作是我们通常所言的综合职业能力。

上述三种不同的能力观于职业教育课程开发，表现出不同的高等职业教育课程价值取向。根据高等职业教育的特征及培养目标，我们认为，高等职业教育课程开发应基于整合的能力观，既重视源于工作任务的基本技能、专业技能、专业关键能力，也关注基于职业生涯及受教育者可持续发展的同时性的一般素质。专业能力和一般素质构成受教育者真正意义上的职业综合能力，这正是能力本位之"能力"的科学内涵。

能力本位是高等职业教育课程开发的基本理念，它是人们对高等职业教育课程或课程开发高度升华的认识所构成的观念，是对高等职业教育课程或课程开发本质的深刻把握以及由此确立的价值取向、目标追求。能力本位高等职业教育课程开发理念的核心思想是围绕受教育者职业综合能力的培养和训练设置课程、组织内容、实施教学，它摒弃传统的"学科中心"的观念，不以知识的逻辑体系为线索组织并实施课程，不追求受教育者知识结构的系统性和完整性。知识的学习带有比较鲜明的"功利性"，是为综合职业能力的养成服务的。

值得强调的是，以能力为本位是高等职业教育课程开发的基本理念，但也仅仅是"理念"，理念和模式、方法是有明显差异的。根据这一理念可以建构、创造若干课程开发模式，也可以产生一系列有效的课程开发技术。

（三）实践导向的课程实施

课程实施指具体的课程教学过程，它包含教师的教、学生的学以及二者基于教学目标的互动，是人才培养的关键环节。高等职业教育是培养高素质技术技能型人才的教育活动，职业性是其极重要的特征。它有别于追求系统化理论知识的学科教育，聚焦受教育者未来职业生活乃至具体工作领域所必需的技能和能力，具有鲜明的职业性。

按照心理学规律，知识教育重点解决"知""懂"的问题，主要通过观察、记忆、思维等心理活动实现；技能则主要解决"会""熟""巧"的问题，须通过实际操作和重复性训练方能达成。所以，知识教育与以专业技能为代表的专业能力教育，在课程实施方面有着不同的思路和模式，后者强调实践环节，重操作训练。比如游泳，如果仅停留在有关游泳的知识传授、理论解析，无论学得多么深入，到头来，学习者都不敢下水。要真正学会游泳，须亲身实践，在游泳池实地练习。因此，职业技能的获得，职业能力的形成，不能依靠单纯的理论学习和逻辑演绎，须靠实践，靠行动。

实践导向的课程实施须强化以下两方面问题：一是优化人才培养过程中实践教学的总体设计。保证实践教学在教学计划时数中的比例，针对专业特点和办学规模，科学配置实践教学资源，将实践教学条件作为人才培养方案实施的重要保障指标；二是科学实施实践教学。遵循实践活动的逻辑，既要重视单项技能的训练，又要结合真实的企业工作情景和任务，聚焦人才培养目标所预期的综合职业能力，以任务为载体，建立"会""熟""巧"等不同层级的递进式专业技能、专业能力训练体系。

（四）多元、开放的课程评价

课程评价是专业评价的关键环节，高等职业教育的专业来源于社会职业，高等职业教育的课程来源于企业工作任务，来源于行业标准。课程设置的科学性、课程实施的有效性，是学校和企业共同的关注点，其评价应是多元的、开放的。

从逻辑上讲，课程教学目标的总和即为专业人才培养目标，因此，课程设置必须忠实地体现和呼应人才培养的要求。高等职业教育课程设置要遵循职业性原则，要实实在在地回答行业企业对课程的需要是什么、课程目标如何定位、如何确定课程内容等问题。姜大源先生认为，职业教育课程开设范式的基本逻辑起点有"从教育出发""从技术出发""从工作出发"等三种不同的选择。其中，从工作出发开发课程是符合职业教育规律的。从工作出发开设课程，首先要进行岗位工作任务及工作任务的技术要求分析。这种分析必须由企业或主要由企业完成，也就是说，就来源渠道而言，高等职业教育的课程来源于企业。因此，评价高等职业教育课程开设的合理性、科学性，最有发言权的是企业，对开设什么课程、设计哪些内容，应由骨干教师、企业人员、毕业生代表组成的专家组进行全面而系统的评估与咨询。

课程评价还包括对课程实施效果的评估。目前，高等职业教育课程实施效果评估比较单一地体现为学生校内课程考核。暂且不论考核指标体系即考试内容的科学与否，这种单主体的考核形式本身就有明显问题。事实上，实践中的高等职业教育课程考核在相当程度上仍是基于学科体系的。既然课程设置、课程内容的选择来源于任务，那么，对课程实施的评价就应立足于真实的工作任务，如此，方能清晰地鉴定课程教学目标的达成度。基于上述思路的课程教学评价必须是开放的、多元的，评价主体必须吸纳企业人员，以企业的标准和视角检测课程教学效果，并提供准确的反馈信息，帮助教师进一步优化教学设计，科学组织和安排教学活动，不断提高教学质量。

三、能力本位课程开发理念指导下的高等职业教育课程开发模式

（一）"双元制"模式

"双元制"是德国职业教育的主流模式，是一种国家法律保障、校企合作办学的教育制度。"双元"的内涵是非常丰富的。"双元"体现在法律层级、施教地点、教学文件、教学资源、教学人员、经费投入、考试考核、职业证书等方面。"双元制"不仅是德国宏观的职业教育制度设计，更是一种教育模式，它的核心是校企双方根据各自的法定义务合作培养职业教育人才。

课程开发是"双元制"的重要内容。"双元制"课程开发模式的指导思想是能力本位的课程观，它聚焦受教育者未来职业生活必须具备的能力，以能力培养为目标，设计、组织、实施课程。德国"双元制"职业教育课程开发包含课程标准制定、课程结构设计和课程实施等基本流程。课程标准制定由联邦职业教育研究所负责，以文教部长联席会议确定的"框架教学计划"，即国家课程标准为依据。课程标准包括职业学校的教学任务、教学论原则、学习领域等方面内容，其中学习领域是其关键和核心，它是链接行动领域和学习情境的中介和桥梁。"双元制"职业教育课程结构表现为"核心阶梯式"，课程内容以专业实践活动为核心，按基础培训、专业基础培训等层次逐级展开，递进实施，理论与实践课程交替进行，实行学校教师和企业专家的双导师辅导制。

（二）CBE 模式

CBE（Competency-Based Education）是加拿大有代表性的职业教育模

式。其课程开发以职业能力为核心，以职业分析为工作起点，淡化系统化的知识传授，关注受教育者职业能力的培养和训练。加拿大职业教育聚焦的职业能力包含就业能力和职业基本能力。其中，就业能力是最基础、最核心的能力，包括沟通能力、识数能力、危机思考（或解决问题）能力、人际关系或团队协作能力、个人技能、信息能力，相当于我们通常所讲的通识能力，也就是人最基本的、从事职业生活所必需的跨职业、跨领域的能力。职业基本能力课程由证书委员会审定，主要有艺术与社会、个人修养、科学与技术等类型。基于职业基本能力的课程开发包含以成果为基础的课程内容，确定教学方式，设计评估方法，最后确定所需教学资源等流程。

CBE课程开发模式通常是通过DACUM（Developing a Curriculum）技术实现的。这种课程开发技术操作上分为形成DACUM表和确定教学单元两个阶段。首先由DACUM委员会（由工作经验丰富的企业人员组成）对特定职业活动或工作岗位展开深入的工作职责和工作任务分析，进而形成这些工作任务所需的综合能力和专项能力。一般而言，一个职业按其工作要求可分解为8～12项综合能力，每一项综合能力包含6～30项专项能力，对每个专业能力的内涵分别予以清晰的界定，最终形成一张DACUM表，这一步骤的实质其实就是确定培养规格要求。其次，在DACUM表的基础上，教学专家将综合能力、专项能力培养所需的知识、技能按其内在的逻辑联系进行序化，形成教学单元或模块。若干单元构成一门课程，根据课程之间的关系确定教学计划，按计划实施课程教学。

CBE课程开发模式最明显的优势在于有效地解决了课程来源问题，它从根本上抛弃了"学科中心"课程，将课程开发建立在职业工作任务分析的基础之上，保证了课程目标与职业能力培养的较高的关联度，就这点而言，是值得学习和借鉴的。

（三）TAFE 模式

TAFE（Technical and Further Education）是澳大利亚技术与职业教育培训模式。秉承能力本位课程观，课程对接行业企业标准，课程实施的目标是培养受教育者的职业能力，促进就业。

TAFE 课程由若干模块组合而成，是依据行业企业能力标准，为满足行业企业实际需求而精心构建的一组结构严谨有序的科目组合。它以行业企业标准和国家职业资格证书制度为依据，确定学习科目及学习内容。课程须经国家职业教育与培训专门机构的认证，学生学习规定课程合格，可获得国家和行业认可的文凭或职业资格证书。

TAFE 课程开发不是由 TAFE 学院独立完成的，而是由专门机构根据行业企业要求组织开发的，大体上包含以下流程。

第一，制定培训包。首先进行就业市场分析和工作分析，各州行业培训顾问委员会对行业企业需求开展深入的调查，确定受教育者未来的就业岗位，在调查过程中充分听取行业企业的意见和建议；其次，在对就业市场分析的基础上进行工作分析，明确特定的就业岗位从事的具体工作；最后，开展职业能力分析，将工作岗位的需求转化为心理学意义上的能力标准，形成职业能力领域框架，固化某一特定职业须具备的专业技能和职业能力。这些技能和职业能力主要包括操作技能、分析问题的能力、解决问题的能力、与人交流的能力等，据此形成国家职业能力标准。国家培训局再根据能力标准，聘请由行业专家、TAFE 学院教师组成的行业顾问培训委员会开发特定行业的培训包，培训包经国家培训局批准后实施。培训包也称作整套培训计划，是由行业牵头制定的、经过国家认可的，在澳大利亚国家培训框架中占有重要地位。在制定培训包的过程中，有行业的参与，会使职业教育培训目标和行业需求结合起来，即资格证书与能力标准相结合，并且还制定了达到最低能力标准的考核要求。

第二，编制专业教学计划。专业教学计划的编制由各州教育部负责，各州教育部根据培训包所确定的能力标准，组合成不同的课程，在此基础上形成课程实施计划。

第三，开发教学大纲。教学大纲的开发由各州或 TAFE 学院负责开发，明确各门课程的教学内容、教学目标、教学进程等。

第四，教材及学习资源开发，包括课程教材、学习指导书等课程学习资源的开发。

TAFE 课程开发模式注重受教育者职业能力的培养，注重实践性环节，更重要的是课程开发具有严格的国家标准，以社会需求和国家颁布的培训包为依据。这些都是值得学习和借鉴的。

（四）"宽基础、活模块"模式

"宽基础、活模块"（亦称"集群式模块"）模式是我国本土化的职业教育课程开发模式。对这一模式的研究与实践开始于 20 世纪 90 年代。以"宽基础、活模块"为主要特征的课程开发模式引起了职业教育界的热烈反响，全国百所应用型高校积极实践和探索，有力地促进了职业教育课程建设。

"宽基础、活模块"课程模式聚焦综合职业能力的培养，认为综合职业能力包含从业能力和关键能力两个层次，由专业能力、方法能力、社会能力三个要素构成。据此，我们将课程从结构上区分为两个既相互联系，又具区别的阶段。

第一阶段为"宽基础"阶段。该阶段注重关键能力的培养，学习内容不局限于某一特定职业领域，而是通识性的知识与技能，或者说是作为社会职业人必须具备的知识、技能及职业素质，它为受教育者未来职业变动乃至职业可持续发展奠定坚实的基础。"宽基础"之"基础"可理解为"职业基础教育"，这种教育主要是通识性的或者是跨职业的。

第二阶段为"活模块"阶段。该阶段注重从业能力的培养。学习内容针对某一特定职业甚至岗位（群）所必须具备的知识、技能，重视实践和技能锻炼，"活模块"中的每一模块都以特定工作岗位的知识、技能为学习内容，每一个"小模块"都对应职业的一种能力，即"活模块"十分具体地侧重从业能力的形成。

"宽基础、活模块"课程开发模式继承了传统学科课程观的合理成分，同时，借鉴和吸收了国外课程开发的先进经验。既关注专业知识、专业技能的培养，也重视通识性职业能力的养成，强调综合职业能力和全面职业素质的培养，对我国职业教育课程建设及教学改革产生了深远的影响。

第四节　职业院校"双师结构"教学团队建设

一、"双师型"教师、"双师素质"教师、"双师结构"教学团队等概念的内涵

（一）"双师型"教师

"双师型"教师概念的提出源于 20 世纪 90 年代。1995 年，原国家教委《关于开展建设示范性职业大学工作的原则意见》（教改〔1995〕15 号）提出，示范性职业大学应"有一支专兼结合、结构合理、素质较高的师资队伍。专业课教师和实习指导教师要具有一定的专业实践能力，其中有 1/3 以上的'双师型'教师""师资队伍结构合理，水平较高。专业课教师和实习指导教师基本达到'双师型'要求"。2000 年，教育部《关于加强高等职业教育高专教育人才培养工作的意见》（教高〔2000〕2 号）明确指出，"抓好'双师型'教师的培养，努力提高中、青年教师的技术应用能力和实践能力，使他们既具备扎实的基础理论知识和较高的教学水平，又具有较强的专业实践能力和丰富的实际工作经验"。在此后的国家相关政策文件中，较少提及"双师型"教师的概念，而以"双师素质"教师代之。

汉语中，"型"的原意指"类型""样式"，如"重型""流线型""新型"等。欲揭示"双师型"的内涵，必须准确回答什么是"双师"，因为"双师"才是"样式"。但无论是理论界还是具体的高等职业教育实践，对"双师"的定义都是比较含混的，更难以操作。因为缺乏认定标准，一般认为，"双师型"是基于职业教育的固有特征和本质要求，提出的有别于普通教育教师的个性化要求，是一种对职业院校教师的身份期望。知识结构的职业性和实践性、经受职业教育事业发展变化的历练、积极投身于区域经济社会建设是"双师型"教师的基本特征。"双师型"教师是我国高等职业教育一定历史发展阶段所提出的特定概念。当时的高等职业教育尚属起步阶段，远未成熟，对职业教育教师队伍建设的规律认识还不深刻，只能是"期望性"的要求。期待应用型高校教师精深的专业理论知识，较高的

教育教学能力，还应具有较强的专业实践能力。虽然不少研究者从"双职称""双证书"等角度力图为"双师型"教师构建相应的标准，但无论是科学性还是可操作性均未得到广泛的认同。

（二）"双师素质"教师

"双师型"教师强调应用型高校教师的复合型身份，"双师素质"教师强化应用型高校教师的复合型素质，是对"双师型"内涵的深化与拓展。教育部《高等职业院校人才培养工作评估方案》（教高〔2008〕5号）提出了"双师素质"的基本条件，除了具有讲师及以上职称外，还需具备以下条件之一："具有本专业中级（或以上）技术职称及职业资格（含持有行业特许的资格证书及具有专业资格或专业技能考评员资格者），并在近五年主持（或主要参与）过校内实践教学设施建设或提升技术水平的设计安装工作，使用效果好，在省内同类院校中居先进水平；近五年中有两年以上（可累计计算）在企业第一线本专业实际工作经历，能全面指导学生专业实践实训活动；近五年主持（或主要参与）过应用技术研究，成果已被企业使用，效益良好。"这是目前高等职业教育比较权威的、认可程度相对较高的"双师素质"教师认定标准。

"双师素质"教师的标准从理论和实践的维度强调了教师的两方面素质。一是精深的专业理论知识和较强的教育教学能力，在某种意义上讲，要具有"学科性"教学的基本要求和能力。二是较强的实践能力，有较高水平的专业技能，能开发实践教学资源，能有效地指导学生专业实训，具有一定的企业一线工作经验。现行的"双师素质"教师认定标准有一个明显的缺陷，就是对教师专业技术职称的限定，事实上，助教是我国高校教师专业技术职务序列的重要组成部分，不宜在资格上将之排除在"双师素质"教师以外。

（三）"双师结构"教学团队

高等职业教育教学团队是围绕专业人才培养目标或课程教学目标而构建的实施人才培养活动或课程教学活动，由专业带头人、骨干教师、其他专兼职教师构成的正式群体，多指专业教学团队和课程教学团队。教学团队建设是高等职业教育师资队伍建设的重要任务，其重点和核心是"双师结构"。"双师结构"不同于"双师型"或"双师素质",它聚焦的并非教师个体,而是针对教学团队而言的。就价值取向而言,它不追求每位教师都具备"双师"素质,而更强调团队成员能力、素质等方面的合理配置。事实上,要让教学团队的每一个成员都成为"双师素质"教师不仅不科学,而且不可取。因为,一方面,个体在职能结构上是有差异的,有的长于理论探索,有的长于实践操作。另一方面,作为团队活动,追求的是整体目标的实现,团队建设最重要的是结构的合理性。整齐划一的能力、素质标准不利于团队整体功效的达成。

高等职业教育"双师结构"教学团队从整体上讲,应是专兼结合,体现为成员来源上的二元结构。也就是说,包括专职教师和兼职教师。专职教师经过系统的专业知识理论学习,熟悉教育教学规律,但企业一线工作经验不足;兼职教师是来自企业的能工巧匠,具有丰富的实践经验、高超的专业技能水平。这两方面人员的结合,体现优势互补,各尽所长,可形成合理的团队结构。

二、应用型高校"双师结构"教学团队的基本特征

(一)共同的目标和愿景

团队建设的首要任务是明确共同的奋斗目标。团队目标是团队共同奋斗的基础,是团队前进的动力,一个目标明确的团队,更容易激发成员积极向上的动力。反之,目标不明确也是团队建设、团队活动之大忌。例如,若专业教学团队成员对专业人才培养目标的理解不统一,甚至有歧义,这个团队是真正意义上的团队吗?能实现团队活动的既定目标吗?应用型高校"双师结构"教学团队活动的目标是建设高水平的专业和培养高素质技术技能人才,这一目标必须深入人心,如此,方能形成合力,充分发挥教学团队的整体功效。

(二)结构合理,优势互补

"双师结构"教学团队建设的核心是优化人力资源配置,达到1加1大于2的业绩和功效。合理的结构配置能产生整体功效大于个体功效之和的

效应，反之亦然。也就是说，高质量的团队并不意味着所有成员整齐划一的高标准，而要关注团队的结构。

一般说来，应用型高校教学团队的结构体现在年龄结构、职称结构和类别结构等几个方面。

1. 年龄结构

在年龄结构上，团队成员应是老、中、青合理搭配。既避免一定时期团队年龄结构上的"断层"和"青黄不接"，更重要的是能实现不同年龄层次教师间的相互学习和交流，特别是有利于老教师对新教师的"传、帮、带"。

2. 职称结构

在职称结构上，团队成员高、中、初职称应保持合理的比例。高级职称的教师，专业水平更高，教育教学和科研能力更强，教育教学经验更丰富，一般也具有资历上的优势，更能发挥对其他教师的影响力和在团队建设中的引领作用。同时，也不能忽视中、低级职称教师在团队中的地位。这部分教师在团队中占相当比例，往往是教学工作的主力。他们精力充沛，富有朝气，更善于学习新知识，能使团队保持持久的活力。

3. 类别结构

在类别结构上，团队成员中兼职教师应占一定的比例，应有相对稳定的兼职教师队伍。此外，要保证团队成员中"双师型"教师的比例。

（三）科学分工，协同合作

科学分工、协同合作是团队有效的工作机制。分工是指团队负责人和团队成员在共同愿景目标的激励下，各自承担相应的教学或实践指导任务；合作则包括团队成员之间的合作，各专业、院系之间的合作以及专兼合作、校企合作、产学研合作等多种形式。科学分工是协同合作的前提，应深入了解，准确把握团队成员在知识经验、兴趣特长等方面的特点和优势。例如，有的教师长于理论教学，有的教师长于实践操作；有的教师比较严谨但创新不足，有的教师富有改革和开拓精神等。根据这些差异确定成员主要的业务领域和方向，达到人尽其才、合理配置。同时，要建立协同合作的团队工作机制，促进团队成员之间互帮、互带，资源共享，共同成长。

（四）校企结合，专兼互补

专兼互补是高等职业教育教学团队的特色，也是高等职业教育教学团队建设的必然要求，教学团队要从合作企业中吸纳一定数量的企业人员担任兼职教师，深度介入专业建设和人才培养工作，建设相对稳定的企业兼职教师队伍，要建立有效的兼职教师管理机制，加强专兼职教师的合作交流。

三、应用型高校"双师结构"教学团队建设的策略和举措

"双师结构"教学团队建设是应用型高校教师队伍建设的核心和关键：由于我国高等职业教育起步晚，底子薄，对师资队伍建设的规律认识还不到位，加上体制机制等方面的原因，"双师结构"教学团队建设还存在诸多问题。从师资来源上讲，应用型高校教师多是普通高校毕业生，缺乏企业一线工作经验，专业技能水平不高，实际操作能力不强，对技术技能人才成长规律的把握不准，队伍的双师素质整体水平不高。20世纪末和21世纪初，国家大力发展职业教育阶段，各应用型高校从规模扩张的实际需要出发，"突击"引进了一大批师资，带来队伍年龄结构、职称结构不合理等突出问题。校企合作长效机制还未形成，企业介入专业建设、人才培养的深度还不够，兼职教师队伍数量不足且极不稳定，未达专兼结合、优势互补的理想状态。国家还未建立有效的职业教育教师资格制度，缺乏职业院校教师标准。应用型高校教学团队建设也还存在重教师个体、轻团队整体，注重专职教师、忽视专兼一体，教学团队的机制不完善等问题。针对以上问题，应用型高校"双师结构"教学团队建设须系统设计，以体制机制建设为突破口，立足团队，锻造"双师"素质，大力优化结构，整体提升教学团队的质量和水平。

相关学者对高等职业教育"双师结构"教学团队建设的策略和路径做了大量有益的研究与探索。

根据高等职业教育的规律，基于目前我国应用型高校"双师结构"教学团队建设存在的突出问题，在已有相关研究的基础上，"双师结构"教学

团队建设可从以下几方面入手。

（一）建立国家高等职业教育教师资格制度

教师资格是国家对从事教育工作的人员的基本要求，它规定各级各类学校教师应具备的基本条件，是国家对教师实行的职业许可或职业准入制度。我国教师资格制度的建设起步较晚，目前，应用型高校教师申请认定的是"高等学校教师资格"，还未建立与高等职业教育特征相适应的高等职业院校教师资格制度。事实上，虑及高等职业教育的特殊类型，其培养目标、培养模式、专业设置等均表现出独特的个性，按普通高等教育的标准认定高等职业教育教师资格是非常不恰当的，未能体现高等职业教育对教师的要求。目前，高等职业教育的办学规模已占高等教育的半壁江山，高等职业教育已成为我国高等教育体系中极其重要的组成部分。为保证办学质量，促进高等职业教育的可持续发展，亟须建立完善的、符合高等职业教育规律的教师资格制度。

从他国的经验来看，西方国家都建立了严格的职业学校教师资格制度。20 世纪 70 年代，德国政府颁布了《职业学校专业教师培养和考核国家规范框架》，1995 年进行了修订。按照法律规定，德国职业教育教师资格包括职业学校的教师资格和职业培训机构实训教师资格。欲获得职业学校教师资格，理论课教师须经历两个阶段的学习，经过两次国家考试。第一阶段的学习指接受 5 年的大学教育，须修读一个职业教育主专业和一个普通教育辅专业，在此基础上参加第一次国家资格考试，获得实习教师身份。第二阶段在教育学院和职业学校学习，学习期满，可参加第二次国家考试（硕士层级），通过者获得教师资格。实践课教师资格的获得则更强化实践经历，在接受学制阶段教育的基础上，必须参加一年制师傅学校或两年制技术员学校培训，还需参加系统的职业教育学课程学习。实训教师的资格认定也是非常严格的，"须接受过与其任教专业方向相同的职业教育，通过相应专业的国家考试或专业考试，并且具有该职业的实践工作经验。实训教师所必需的职业教育学知识由各主管部门的考试委员会进行测定"。

根据我国高等职业教育发展的现实需求，学习借鉴国外的成功经验，应加快建立符合高等职业教育实际的科学的高等职业教育教师资格制度。

按照"分类认定"的原则,将教师分为基础理论课教师、专业理论课教师和职业实践课教师。按其性质和实际工作要求,分别规定相应的任职条件,并通过相应的考试。在资格标准方面,强化专业理论知识水平、专业技能水平和教育教学能力。对实践课教师建立"双师素质"标准,规定一定期限的企业工作经历,突出实践操作能力的考核。成立专门机构或委托高等院校开展资格认定。认定机构应组建包括教育理论专家、职业教育专家、企业行业专家在内的应用型高校教师资格认定委员会,对申请者的专业理论知识、专业技能、教育教学能力进行全面的考核和认定,向通过考核的人员颁发相应类别的应用型高校教师资格证书。

(二)强化团队带头人和骨干教师的培养

教学团队带头人是教学团队的核心和"带头羊",其业务水平、组织管理能力等对教学团队建设起着至关重要的作用。优秀的团队带头人深刻地影响团队的凝聚力的形成,决定团队运行的质量和效率。无论是专业教学团队还是课程教学团队,团队带头人一般都是有一定资历的专业带头人或骨干教师。因此,应用型高校在选聘和培养团队带头人的过程中应注重以下问题。首先,团队带头人须具有相当的资历和较丰富的工作经验。资历和工作经验属于非权力性影响力或自然影响力,团队带头人资历和工作经验是其威信的重要来源。作为团队带头人,威信对成员的影响和规范是最有效和持久的,甚至是"无言"的制度,高等职业教育教学团队带头人应强化企业工作经历。其次,团队带头人应具有深厚的专业理论功底、精湛的专业实践能力,如此,方能有效地引领专业建设和课程建设。为此,应用型高校应建立有效的教学团队带头人培养培训机制,定期安排其参加各种专业学习和培训,尤其是要完善企业一线锻炼制度,将企业一线锻炼作为培养和考核教学团队带头人的重要指标。最后,要着力提升团队带头人的组织管理能力。团队带头人是教学团队的领导者和管理者,要通过培训学习、经验交流、总结反思等途径和方式不断提高团队带头人整合团队力量,促进团队成员有效沟通交流,形成团队凝聚力,提升实现团队工作目标的能力和水平。

骨干教师是教学团队的中坚力量。教学团队的质量、建设水平及运行情况，在相当程度上取决于团队骨干教师作用发挥的状况。应用型高校骨干教师可通过校外实践、交流进修、学研结合等方式和途径进行培养。首先，要依托合作企业，组织骨干教师利用寒暑假到企业开展一线锻炼或定岗，准确把握行业转型升级的趋势，深刻领会企业一线生产岗位对人才的要求，掌握并不断提升自己的专业技能和专业能力。其次，要组织骨干教师定期不定期地参加各种形式的研修和培训，促使教师更新职业教育观念，深刻理解高等教育规律和技术技能型人才成长规律，提升自己的综合专业能力和业务水平。最后，要组织骨干教师走出校门，深入合作企业，参与企业新技术、新产品、新工艺的研发，以提升自己的社会服务能力。

（三）建立完善的兼职教师管理制度

兼职教师指经过学校聘任，承担教学任务的行业企业及其他机构实践经验丰富的技术技能人才。兼职教师熟悉企业一线工作，具有丰富的实践经验，是高等职业教育教学团队不可或缺的组成部分，在专业建设、人才培养活动中发挥着独特的作用。由于体制机制、管理制度等方面的原因，应用型高校兼职教师队伍建设存在聘任管理不规范、缺少企业支持、人文关怀不到位、考评激励机制不健全等诸多问题。

为此，须强化对兼职教师队伍的培养和管理，根据兼职教师队伍的特点，着力制度创新和管理创新，使兼职教师能有效地融入教学团队。

第一，加强校企融合，将兼职教师队伍建设作为校企合作的重要内容。校企合作的目标是校企融通，资源共享，优势互补。学校和企业的人力资源，有很强的互补性。学校和企业可在一定程度上打破界限，建立有效的人员交流机制。通过人员互派、双向兼职等方式加强合作，并形成制度。国家及各级人民政府也应出台相关政策，通过税收减免、资金支持等形式引导和鼓励企业能工巧匠到应用型高校兼职，企业对此须有具体的制度保障。应用型高校据此可建立适应专业建设和人才培养工作需要的动态的兼职教师库，根据工作需要，按学期或年度以及项目聘任兼职教师。

第二，加强人文关怀，增强兼职教师的归属感。兼职教师也是教师，是教学团队的重要组成部分。要弱化兼职教师的"编外"身份，淡化"临时用工"的倾向。事实上，在具体的实践中，相当部分兼职教师将自身的兼职视为"短期雇佣"和单纯的"劳动交换",几乎不参加教学以外的其他任何团队活动,游离于团队之外。为此,应用型高校要加强对兼职教师的人文关怀,保证其合理的福利待遇,尽力改善其工作条件、办公条件。加强与兼职教师的沟通与交流,真诚听取他们的意见和建议,有效地协调专职和兼职的矛盾,让兼职教师真正感受到学校和团队的温暖、关怀,增强其归属感。

第三,加强培训,不断提高兼职教师的教育教学能力。兼职教师是企业的能工巧匠,是生产一线的专家。但他们毕竟不是专职教师,缺乏专业的教师训练和教育教学经历,对高等职业教育规律和技术技能人才成长规律的认识和理解有一定的局限性,这些都很大程度地影响其教育教学效果,因此,必须加强对兼职教师的培训,经常性地对兼职教师开展教育学、心理学和职业教育教学论方面的培训,使其熟悉高等职业教育规律,准确把握高等职业教育学生的特点;定期组织教研活动和"示范公开课",交流教育教学经验;有计划地选派兼职教师参加各种形式的培训和进修,不断提高其教育教学能力。

第四,完善考评激励机制,不断提高兼职教师的工作积极性。应用型高校要建立科学的兼职教师教育教学评价制度,通过督导评价、学生评价、同行评价等方式对其教育教学效果进行全面的考核。此外,还应对其在专业建设、课程建设、基地建设等方面的工作进行综合评价,及时反馈评价结果,同时,将评价结果与薪酬挂钩。要建立"优秀兼职教师"评选及奖励制度,对"优秀兼职教师"给予一定的物质和精神奖励,以提高其工作积极性。

(四)完善教学团队的管理和运行机制

教学团队是一个正式群体,是一个集体。团队成员活动目标具有高度的一致性,团队成员活动的有效性、目标的达成度,除了依赖于团队自身的结构、质量以外,还与团队的管理与运行机制密切相关。为此,须重视以下问题。

第一,加强团队带头人和团队骨干的选拔和培养。

团队带头人和团队骨干是团队的核心,其专业能力和工作绩效对团队建设有着深刻的影响。应用型高校要建立严格而完善的教学团队带头人和骨干教师遴选制度,从师德师风、专业能力、教育教学能力等方面固化选拔标准,保证团队带头人和骨干教师在团队建设中能真正起到引领作用和模范带头作用。对团队带头人和骨干教师在业务进修、晋级晋职、考核评优等方面予以倾斜。要建立团队带头人和骨干教师动态调整机制,对作用发挥不好、不能尽职履责的要适时调整。

第二,固化教学团队工作目标和工作规范。

就专业教学团队而言,教学团队兼有专业建设、课程教学、团队自身建设等职能和任务,它与教研室是有区别的。在应用型高校中专业教学团队不仅担负着实施教学活动的任务,还要承担人才培养模式构建、工学结合课程开发、生产性实训基地建设等任务。原先单一承担课堂教学任务的教研室已不能完全完成这些任务的组织与管理,专业教学团队替代教研室成为一种必然。应对教学团队的建设进行近期、中期和远期的规划,明确教学团队建设和教学团队工作的目标和任务。要对教学团队工作和活动进行规范,建立包括教研活动制度、教师培训进修制度、教师课堂教学评价制度、教师企业定岗制度在内的教学团队工作制度体系。要按学期和学年制订教学团队工作计划,根据计划实施情况对教学团队工作进行全面的考核。

第三,优化教学团队工作的外部环境。

首先,应用型高校要将教学团队建设作为师资队伍建设的首要任务和重要抓手,以优化教学团队结构、提升教学团队质量为立足点编制教师队伍建设规划,避免单一地关注学校教师队伍建设宏观意义上的数量化指标的倾向,例如,学校总体上的教师数量、双师型教师数量等。学校教师队伍建设的取向和出发点必须基于教学团队,如此,方能形成清晰的教师队伍建设思路,这是学校层面非常关键的问题。其次,应用型高校要科学设计教学团队建设的有效模式和途径,要遵循教师成长的规律,要切实开展校企合作,培养一批稳定的兼职教师,重视专职教师企业工作经验的积累,要建立科学而有效的教师培训和进修制度。最后,应用型高校要建立行之有效的教学团队工作评价制度。在现行的高等职业教育实践中,队伍评价多针对教师个体，相当部分应用型高校缺乏教学团队评价的制度和方式，导致教学团队松散，甚至边缘化为"非正式群体"，难以发挥其应有的作用。因此，应用型高校应将教学团队作为实实在在的评价和考核对象，通过制度固化其职责和任务，根据其工作情况考核和评价其工作业绩，逐步完善教学团队工作的激励机制。

第五节　职业院校实训基地建设

一、应用型高校实训基地的功能

实训是职业院校一种重要的教学形式，是根据职业教育规律和人才培养目标，对学生进行职业技能训练、职业能力培养的与理论教学相对的教学过程，是职业教育人才培养和教育教学最鲜明的特色。实训不同于理论教学，它依赖实际操作的条件和环境，也就是实训基地。实训基地是应用型高校遵循职业教育规律，为达成技术技能人才培养目标，对学生进行专业实践训练和专业教育的一系列要素，包含场所、设施设备、实训指导教师、非硬件性教学资源以及管理运行机制等。按不同的标准可以分为校内实训基地和校外实训基地、生产性实训基地和非生产性实训基地等。

高等教育最直接的功能是人才培养和社会服务，而人才培养质量和社会服务能力与专业建设水平紧密相关。因此，可以将应用型高校实训基地的功能概括为专业建设功能、人才培养功能和社会服务功能。只有对实训基地的功能有科学的认识和理解，才能有效地开展基地建设。

（一）专业建设功能

专业建设是应用型高校在专业设置、办学条件、师资队伍、课程、实训基地予以科学配置、积极发展，以适应人才培养工作需要的一系列活动的总称，它是专业人才培养的基础和前提。高等职业教育有别于普通高等教育，它是联结社会职业和学校教育最直接的纽带，培养适应生产、建设、管理、服务一线的技术技能人才是其培养目标的最基本特征。因此，实训基地建设是应用型高校专业建设的一项重要内容。也就是说，实训基地是衡量高等职业教育专业建设水平的重要指标。学科型普通高等学校教育重在系统的理论知识教育，虽然也要从事科学实验，但它以验证或揭示规律为目的，主要属于科学研究范畴，不以未来职业岗位工作的适应为价值取向。高等职业教育则不同，它必须对学生进行系统的实践训练，这种实际工作所需要的操作性训练单纯在教室、图书馆、实验室是难以开展的，它依赖于真实的工作环境和条件。任何意义上的高等职业教育专业建设都离不开实训基地建设，从"国家示范应用型高校"建设项目到"国家骨干应用型高校"建设项目，再到中央财政支持的实训基地建设项目，都将提高实训基地建设质量作为提升高等职业教育专业建设水平的一项重要举措。事实上，无论是特色专业还是品牌专业，都必然意味着高水平的校内外实训基地及其有效的运行机制。

（二）人才培养功能

人才培养是高等职业教育最基本的职能，实训基地建设首先应聚焦的是专业人才培养工作。也就是说，高等职业教育实训基地天然地担负着人才培养的任务，具有人才培养功能。这种功能主要体现在教学功能和技能鉴定功能两个方面。

1.教学功能

教学是人才培养的主渠道。实践教学是应用型高校教学工作的重要形式，是培养技术技能人才的重要教学环节。与理论教学不同的是，实践教学依赖于专业的教学条件和环境，培养受教育者的实践能力，解决实际操作活动的"会""熟""巧"。实训基地的教学功能首先表现为通过在基地完成实践训练，提升学生专业技能水平。学生通过不断的重复操作与修正，基于若干分解动作的联系和整合，最终形成连贯的、自动化的动作序列，实现某一生产操作活动由"会"到"熟"到"巧"的过程。实训基地的教学功能还体现为，通过在实训基地中进行的实际操作训练，深化对理论知识的理解。高等职业教育有别于传统的师徒制训练，受教育者未来就业面向的多是专业化的领域。高效率、高质量、创造性地完成岗位工作任务，必须以一定的专业理论知识为基础。但高等职业教育学生的理论知识的学习本身不是目的，它是为实践能力的培养提供支撑的，通过系统的实践训练，达成理论与时间的有机结合，在实践中加深对理论知识的理解和掌握。经综合运用已检验的理论知识反过来进一步指导具体的实践训练，可不断提高训练效果，实现基地的教学功能。实训基地的教学功能也表现为在模拟或真实的实训条件下对学生职业精神、职业素养的培育。"现代职业人"的内涵是非常丰富的，须有精湛的专业技能和良好的职业精神、职业素养。事实上，在具体的职业岗位上圆满完成工作任务，劳动者除了具备熟练的操作技能之外，还需具备严格的操作规范和安全生产意识、一丝不苟的职业态度、严谨的工作作风等职业素养。学生在实训基地进行实践操作的过程中，可以真实地体验生产过程对劳动者各方面的要求，不断积累经验和教训，塑造自身的职业精神，提升自己的综合职业素养。

2. 技能鉴定功能

技能鉴定是应用型高校对学生特定专业技能掌握情况进行的考核和评价，它的核心是职业准入资格的认定。通过考核，为合格的学生颁发职业资格证书，使其获得相应的职业资格。目前，绝大多数的应用型高校实行"双证书"制，获得相应的职业资格证书是高等职业教育学生完成学业、顺利入职的重要条件。技能鉴定工作通常由实训中心承担，开展技能鉴定是实训中心的重要职能。高等职业教育实训中心对学生进行技能鉴定，必须符合一定的条件，由国家专门部门予以考核后，方具有这种资格。

（三）社会服务功能

服务地方经济社会发展是高等职业教育的重要职能。社会服务能力是衡量应用型高校办学水平的重要指标，也是实训基地建设必须予以重点考量的问题。实训基地的社会服务功能首先体现在生产性功能方面。目前，应用型高校实训基地建设的主流是生产性实训基地建设。也就是说，在实训基地建设中，要尽可能克服单纯的消耗性实训的弊端，立足于企业真实的设施设备、真实的环境、真实的任务、真实的产品，建设实训基地。它不仅能为教育教学活动提供实践条件，还能承接对外加工或开展相应的经营性服务。实训基地的社会服务功能还体现在技术攻关、产品研发等方面。应用型高校利用基地的设施设备和专业教师，与企业深度合作，会同企业专家，根据企业生产需要，开展新技术、新工艺、新产品的研发，解决企业生产过程中的技术和工艺难题，提高企业产品质量和生产效率。

二、高等职业教育实训基地建设的模式

强化实训基地建设，是应用型高校改善办学条件、提升专业建设水平、推进工学结合人才培养模式改革、提高人才培养质量、展现办学特色的应然举措。现阶段，就高等职业教育实训基地建设和运行而言，主要有学校主导模式、企业主导模式、各方共建模式。

（一）学校主导模式

学校主导模式是学校自筹资金，自主建设和管理校内实训基地的模式。学校根据专业建设和人才培养工作的需要，立足人才培养模式改革和实践教学的开展，建设实训基地，是应用型高校实训基地建设普遍实践的模式。这种模式的优势是学校对实训基地拥有独立产权，可以完全自主、独立地管理和运行，可以根据人才培养方案和教学计划灵活安排实践教学。缺点是这种模式建设是学校的单一经费投入，建设成本大，因此难以瞄准行业高端标准和先进水平，也难以及时跟进行业转型升级对实训教学改革的要求。这类基地主要实现的是教学功能，也就是在基地内开展实践教学，训练学生的专业技能，培养学生的综合素养。因此，在建设中，应尽可能贴近企业真实的生产和真实的环境，并按企业生产过程的要求开展实践教学。目前，部分办学基础条件好的应用型高校依托国家职业教育专门项目，也独立建设了较高水平的校内实训基地，不仅能保证常规的实践教学的需要，还能进行科学研究，开展新技术、新产品、新工艺的研发，体现基地的社会服务功能。这种基地通常具有生产性功能，部分学校根据所有权和经营权相分离的原则，设置了具有企业性质的机构，在满足实践教学需要的基础上，开展生产经营活动，提高了实训基地的使用效益。

（二）企业主导模式

企业主导模式是指企业投入资金建设实训基地的模式。采用这种模式建设的实训基地，分为校内实训基地和校外实训基地两种。就校内实训基地而

言，基于校企合作，应用型高校提供场地和相关基础设施，企业投入资金、技术、设备和部分专业人员，按生产要求进行建设。采用企业化生产和管理模式，由企业自主经营。这类基地的优势在于，学校借助基地真实的生产环境实施实践教学，体现教学情境与生产情境的一致性，对学生专业技能的训练和职业素养的培养效果更好。师生也可参与企业的生产活动，以生产活动产生的效益维持基地的正常运行。就校外实训基地而言，基于校企合作，企业为满足员工培训、高等职业教育学生订单培养等需求，利用自身现有设备或单独投资建设，既有实训功能、培训功能，也有生产功能。这类基地由企业负责投资建设，可以减轻学校的资金负担。但因基地在校外，在满足学校常规实践教学安排的主动性、灵活性等方面有较大的局限性。学校可立足订单培养、工学交替、技术研发等方面提高基地的使用效率。

（三）各方共建模式

各方共建模式是基于体制机制创新，为满足各方利益诉求，结成利益共同体，充分利用各方优势资源，共同投资建设实训基地的模式。这种模式常见于校企或校、政、企合作共建基地。在这种模式下，可以由学校提供场地及相关基础设施并投入一定数量的资金。企业投入主要的设备和技术支持，政府通过土地划拨、税费减免等政策支持，实现双方或多方合作共建。一般而言，这类基地共享型较强，既可开展校内实践教学，培养学生的专业实践能力，还可向区域内应用型高校开放，共同使用基地，提高基地的使用效率；既可进行企业员工培训，也能开展生产经营。

三、高等职业教育生产性实训基地建设

（一）生产性实训基地的内涵

生产性实训基地是近年来应用型高校实训基地建设的主流。但什么是生产性实训基地？生产性实训基地应该有什么样的标准？高等职业教育界还未有统一的论断。其实，背后有一个关键概念，即生产性实训。相较传统的消耗型实训而言，生产性实训必须体现完整的企业生产过程，必须有真实的"产品"。生产性实训的目的一是要实现"工学结合"的人才培养模

式；二是要真正实现学生顶岗实习；三是要实现学生零距离就业。只有达到上述三个目的，才是真正意义上的生产性实训。

生产性实训基地的内涵可以总结为：生产性实训基地是应用型高校根据"校企合作、工学结合"的思路，为推进人才培养模式改革，提高实践教学质量而建设的兼具教学功能和生产功能的专业技能训练基地。

（二）生产性实训基地的特征

根据生产性实训基地的内涵，较之一般意义上的实训基地，高等职业教育生产性实训基地具有如下特征。

1. 功能的生产性

生产性实训基地以生产市场化的产品为基本特征。一方面，通过产品生产，体现企业完整的生产过程。学生在生产过程中，体验企业岗位要求，训练专业技能，可以提高其专业学习的效果。另一方面，通过市场化产品的生产，可以降低实践教学的成本。

2. 情境的真实性

生产性实训基地的设施设备是按企业真实生产建设的，其环境也是根据企业生产要求设计和规划的，因此，可以达成实训过程与企业生产过程的高度一致性。学校可据此设计真实的生产项目实施实践教学，将教学过程与企业生产过程有机融合，达到"教师即师傅、学生即员工、学习即工作"的效果。学校基于生产性实训基地实现的教学和生产高度融合的功能，为专业人才培养模式改革奠定了建设的基础。学校可根据企业典型产品真实的生产过程，固化专业核心能力标准，按照核心能力标准的内在逻辑，系统、递进地训练学生的专业技能。实训教学过程实质上成了真卖产品的生产过程，实践教学效果可以得到充分的保障。

生产性实训基地的真实性，还体现为实训环境、制度性要求与企业生产的一致性。在这一环境和氛围中，学生可以深刻感受企业文化，在产品生产过程中体验未来职业生活和工作岗位对劳动者的要求，富有成效地锻炼和培养其职业综合素质。

3. 建设主体的多元化

生产性实训基地因其设施设备和环境的真实性，需要大量的经费投入，虑及产业升级换代的要求,在运行过程中还需相当数量的动态投入,这对绝大多数应用型高校来说都是难以承受的。因此,应用型高校必须推行体制创新,调动企业参与职业教育的积极性。引进企业资金和资源,多元共建生产性实训基地,还可以吸引政府投入,扩展服务职能,建设区域共享型生产性实训基地。

4.运行机制的市场化

市场化机制是高等职业教育生产性实训基地建设和运行的重要保证。学校和企业在价值取向上具有明显差异,是一对矛盾。企业关注的是经济效益,学校关注的是教育效益,可通过市场化的运行机制调和这一矛盾。应用型高校在生产性实训基地建设中应强化生产功能,通过产品的市场交换保证企业生产效益,达成企业经济效益与学校教育效益的平衡,实现可持续运行。

(三)应用型高校生产性实训基地的管理

强化管理、理顺机制是生产性实训基地有效运行的前提和保障。高等职业教育校内生产性实训基地管理模式主要有以下四种:一是学校管理模式,二是企业管理模式,三是校企共同管理模式,四是个人承包管理模式。选择哪种模式,要根据学校的实际情况,特别是实训基地的建设模式等具体问题具体分析,不能一概而论。无论是哪种模式,从管理上,都必须就以下问题作系统性思考。一是生产性实训基地的经济效益问题。要正确处理教学和生产之间的矛盾,保证基地正常的经济效益,否则,基地的运行和可持续发展将难以为继。二是企业和学校的关系问题。校企合作建立的基地,要通过协议固化双方的权利和义务,建立良性合作机制,在企业生产、学生实践能力锻炼、双师教师队伍建设等方面达成校企双方的高度一致。三是建立有效的校企双方交流、沟通机制。生产性实训基地在运行过程中,必然出现诸多矛盾和问题,校企双方要本着"合作、共赢、发展"的原则,通过会议研讨、现场办公等形式进行交流和沟通,共同解决面对的问题。总之,通过优化管理可提高基地的运行效益,实现基地的生产性实训功能,达成生产性实训的八个合一,即生产车间与教室合一、学生与学徒合一、教师与师傅合一、教学内容与工作任务合一、教学用具与生产工具合一、作业与产品合一、教学与科研合一、育人与创收合一。

四、高等职业教育实训基地建设的几个关键问题

实训基地建设是高等职业教育专业建设的重要内容，在提升人才培养质量和社会服务能力等方面具有重要意义。现阶段，应用型高校实训基地建设必须着力解决以下几个关键问题。

（一）通过实训基地建设推动专业人才培养模式的改革

人才培养模式改革是优化高等职业教育人才培养过程、提高人才培养质量的必然选择。工学结合是高等职业教育人才培养模式的内核，人才培养模式的选择和定位，其实质都是基于工学结合对人才培养过程的设计。实训基地建设的目的是为学生提供良好的实践操作条件和环境，提高技术技能型人才培养质量。因此，高等职业教育实训基地建设应与人才培养模式改革紧密结合。在基地规划、设计过程中应对人才培养目标以及为达成目标而进行的人才培养总体设计进行深入分析和研究，增强基地建设的针对性和实效性。在此基础上优化人才培养方案，确定典型工作任务、行动领域和学习领域，完成课程体系的建构，结合基地功能和学生特点，安排教学进程和课程实施方式。对设施先进、功能完备的校内生产性实训基地，可实践"工学交替""半工半读"模式。

（二）通过实训基地建设推动校企深度融合

校企融合是推进工学结合的有效途径。目前，绝大多数应用型高校都将校企合作作为实训基地建设的基本路径。通过深入的校企合作，吸引企业资金，引进企业先进管理经验，吸纳企业人员担任兼职教师，极大地丰富了实训基地的企业元素。同时，将企业生产与学生学习有机结合起来，为学生学习提供真实的企业环境和条件，让学生在产品生产过程中完成学习任务，从而为人才培养质量的提升奠定了建设的基础。实践证明，吸引企业参与实训基地建设，是校企深度融合的有效途径，它将企业利益与专业建设、人才培养"捆绑式"结合起来，能够构建真正意义上的"利益共同体"，激活企业的兴奋点。与传统"用工式"校企合作相比较，校企结

合度更高，企业方介入度更深，更能达成校企资源共享，校企合作机制更长效。

（三）通过实训基地建设推动应用型高校校园文化与企业文化的融合

应用性、职业性是高等职业教育的个性化特征，因此，应用型高校文化建设的一项重要任务就是校园文化与企业文化的融合。应用型高校校内生产性实训基地最大的困厄是企业文化的缺失，具体表现为企业文化与校园文化融合之困、专业技术与文化选择之困、经济效益与教学效果平衡之困导致实训基地建设缺少企业文化元素，基地的运行管理更是缺乏企业文化氛围。例如，成本控制意识不强，各环节操作规程未固化，缺乏竞争意识和市场意识；管理制度不健全，责任观念和岗位意识还未深入人心等。这些都将影响实训基地建设对企业文化的价值追求。因此，高等职业教育实训基地建设在强化学生职业能力、职业技能培养，关注职业教育工具理性的同时，还应强调企业文化的育人功能，培养学生的竞争意识、市场意识、成本意识和职业道德、合作精神。

第四章　新时代高校应用型人才培养

第一节　人才的内涵界定

对"人才"一词的界定一直是从古至今人们思考和探讨的问题，而对人才的内涵和特征的探讨，则既是人才培养理论研究的逻辑起点，也制约着人才培养、开发、管理等一系列实践活动。

一、人才的定义

什么是人才，如何给人才下一个较为准确的定义，一直是人们在不断探索的问题。在研究人才含义的过程中，不同的学科对人才下过不同的定义。其中有代表性的观点有以下几个。

（一）**语义学对人才的定义**

《现代汉语词典》对人才的定义：德才兼备的人，有某种特长的人；指美丽端庄的相貌。《辞海》对人才的定义：有才识学问的人；指才学、才能；指人的品貌。无论是《现代汉语词典》还是《辞海》，对人才的定义都包含两层意思：一是指人的内在素质；二是指人的外在相貌。显然，语义学是从素质的角度给人才下的定义。

（二）**教育学对人才的定义**

教育学给人才下的定义："人才，是指具有中专以上毕业文凭的人。"教育学是从文凭的角度给人才下的定义。

为了便于实现对人才的培养和管理，国家人事部和教育部等部门对人才下了这样的定义，即"具有中专以上学历或技术员以上职称者"。还有一些国家部门统计人才，将文凭和职称作为统计人才的标准。

上述对人才的定义，有的以素质为标准，有的将文凭和职称作为评价人才的标准，这两种对人才的定义方式都有一定的漏洞和局限，需要对其进行完善。

1. 以素质论人才的局限性

将素质作为评价人才的标准，有一定的正确性，其抓住人才评价的内在依据，说明人才需要具备一定的素质，但这并不是全部。被称为人才的人，其必定具有较高的素质，这是人才的必备条件。但是，仅仅具有良好的素质还不够全面。通过社会实践活动，还必须要将人所具备的良好素质转化为精神或物质成果，对社会的发展产生积极的推动作用。一个人有了成果，才谈得上他对社会有贡献。人的素质不经过实践活动这一重要环节，就无法转化为成果，而物质成果或精神成果则是评价一个人对社会贡献的依据。没有成果，也就无法判断这个人是否是人才。

通过上述分析发现，认定一个人是否是人才，关键要看两点：第一要看他是否具有良好的素质；第二要看他是否取得了创造性的劳动成果。语义学以素质为标准给人才下的定义，只强调了第一点，却忽视了第二点。这一忽视，就回答不了以下问题，即一个人具有良好的素质，就一定能够取得创造性劳动成果吗？事实并非如此。由于社会的复杂性，良好的素质在外化出来创造劳动成果时可能会出现以下情况。

第一，具有良好素质的人，如果受到打击、压制，用人单位不给他提供进行创造性劳动的基本条件，得不到施展自己本领的机会，良好的素质就不可能外化出来转变为有价值的成果。

第二，错误社会思潮的干扰。人才在错误思潮的干扰下，不去从事创造性劳动，而是从事重复性劳动，其素质外化的程度低，取得的成果价值小，也不能成为人才。

第三，人才的生理素质变差。生理素质是人才的思想素质、知识素质和能力素质发挥作用的载体。生理素质的强弱，直接影响到这些素质作用的发挥。人才的生理素质变差了，其他素质发挥的程度必然会降低。

第四，人才自我埋没。人才如果自我埋没，不愿发挥自己的作用，素质再高，也难以对社会作出较大的贡献。

综上所述，具有良好素质的人，他还必须有人尽其才、才尽其用的机会和进行创造性劳动的条件，才能取得创造性劳动成果，经过社会承认后而成为人才。所以，以素质为标准给人才下定义是片面的。

2. 以文凭、学历或职称论人才的局限性

以文凭、学历或职称作为标准认定人才的好处是对人才好界定，对人才好量化统计，但同样有片面性。

第一，以文凭、学历画线认定人才有可能滥竽充数。有的人有毕业证书和学历证书，但没有真才实学；有的还可能是弄虚作假的。如果以文凭、学历画线认定人才，就会使有文凭、学历或职称，但没有真才实学的人进入人才队伍。

第二，以文凭、学历或职称作为标准认定人才可能会造成人才的浪费。当前社会上的很多工作岗位，不根据自身的实际需要，一味追求高学历的人员。这就导致很多工作岗位所聘用的人才超出了岗位职能的实际需求，让硕士生或是博士生来做本科生就可以承担的工作，从而造成硕士、博士人才的浪费。

第三，将学历和职称作为评定人才的标准不够全面，不能涵盖所有的人才。有一些人尽管没有较高的学历和职称，但是却为社会的发展作出了巨大的贡献，拥有满身的才华，这样的人也应被称为人才。

第四，教育与成才之间应该是一种间接相关性的关系，却被转为直接相等性，混淆了二者之间的关系。通过学校的教育系统，教育才对受教育者产生了作用关系，通过这种方式来提高学生的综合素质，为其进入社会积累更多的理论知识。受教育者在储备了一定的理论知识，并拥有较高的综合素质之后，还必须要通过社会实践活动对知识进行转化，只有人们认可其取得的成果之后，他们才能被称为人才。由于教育与成才之间要经过若干的环节，因此，教育与成才的关系是间接相关性而不是直接相等性。以文凭、学位或职称为标准界定人才没能抓住人才的本质属性，即人才的创造性。

从上述我们可以看出,对人才的认定以文凭、学位或职称作为标准是不科学的,这种行为会造成两方面的后果。一方面是只拥有学历或职称,但是缺少业绩的人被认定为人才,这样可能会产生滥竽充数的情况;另一方面是工作业绩突出,但是由于没有高等学历或职称,因此不被认定为人才,这样则会埋没人才。这两种结果对人才的认定和培养都是极为不利的,对未来企业的发展也会带来消极影响。

二、人才的本质属性

本质属性是事物的根本性质。人才之所以和非人才有区别,就在于它有其特有的本质属性。具体来说,人才的本质属性主要表现为以下几点。

(一)先进性

人才的先进性,是指人才应该走在时代的前列,代表先进的社会生产力和社会发展方向。人才的先进性主要表现在:一是他们具有先进的思想,走在时代的前列,是人群中的精英。二是他们的理论先进,掌握着现代科学技术知识。三是他们对社会发展的推动力较大。简而言之,人才的作用是推动社会进步,至于那些有知识也有创造才能的人,如果他们实践活动的后果是危害社会、阻碍人类社会的发展,那他们就不具有进步性,就算不上我们所讲的人才。

(二)创新性

人才的创新性,是指人才能够在继承前人优秀成果的基础上,创造出新的成果。这种成果既可能是物质成果,也可能是精神成果。人才的创新性主要表现在以下几点:一是创新精神是人才最本质的特征。作为人才,只有凭借自己的创新意识,勇于探索,不断认识真理、掌握规律,才能作出比一般人大的贡献。在科学技术快速发展的今天,创新精神是衡量人才的重要标志。二是人才应有专门的知识和较强的能力,特别是应有创造能力。这里讲的专门知识,包括书本知识和社会实践知识。三是人才能进行创造性劳动。在人类的模仿性劳动、重复性劳动和创造性劳动三个层次上,一般素质的人只能从事模仿性劳动和重复性劳动，难以进行创造性劳动。人才不仅能进行模仿性劳动和重复性劳动，更主要的是他能够从事创造性劳动，把人类的认识水平和实践活动的水平推向新的高度。四是人才创造的物质财富或精神财富比一般人多。由于在创新性上人才与一般人有较大的差异，这就决定了一般人是以继承性劳动为主，他们只是循规蹈矩地生活。人才则是以创造性劳动为主，因而他们能用自己创新性的劳动打破常规，能用新的理论取代旧的理论，能用新的思维方式、行为方式去取代旧的思维方式和行为方式，为人类社会的进步作出较大贡献。

（三）时代性

人才的时代性，是指人才是一定历史时代的产物。一是人才是社会的人才，要受他所在时代的限制。任何人才都不可避免地被打上他生活的那个时代的烙印，只能在时代提供的条件下发挥自己的作用。诸葛亮是一个智力超群的人，但他的作用依然受他生活时代的限制。比如，他发明了木牛流马作为交通工具，但发明不出汽车；他发明了可以同时连发几支箭的弓箭，却发明不出机关枪。这就是时代限制了他作用的发挥。无论是人才的成长，还是其作用的发挥，都要受到他所生活的那个历史时代的制约。他只能在当时社会所能够提供的条件范围内活动，创造出那一个时代一般人做不出的成果，最大限度地实现自己的价值。二是人才必须得到社会的承认才能更好地发挥作用。人才的本领和成果的价值只有被社会认可了，他才能得到施展才华的机会，成果才会被社会使用。

（四）时效性

人才的时效性，是指人才素质的形成和作用的发挥在不同的时间，其效果是不一样的。人在不同的年龄段，智力、体力的水平是不同的，这就使得学习知识、培养能力有最佳时间，创造成果也有最佳时间。人才的时效性告诉人们要抓住人生最佳时间学习和工作。

（五）层次性

人才的层次性，是指人才的素质和创造的成果存在着高低差别。由于人才成长的经历、环境、教育、自身努力的程度和工作的条件不同，因此人才之间在本领、取得的成果和贡献等方面都存在着差别。这些差别，必然使得人才之间存在着等级上的层次。如果认识不到这一点，就无法科学地识别人才。在现实生活中，一些人之所以看不到自己身边的人才，就是因为在他们心目中，只有科学家、工程师、企业家、领导才是人才，而没有认识到那些既没有职称也没有职务但有真才实学对社会有较大贡献的人同样也是人才。事实上，专家是人才，农村的种植能手也是人才，只不过二者的层次不同而已。区别一个人是不是人才，根本标准是看他的素质和对社会的贡献，而不是他的身份和头衔。

以上五个属性是人才的本质属性，它们之间的关系是：创新性是先进性、时代性的基础；先进性是创新性的方向；时代性则制约着创新性、先进性和层次性的发挥程度；而层次性则反映了人才之间的差异；时效性反映了人才的变化，它影响到其他属性。所以人才的本质属性就是指创新性、先进性、时代性、层次性和时效性的有机统一。

第二节　应用型人才培养目标的定位与发展

随着改革开放的深入和社会主义市场经济的发展，应用型人才培养成为中国高等教育改革发展的战略任务。如何使应用型高校培养的大学生成为既有知识技能和坚定的职业操守、高尚的职业境界和崇高的道德理想，又拥有马克思主义理论品质，并具有社会主义核心价值观的应用型人才，成为现阶段研究的重点。

一、应用型人才的内涵及特征

（一）应用型人才的内涵

应用型人才的概念与学术型人才的概念是相对的，二者所擅长的专业领域是不同的。所谓的学术型人才，指的是那些专门对客观规律进行研究，进而发现科学原理的人才，其所承担的主要任务是要将自然科学和社会科学领域中的客观规律转化为科学原理。而应用型人才则指的是，熟练掌握专业知识和技能，并能够将其运用到实践中的专业人才。对于应用型人才来说，其通过对专业理论知识的运用，将其熟练应用于技术管理、技术服务等方面的工作。当前社会对应用型人才的需求极为迫切，他们是行业技术的领军人物和建设者，是具有良好技术素养的专业人才，符合社会的发展需求，是未来经济发展的奠定者。

应用型人才所具有的知识结构主要是科学的知识体系，其任务是利用已经被人类发现并且掌握的科学原理，应用到社会发展的实践中，而不是去发展和寻找客观规律。一般来说，应用型人才所从事的工作都与生产和社会生活密切相关，能够为社会创造出直接的价值和财富。在对应用型人才进行培养的过程中，学科知识的教学仍然是最为基本的东西，但却并不是培养应用型人才的唯一价值。根据劳动市场对人才的需求，对应用型人才的课程教育可以适度偏离学科知识的系统性，为了满足学生的职业发展需求和自我发展意愿，对他们的教育可以不用再专注于专业的学科知识。在这种应用型人才培养的指导模式下，对学校的教学评价标准也应作出调整，不应再过于重视教学的学术水平，而是应转为重视受教育者对知识和能力发展是否满意，所培养的人才是否满足社会的需求，是否有利于可持续发展的需要。

（二）应用型人才的特征

应用型人才所具有的特征主要表现在以下几点。

第一，对本专业通用的基本技能和实用技术能熟练掌握，并且对所从事的岗位具有很好的适应性。

第二，能够对专业相关知识进行系统的综合和应用，并且保持持续努力学习的意志和能力。

第三，对所从事岗位工作中存在的问题有敏锐的洞察能力，并能找出相应的解决办法。

第四，具有良好的合作意识和进取精神，同时还具有强烈的社会责任感和勇于批判的精神。

二、应用型人才培养的目标与要求

(一) 人才培养目标的内涵与要求

作为高素质应用型创新创业人才，在知识、能力、素质三个方面应具有的内涵是：具有一定的科学文化与通识教育基础和扎实的本专业理论功底；具有较强的自主学习与发展能力；具有必要的相邻专业知识、有较广的专业适应面；擅长专业知识、专业技术的应用，有综合运用所学理论知识发现和解决实际问题的能力；有一定的技术创新、集成创新和管理创新能力；有较强的创业意识与创业能力；具有敬业精神、实干精神、团结协作意识等良好的思想道德素质。

围绕上述内涵，应用型人才培养必须科学设计人才培养方案，切实完善知识、能力、素质结构的内容，并努力促进三者协调发展，才能保证应用型人才的培养质量。

1. 优化以职业生涯可持续发展目标为导向的知识结构

合理的知识结构是形成应用型人才核心能力和综合素质的基础条件。由于应用型人才培养的就业面对应的是行业企业的职业群，因此，要以大学生将来的职业生涯可持续发展目标为导向，遵循知识结构的整体相关性、社会适应性和动态开放性的基本要求，坚持以学科知识为核心，以专业知识为主干，以通用知识为基础，以岗位知识为重点，以创新创业知识为拓展，使学生既掌握职业岗位所必需的专业知识、技术应用知识，又掌握系统的学科知识和科学文化方面的通用知识，还有创新创业方面的知识，使培养的人才成为适应社会需求的应用型人才。

2. 强化以专业实践能力为核心的能力结构

能力结构对应用型人才的岗位职责适应性和工作创造性都具有一定的决定作用。劳动力市场对应用型人才的要求是，要具有较强的复合能力，因此必须要重视培养应用型人才的综合能力，尤其是要加强对他们的专业实践能力的培养。从应用型人才的社会要求来看，着重培养他们的专业知识、实践能力、职业技能和创新能力等。根据人才培养目标和规格，将其培养为综合能力较高的复合性应用型人才。

3. 内化以职业素质为核心的综合素质结构

对应用型人才职业素质的培养，主要是培养他们健全的人格，包括创新创业意识、团结合作意识、爱岗敬业精神和理性思维能力等。对于综合素质较高的应用型人才来说，其不仅要具有丰富的知识储备、良好的专业素质和健康的心理素质，同时还要具有良好的社会适应能力和较高的思想道德素质，这样所培养出来的应用型人才才能发挥出更大的社会价值。

（二）人才培养的目标与特质

我国高等教育法对高层次的人才培养目标作了明确规定，即"应当使学生比较系统地掌握本学科、专业必备的基础理论、基本知识，掌握本专业必要的基本技能、方法和相关知识，具有实际工作和科学研究工作能力"。教育部《关于进一步加强高等学校教学工作的若干意见》进一步指出，今后高校教学工作的主要任务是"着眼于国家发展和人的全面发展需要，要坚持知识、能力、素质协调发展，深化教学改革，注重能力培养，着力提高大学生的学习能力、实践能力和创新能力，全面推进素质教育"。综合教育法的规定和教育部的要求，多数应用型高校确立的人才培养目标是高素质应用型创新创业人才，其主要特质是"广适应、擅应用、能创新、会创业"。

三、应用型人才教育的特征

应用型人才教育作为一种新型的教育方式，既具有高校教育的一般特征，又具有鲜明的特色。

（一）应用型人才教育必须符合高校教育的基本要求

《中华人民共和国高等教育法》关于高校教育学业标准的明确规定是："应当使学生比较系统地掌握本专业必需的基础理论、基础知识，掌握本专业必要的基本技能、方法及相关知识，具有从事本专业实际工作和研究工作的初步能力。"因此，应用型人才教育必须符合高等教育法关于高校教育学业标准的规定，不能因强调应用性而降低学业标准，忽视必备的基础理论、基础知识教育，把应用型教育培养的高级应用型人才降为普通的技能应用型人才。

（二）应用型人才教育必须充分彰显应用型特点

1. 注重能力培养

在教育观念和教学过程中，更注重学生的学习能力、就业能力、转岗能力和创新创业能力，培养的人才能够下得去、留得住、用得上、干得好。

2. 面向生产一线

以培养生产、工程、管理、服务一线的高级应用型专门人才为根本任务，为地方经济建设和社会发展服务，推广高新实用技术、提升企业的科技含量、提高产品的市场占有率。

3. 强化实践性

实践教学强调与生产一线的实际结合，实行工学结合、校企合作等培养模式，重视生产实习、毕业实习等各类实践教学环节，实践教学在人才培养方案中占较大比重。

4. 突出应用性

以适应地方企业和行业发展需要为目标，以工程应用为主线构建学生的知识、能力、素质结构和人才培养方案。学生具有基础扎实、适用面宽、技术应用能力强、素质高等显著特点。

5. 强调师资实践能力

专业师资队伍是一支既能从事教育教学，又能从事工程实践的"双师型"队伍。

四、应用型人才的培养规格

应用型人才作为一种特殊类型（应用型）、特殊层次（高级应用型）的人才，在培养规格上和其他类别、层次的人才一样，由知识、能力和素质三大基本要素构成。

（一）人才的知识、能力、素质的基本内涵

人们常说的知识指的是人类认识客观事物和对客观规律的积累。人才所应具备的知识储备主要有一般的科学文化知识、本专业知识和相邻学科专业知识等。人才提高自身能力和素质的基础就是知识的储备，如果一个人不具备丰富的知识，那么就很难在综合素质方面达到较高的水平。在大学中，对应用型人才的培养，首先就要让学生掌握扎实的知识基础，这是提高他们能力和素质的前提条件。

人才的能力指的是在掌握一定知识的基础上，经过实践锻炼形成的能力。人才应当具备较高的综合能力水平，具体来说主要有获取知识的能力、运用知识的能力、解决实际问题的能力、创新创业能力和适应社会的能力等。人才所具有的知识与能力之间可以相互作用，丰富的知识积累有助于提高人才的能力，同时人才具备较强的能力又可以促使其获取更多的知识。

人的素质是指将从外部获得的知识和技能，通过个体的认识和实践，内化为自身的综合性品质。人才的素质主要包括科学文化素质、专业素质、身心素质和思想道德素质等。个人所具有的较高素质具有很强的能动作用，可以促进个人知识、能力的拓展，并更好地发挥作用。

人才的知识、能力和素质，三者间的关系密切。其中，基础是知识，素质是核心，关键是能力。高校在对应用型人才培养的过程中，必须要注重知识、能力和素质的统一培养，在学生身上实现三者的协调发展，满足人才市场对应用型人才的总体要求。

（二）应用型人才的结构及其相互关系

1. 知识结构

知识结构主要由科学文化知识、基础理论知识、专业知识和相邻学科专业知识等四部分构成。科学文化知识包括自然科学和人文、艺术、外语以及社会科学等方面的基本知识，是本专业知识结构的基础平台。基础理论知识是从事本专业所必需的基础理论知识，由数、理、化等公共基础课构成。专业知识是从事专业工作所应具备的专业知识，由专业基础课和专业课构成。对各种知识的掌握，不仅是应用型人才适应技术密集型岗位的需要，同时也是其实现自我提升、不断满足职位变动的需求。随着经济和科技的不断发展，各个学科知识间相互融合、渗透，使得很多跨学科职位应运而生。在这种情况下，学生就必须要在掌握自身专业知识的同时，对相邻学科知识有所认识和了解，这样才能满足社会对人才的需求。在应用型人才所具备的知识结构中，基础是科学文化知识，核心是基础理论知识，关键是专业知识，辅翼是相邻学科专业知识。只有注重各类知识的相互渗透，夯实基础，强化核心，突出关键，丰满辅翼，才能切实培养出适应社会需要的高级应用型人才。

2. 能力结构

应用型人才的能力结构主要由生活适应能力、知识获取能力、专业技术能力、就业创业能力、自我发展能力和创造创新能力等构成。其中，生活适应能力指的是个人适应环境和处理日常生活问题的能力。知识获取能力指的是个人具备科学的思维方式和良好的学习方法，自主学习能力强，善于收集和处理信息。专业技术能力指的是个人对本专业的基础技能和技术规范掌握情况良好，并且可以综合利用所学的专业知识解决实际问题和进行技术分析的能力。就业创业能力是指在就业过程中具有较强的就业竞争力以及敢于创业、善于创业的能力。自我发展能力是指具有强烈的进取心和继续学习意识，能承受挫折和失败，在总结正反两方面经验的基础上不断完善自身的能力。创造创新能力是运用所学知识创造性解决技术难题，积极开展技术、管理、服务等的创新能力。

3. 素质结构

应用型人才的素质结构主要包括科学文化素质、思想道德素质、专业素质和身心素质等。其中，科学文化素质包括自然科学、人文科学以及社会科学等方面的知识与素养。思想道德素质包括正确的政治观念，坚定的理想信念，科学的世界观、人生观、价值观，高尚的道德情操及理性的思维方式等内容。专业素质包括对专业知识、专业技术等内容的掌握程度及应用能力。身心素质包括健康的体魄和良好的心理。其中，处于主导地位的是思想道德素质，这是因为：人才只有具备良好的思想道德素质，才能在科学文化素质和专业素质方面得到更好的提升，才能始终保持良好的心理状态；而良好的思想道德素质，是企业录用人才的关键，对科学文化素质、专业素质以及身心素质的发挥具有重要的推动作用。

五、应用型人才培养的实现途径

应用型高校要根据应用型人才培养的要求，有效实现既定的人才培养目标，应着力推进以下几个方面的工作。

（一）设置面向行业产业发展的应用型学科、专业

设置符合地方经济发展方向、布局合理、适应行业与产业发展需要的应用型学科、专业，是实现应用型人才培养目标的重要前提。因此，应用型高校必须紧紧围绕应用型人才培养目标来设计学科、专业建设。

1.在学科和专业关系上，要确立学科建设为专业发展服务的思路

应用型院校要将学科建设的重心放在支持应用型专业建设上，学科建设脱离专业建设是不利于实现应用型人才培养目标定位的。因此，在学科建设上应有所为有所不为，即对应用型专业建设和发展有支撑作用的学科要着重发展，对于非应用型的学科应"不为或少为"。

2.在专业建设上，必须突出专业的应用型人才培养特色

首先，突出应用性强的优势专业。选择基础好、应用性强的优势专业，进行重点建设，强化特色，着力打造应用性强的品牌专业。其次，积极设置新的应用型专业。要紧跟社会经济发展需要，及时增设市场亟须的应用型专业。再次，要注意建设复合型专业。根据学科交叉综合发展的新变化，探索设置多学科复合型专业，以适应培养高素质复合性应用型人才的需要。最后，要努力拓展专业的适应性。根据应用型人才培养的"广适应、擅应用、能创新、会创业"的特质，满足应用型人才对综合知识和复合能力培养的要求，要探索推行大专业以及与专业方向相结合的应用型人才培养之路。

（二）精心构建彰显应用型特色的课程体系

课程体系是人才培养模式中的关键环节，是学生知识、能力、素质形成的有效载体。因此，建构科学的课程体系，是应用型人才培养必须解决的关键问题。由于课程体系设置普遍存在偏重基础理论、局限专业教育、内容与科技发展脱节、实践环节虚化弱化等缺陷，导致培养出来的学生知识面窄、适应性不广、动手能力差、创新创业能力弱。因此，培养应用型人才必须构建体现应用型特色的课程体系，要处理好四个关系：第一，通识教育与职业教育的关系，不能局限于培养掌握专门技术的职业人，而要培养具有健全人格和可持续发展的"全人"；第二，基础理论教育和专业教育的关系，应用型人才培养在重视基础理论教育的同时，要突出专业教育；第三，科学教育与人文教育的关系，要使学生既掌握科学知识，又受到人文与道德精神的熏陶；第四，理论教育与实践教育的关系，在注重专业理论传授的基础上，要特别强化实践技能的训练。

（三）着力构建突出能力培养的实践教学体系

应用型人才培养的教学特点是建立以培养能力为本位的教学体系，教学目标是使学生毕业后胜任生产一线实际工作的需要。其教学模式构建的主要思路是：要改变理论传授与实践训练脱节的现象，注重理论教学与实践教学的紧密结合，突出实践教学体系建设，使学生由过去单纯的"坐中学"转变为"做中学、学中做"。

实践教学体系建设是个系统工程，是对学生大学四年实践训练的整体设计，包括各种实践教学环节、教学内容、教学模式、教学目标及相关考核评价机制的设计。加强实践教学体系建设，要从以下四个方面着力。

1. 强化突出实践教学的应用型人才培养理念

本着突出实践教学的应用型人才培养理念，从教学计划制订、课程安排、教学环节组织到实践经费的落实与实践教学的考核评价等，各方面都要充分体现、突出实践教学环节在整个应用型人才培养目标实现中的重要地位与作用，切实改变重理论轻实践的现象。

2. 确立以综合能力培养、提升为核心的实践教学目标

面向高素质应用型创新创业人才培养目标，实践教学的目标已不再是传统的低层次、简单的实践动手能力培养，而是综合能力的培养、提高，包括培养技术实践应用能力，学生运用所学知识和理论发现问题、分析问题、解决问题的能力，不断探索和提升创新能力及就业创业能力，最终形成高素质应用型人才所必需的综合能力。在能力培养的内容类别上可以划分为基本技术应用能力、专业核心技术应用能力、研究创新能力、就业创业能力、综合应用能力五个方面。

3. 建立一体化的实践教学体系

实践教学内容丰富、时间跨度大、实施层次多，因此要将实验教学、实习实训、课程实践、创业创新训练、毕业设计等教学内容作一体化的统筹安排，把相应的实践教学内容整合到课内实践教学、独立实践教学、创业创新活动和社会实践锻炼等四个模块当中，促进实践教学内容的有效落实。

4. 加强实践教学平台建设

加强校内实验室、实训中心和基地建设，尽可能满足课内实践教学和一般性的独立实习实训需要；加强校外实践教学基地建设，通过校企合作共建实验室、实习与就业基地等方式，为强化实践教学提供有力支撑。

（四）高度重视提升应用型人才的综合素质

应用型人才是一种素质高、能力强、知识广的人才，因而其培养不仅要重视学生的知识和能力建设，还要高度关注素质提升。何谓素质？简而言之，素质就是一个人把从外在获得的知识、技能内化为自身稳定的品质与素养的程度，从本质上讲主要是思想品质和精神素养。作为高素质的应用型人才，其素质的"高"不仅表现为程度高，还应表现出结构内涵的综合性，即一种综合性的高素质。这种综合性高素质大致可分成两方面：一方面是良好的基本素质，包括良好的思想道德素质、科学文化素质、身心素质；另一方面是过硬的职业素质，包括过硬的专业素质、职业素养（职业境界、职业精神、职业责任心等）。由于人才知识的获取与运用、能力的培养与发挥，都与其责任心、道德水平、心理素质、意志品质等密切相关，也就是说，素质高低尤其是思想道德素质高低直接决定了学习和工作的成效。因此，为了切实提高应用型人才的培养质量，必须统筹考虑构成应用型高校人才培养目标体系的三大要素——知识、能力、素质的关系，在人才培养方案中高度重视素质培养内容的落实，多渠道拓展学生的素质培养，有效促进知识、能力、素质的协调发展，切实提升应用型人才的综合素质，特别是要突出思想道德素质的培养。

（五）建立校企密切合作的人才培养机制

工作岗位和就业市场越来越重视人才的应用能力和工作经验，这就要

求学生在校期间进行现场工作的模拟训练和积累实践工作的经验。为解决
这些问题，建立健全校企合作人才培养机制是应用型人才培养的重要举措
和根本途径，这有利于密切高校和产业界的联系，使应用型人才培养主动
适应经济社会发展的新要求。目前，成功的高素质应用型人才培养无不以
密切的校企合作形式来实现。例如，美国的四年制工程教育，以"工学交
替式"为途径培养应用型人才，大学生在校学习和到企业实践实训交替进
行；英国也运用"工学交替式"模式培养应用型人才，通常采用"2+1+1"
（四年制，即前两年在学校学习，第三年到企业工作，第四年再回到学校学
习、考试，取得毕业证书）和"1+3+1"（五年制，即第一、五年到企业工
作，第二、三、四年在校学习）两种学制；德国应用型人才培养实行的也
是"工学交替式"，四年制八个学期，一般有两个学期在企业学习和实践。
这种"工学交替式"模式能够有效推动大学生面向产业的学习、面向职业
资格证书的学习、面向情境的学习、面向工作的学习、面向研究项目的学
习以及面向生产任务的学习，促进高素质应用型人才的培养。

（六）努力打造有丰富实践经验的教师队伍

教师是教育活动的一个重要主体，因此在高校培养应用型人才的过程
中，也必须要注重对师资队伍的建设，这是塑造应用型人才的关键。在高
校开展应用型教育的过程中，必须要注意具备专业教育资格的教师要达到
一定比例。获得这些优秀教师资源的途径主要有两种：第一，加强对在职
教师的继续教育，不仅要在教师实践中提高他们的专业教学技能，同时还
要为其提供参加应用性课题研究的机会，增加教师的教学经验。第二，可
以聘用一部分兼职教师，然后根据他们的实际教学效果不断对其进行调整。
现代科学知识发展日新月异，导致高校内的专职教师在专业知识和技术方
面跟不上时代的要求。因此，这就需要高校在外部聘用一些专业技术水平
较高的兼职教师，保证学生可以掌握最新的知识和技术。

第三节　应用型人才素质分析

当前，高等教育越来越普及，社会对于应用型人才的需求逐渐增多，很多高校都开始致力于应用型人才的培养，将建设应用型大学、培养应用型人才作为高校的办学目标。应当明确的是，高校的办学目标需要通过人才培养规则才能最终实现，而明晰应用型人才的素质结构则是应用型人才培养规格明确的前提条件。

要素是构成系统的基本条件，而系统内部各个要素的不同组织形式则形成了不同的结构，在一定环境下，系统的作用就是其功能的产生。如果将应用型人才看作一个整体的系统，那么其在当前社会条件下所产生的作用，则主要是由应用型人才的素质构成要素及其所构成的结构决定的。

一、应用型人才的素质构成要素

一个人所具有的素质，既有先天的遗传特征，同时也有后天的培养，实际上也就是说，一个人在先天生理的基础上，通过后天环境的熏陶、教育的培养和个人自身的努力，才能最终形成较为稳定的个人素质。素质具有多项特征，主要有稳定性、整体性、内潜性、社会评价性和发展性等。所有的事物都是由要素构成的，之所以被称为应用型人才，就是因为有应用型人才素质构成要素的存在。

相关的专家学者对于应用型人才的素质构成要素具有不同的观点，其中具有代表性的观点主要有以下几个。

第一，三要素说。一些研究者认为，道德、知识和能力是应用型人才的素质构成要素。

第二，四要素说。一些研究者根据岗位对人才的需要，将应用型人才的素质构成要素主要分为四项，即科学文化要素、政治要素、技能要素和道德要素。

第三，五要素说。社会对人才的培养目标是实现德、智、体、美、劳全面的发展，因此一些学者就将品德素质、智能素质、身体素质、审美素质和劳动技能素质这五种要素作为应用型人才的素质构成要素。

第四,六要素说。一般来说，人才的成长过程需要多项素质的培养，包括科学文化素质、政治素质、技能素质、道德素质、审美素质、身体素质六种。因此一些专家学者认为，应用型人才的素质构成要素也是这六种要素。

从上述对应用型人才素质构成要素的不同观点就可以看出，人们对于该问题还存在很大的争议，没有形成统一的观点。

要想对应用型人才素质构成要素进行准确的分析和界定，首先要从应用型人才的逻辑起点进行明确。从应用型人才的词义上来看，其是由"应用型"和"人才"两个部分构成的。但是如果从概念的角度进行分析，就会出现"应用型人才"和"人才"两个概念，其中，"人才"是属概念，"应用型人才"是种概念。对概念进行限制和概括的逻辑依据是概念的内涵与外延之间的反变关系，因此我们就可以知道，应用型人才概念的出现就是对人才内涵的增加和外延，是将外延较大的属概念"人才"过渡到外延较小的种概念"应用型人才"。从概念的包含属性来看，应用型人才包含于人才之中，由此可推，应用型人才素质的构成要素，一部分就属于人才，另一部分则具有一定的独立性，是与其所从事的特定职业紧密相关的素质。对于人才来说，从概念上来看，也是由两部分构成的，分为"人"和"才"，实际上也就是将做人和做事统一起来。由于应用型人才被包含于人才之中，据此就可以将应用型人才的构成要素分为做人、做事、做应用性之事三种素质。

由此可以看出，对应用型人才素质构成要素进行分析的过程中，首先要掌握的就是应用型人才成长的身心发展规律，对人才素质的分析是对应用型人才素质进行分析的前提。

人才素质，实际上指的就是人才所具有的素养和能力，也就是说，只有当人获得了一定高度的素养和能力的时候，才能被称为人才。从总体上说，人才素质可以分为两类：一类是内在层面上的素质；另一类则是临界层面上的能力。内在层面上的素养主要指的是人所具有的意志、意识、精神、品质等，可以反映出一个人的修养。一个人在参与社会实践的过程中，随着其自我意识的逐渐成熟，再依据个人的内心尺度，经过有意识的主观选择而最终使得个人修养形成。修养具有一定的稳定性，一旦形成就很难改变，具有社会历史性。因此，一个人修养的最终形成，所包含的基本要素有正确的政治方向、明确的目标、顽强的意志、坚定的信念、勤奋的品质和积极向上的精神状态等。从这里我们就可以看出，道德素质和非智力方面的素质是构成修养的要素。人才素质临界层面的能力涉及的内容较多，具体来说主要有：发现、解决问题的能力，决策能力，使用现代工具的能力，学习能力，组织、执行能力，写作能力，创新能力，沟通能力，管理能力和创造能力等。上述各项能力，并不是所有的人才都必须具备的，根据各行业对人才的不同需求，对人才所具有的能力的要求侧重点也会有所不同。

应用型人才的单独提出，也就意味着其价值主要体现在应用性上，在应用型能力的发挥上反映出来，并最终取决于其所获得的核心能力。企业对应用型人才的选择，主要看中的就是他们的核心能力是否能够实现个人价值与组织价值之间的同化。应用型人才的核心能力具有独特性、持久性和难以模仿性，这样就提高了应用型人才的市场竞争力。

综上所述，应用型人才素质的构成要素，主要可以分为三个方面，即内在层面的修养、临界层面的能力、外在层面的核心能力，具体如表 4-1 所示。

表 4-1　应用型人才的素质构成要素

类别	具体要素	特性	功能
内在层面的修养	政治素质、道德素质、意识、意志、品质、精神	主观性、选择性、稳定性、社会历史性	做人
临界层面的能力	身体素质、技能素质、智能素质、创新能力、团队工作能力、交往能力	基础性、迁移性、可塑性、差异性	做事
外在层面的核心能力	主流知识、特色能力、核心技能	难以模仿和替代性、独特性、持久性、发展性	做应用性之事

表 4-1 中所提到的构成应用型人才素质的三个方面，它们之间是一种相互影响、相互制约的关系，共同构成一个有机整体。其中，应用型人才内

在层面的修养对职业道德水平起着决定性的作用，对个人的工作态度和职业认同感会产生很大的影响，主要指的是个人在情绪感情方面的控制能力。临界层面的能力指的是人们从事不同行业所应掌握的基本技能，包括基础能力、根本能力、通用能力等。临界层面的能力是核心能力形成的基础，具有可塑性和迁移性。外在层面的核心能力指的是人们在特定专业的长期学习和实践中所形成的独特能力，这种能力使得个人在岗位工作中所发挥出的优势是无法被人模仿的，具有很强的知识性特征。个人的修养和知识的积累是核心能力的主要来源，并在人的知识结构中表现出来。

二、应用型人才的素质结构

应用型人才的素质结构是指应用型人才素质构成要素的排列、组合的顺序和层次。由于应用型人才素质的构成要素多种多样，因此在层次上的分割也必然具有多样性。在对应用型人才培养的过程中，由于培养目标不同，不同企业对人才的要求也各不相同，因此在人才的素质结构上呈现出了多样化的特征。

应用型人才素质结构的形成，主要是从其构成要素的排列顺序、水平分布、立体结构、组织形式四个方面来最终决定的。

（一）排列顺序

在上文中我们已经知道，人才是做人和做事的统一，这二者的顺序排列，应当将做人放在首位，"要做事，先做人"。从序列上来说，应用型人才内在层面的修养应当被放在素质结构的第一位，这同样也符合党对人才的培养标准——"育人为本、德育为先"。排在第二位的是应用型人才的临界层面的能力，排在第三位的则是对其核心能力的培养。对应用型人才素质结构要素的排列顺序，是人才成长的内在规律，对应用型人才的最终养成具有决定性的作用。

（二）水平分布

从应用型人才素质的水平分布上来说，主要是以能力形成的知识为依据，将能力作为人才素质结构分析的主要依据。素质结构的水平分布，可以将其分为四种类型。

第一种是"一"字形，也就是厚基础，注重人才的知识面，重视对人才基本能力的培养，缺点是对人才创新能力和核心能力培养不足。

第二种是"I"字形，重视对人才专业研究的深度，缺点是知识面较窄，不能将各种知识融会贯通，同时还缺少创造能力。

第三种是"T"字形，该种类型的人才无论是在知识面上，还是在专业研究的深度上都有较大优势，但缺点是缺乏创新。

第四种是"十"字形，该种类型的人才包含了上述三种类型人才的所有优点，知识面广、专业研究深入，同时还具有创新精神。该种人才在市场中占有较强的竞争优势，但是在实践中，高校学生的教育实践有限，不能将所有的学生都培养成为"十"字形人才。因此在教育过程中，通常会根据人才水平结构上的分布进行选择，着力培养前三种类型人才中的一种或是两种。

（三）立体结构

帷幕形知识结构理论揭示出，由于所处社会层次的不同，处于社会组织中的个体成员会在知识结构方面存在差异，这就说明个体素质结构与群体素质结构的有机结合，与不同人才在素质结构的构成上，存在较大差异。应用型人才的立体素质结构，主要可以分为四种。

1.蛛网形

蛛网形结构指的是一种复合型人才的素质结构，重视将应用型人才的专业能力与其他相关能力相结合，认为人才的知识面与专业研究的深入同等重要。

2.宝塔形

重视应用，强调知识的宽厚性，主攻目标明确，要求人才具有精深的专业知识。

3.圆锥体形

重视人才的基础素质，基础知识位于素质结构的底部，为人才的素质结构提供稳定的基础；中上部是人才的专业知识，受到下部基础知识的强大支撑；圆锥体形素质结构的外围部分是与专业相关的其他知识；而位于素质结构顶部的则是最前沿的知识；圆锥体形素质结构的中轴部位是应用型人才的工具知识和方法知识。

4.飞机形

飞机形人才素质结构指的是人才所具有的内在层面的素养是不同类型人才都共同具有的，其构成了飞机形人才结构的控制系统；飞机形人才素质结构的动力系统是由临界层面的能力素质和核心能力所构成的。

（四）组织形式

组织形式指的是应用型人才的各种素质通过哪种形式组织在一起。应用型人才素质结构组织形式有直接和间接两种。其中，直接形式指的是通过课程讲述的方式向学生传授知识和理论，这样学生根据学习的内容就可以掌握相应的素质和能力。在这期间，高校课程的设置和学生对能力的掌握之间是一种直接的相互对应的关系。而间接组织形式则指的是通过教师的学科教学和高校的校园文化氛围对学生进行知识和理论的渗透式培养，也就是采用一种较为隐晦的课程教学方式培养学生的综合素质。实施影响的物体与学生所掌握的素质和能力间不是一种明显的相互对应的关系。

根据对应用型人才的解释及分类科学性的探讨，可以把应用型人才的素质结构与应用型人才类型匹配，如表4-2所示。

表4-2　应用型人才的素质结构与应用型人才类型的匹配

素质结构／人才类型	工程型	技术型	技能型
排列顺序	厚基础、宽口径、高素质、强能力、重创新	厚基础、复合型、强能力、重特色	厚基础、窄口径、重实践、重技能
水平分布	"十"字形	"十"字形 "T"字形	"T"字形 "I"字形
立体结构	宝塔形 圆锥体形	蛛网形 飞机形	飞机形
组织形式	间接的组织形式为主，直接的组织形式为辅	直接和间接组织形式兼顾	直接的组织形式为主，间接的组织形式为辅
培养层次	研究生教育	本科教育	专科、中等职业教育

从表4-2中可以看出，应用型人才培养规格的差异，主要是对人才素质的排列顺序、水平分布、立体结构、组织形式上有一定的区别，这些区别

的产生与不同人才培养层次也有着密切的关系。

第一，应用型人才的不同类型，如工程型、技术型、技能型人才是该类人才培养所关注的主要内容，其次才是应用型人才的培养层次。

第二，应用型人才的素质和能力需要通过知识结构体现出来，课程是其实施的载体，因此高校在对应用型人才培养的过程中，必须要注重对课程和素质结构的匹配问题，明确所要培养的人才目标。

第三，应用型人才的类型会限制人才素质的立体结构和组织形式。需要注意的是，应用型人才素质的立体结构与组织形式之间不是一一对应的关系，在同一立体结构中，可以采用不同的组织形式。

第四，应用型人才的素质要求与培养层次间有着密切的联系。人才培养的层次越高，其所需要达到的素质水平就要越高。并且，培养不同层次的应用型人才，其对核心能力的要求有着本质的区别。

第五，时空排列秩序的变化，是应用型人才素质构成要素的联结方式。在人才培养过程中，高校所实施的不同的应用型人才培养模式，最终导致了学生掌握系统的知识、能力、素质的结构框架和运行组织方式的巨大差异。

第五章 "双师型"教师的内涵
与师资队伍建设

第一节 "双师型"教师的概念界说

"双师型"教师这一术语已经超越了教育、教育学的范畴，涉及并渗入多个领域和学科界域，很难用一种视角框定其丰富而深刻的内涵，为全方位认识这一概念，根据"双师型"教师的发展渊源和界定，对其界说进行多学科的阐释。

一、职业学视域中的"双师型"教师：特定职业背景的教育者

从职业学的视角审视解读"双师型"教师，揭示其职业性的一面。作为职业价值与职业行为的教育者，"双师型"教师在更大程度上是职业的教育者，而不单纯停留在学科教育者这一层面，即使是作为学科教育者，其所教的学科也总是渗透或依托于特定的职业，具有鲜明的职业性。

首先，"双师型"教师在一定程度上隶属于特定的职业人。根源于职业教育培养职业人的目的，"双师型"教师除了教师这一职业角色之外，还具有特定的职业背景。比如，医学职业教育领域中的"双师型"教师具备医生的职业背景，进一步说，"双师型"教师是教授职业的知识和技能的工作者。之所以强调"双师型"教师是具有特定职业背景的教育工作者，是因为这是对传统的职业教育教师的超越。以往的职业教育教师只教给了学生

专业知识和技能，所教授的专业知识与技能脱离了特定的职业情境，所以学生学到的专业知识与技能在真实的职业工作环境中得不到有效应用，最终缺乏综合职业能力。只有教给学生与真实职业工作密切结合的专业知识与技能，才能使学生具备良好的职业工作素质。对于"双师型"教师的特定职业素养培养，需要强化"双师型"教师的企业实践经历，通过企业实践让"双师型"教师了解职业工作岗位的状况。

其次，"双师型"教师具备与自己专业匹配的职业价值。作为具有特定职业工作背景的教育者，应具有相应的职业价值。职业价值主要是对职业的认识和看法，以及在职业工作中所持的取向，这实质是职业人的灵魂和精神支柱。对于高校学生职业价值的培养，首先需要教师具备良好的职业价值观。

再次，"双师型"教师具备与自己专业匹配的职业行为。这实质上是要求"双师型"教师能够将职业中的具体行为实践传授给学生。这需要教师不仅能够胜任与自己专业匹配的某一特定职业，而且在自己的职业教育活动中，能够引入职业工作分析、职业能力分析、职业标准等理论和技术，为开展符合职业规律的职业教育提供指导。

众所周知，我们所从事的职业教育活动是与职业分不开的，没有职业场域，我们所从事的活动就不能成为职业教育活动。在具体的教育教学活动中，"双师型"教师要能够依据职业标准、职业工作属性，合理开发与职业标准对接的课程，确定与职业能力对接的职业教育教学目标，选择与职业工作对接的课程教学内容，实施与职业工作过程对接的教学活动等。总之，"双师型"教师不仅是教育场域中的教育者，也是职业场域中的具有特定职业背景的教育者。

二、技术学视域中的"双师型"教师：技术技能教育者

技术技能属性是"双师型"教师的根本属性之一。如果没有技术技能这一属性，可能只是一般教师，而不是"双师型"教师。从"双师型"教师的存在价值、自身素质、教授内容等方面来看，"双师型"教师是具有技

术技能属性的教育者。

首先,"双师型"教师的价值在于技术技能的积累和传递。职业教育作为一种以技术、技能的传授为主的活动,与普通教育最大的不同在于其教育内容的技术性。实际上,这意味着职业教育的教育者不是单纯地向学生教授理论知识,而且要重在教授学生职业技术。正是基于教授技术、内化技能这一价值维度,国家技术技能发展战略依靠"双师型"教师去传递和积累。从这个角度上说,"双师型"教师是国家技术技能形象,不是一般的教师教育者形象,代表和象征着国家技术技能的发展和传承水平。"双师型"教师承担着建议技术技能强国的中国梦这一使命。制造和使用工具,以及技术的文化传承,乃是人类生存模式的要素,而且为一切人类社会所实践。

其次,技术技能素质是"双师型"教师区别于普通教师的根本标志。职业技术教育作为一种不同于普通学术教育的特殊教育类型,以培养技术技能人才为目的。技术技能人才培养者的素质直接决定了技术技能人才培养的质量。传统的教师是一种学术知识的化身,渊博的知识、高尚的道德被看得很重,而往往忽视教师的技术技能素质。职业教育在技术技能传承的过程中,发现传统意义上知识化身的教师并不能很好地适应技术技能传授的需要,于是强调实践技能的价值。这也就是"双师型"教师产生与存在的立足点。

再次,"双师型"教师主要向高校学生教授技术知识。技术知识的意会属性呼唤这种"双师型"教师。技术知识的情境性,意味着"双师型"教师的培养成长离不开具体的真实生产情境,也意味着"双师型"教师的技术技能教育教学活动开展也离不开企业生产的实际经历。"双师型"教师是与具体生产实践过程密切结合的教育者。"双师型"教师自身的技术技能素质不是架空的,而是落地的,能够将实际工作情境下的技术技能教给学生。

三、文化学视域中的"双师型"教师:文化传承传播者

"双师型"教师是一种特殊的职业教育文化,属于职业教育的亚文化,

也是一种群体文化，体现着"双师型"教师这一群体的价值观念、行为习惯、职业形象、教育信念等。"双师型"教师是文化与企业文化融合的桥梁。"双师型"教师是一种特殊的文化形态和文化象征，"双师型"教师的培养是一个文化过程，"双师型"教师的成长发展依赖于"双师"文化。而"双师"文化的培育是一项复杂的系统工程，需要构建一个政府、高校、高校教师以及"双师"群体共同参与的立体网络。

首先，"双师型"教师是一种职业文化的象征。职业是一个复合型的概念，其既有技术层面的意蕴，也有文化层面的意蕴。职业教育作为指向职业的一种教育活动，同样包含了技术层面和文化层面的双重意义。因此，职业教育不可避免地应该蕴含职业文化这一范畴，职业文化是职业教育的内核。文化泛指人类在社会历史发展过程中所创造的物质财富和精神财富的总和，一般来说可以分为物质、制度、行为和精神这四个层面。职业文化是指流行于不同职业群体中的文化，是人们在长期的职业活动中逐步形成的价值观念、思维方式、行为规范以及相应的习惯、气质、礼仪与风范等，是社会分工发展和职工群体共同参与的结果。它一方面表现为不同的职业群体意识，另一方面则表现为专业的知识、技术和维护职业群体利益及规范的文化制度。它具有很强的专业性和集团性。职业文化包括职业道德、职业精神、职业纪律、职业礼仪和职业制度等内容。依据文化的结构，可以划分为外表层的职业形像、职业行为和职业礼仪，中间层的职业制度和职业规范，内核层的职业价值观等。职业技术教育不能沦落为一种技术训练取向的实践活动，其更为深层次、更为富有真实内涵的是其对于人在社会中生存所需要的职业文化的陶冶。因此，职业教育的价值定位需要聚焦在个体的职业文化取向之上，在技术基础上的职业精神熏陶，形成一种整体的职业文化涵养。"双师型"教师不仅仅是既能教理论也能指导实践的教育者，其更为高远的价值在于其能将一种职业文化呈现出来。

其次，"双师型"教师的培养是一个文化过程，"双师型"教师的成长发展依赖于"双师"文化。文化集中表现为观念和行为，"双师型"教师融学术文化、职业文化和教师文化为一体。据此，"双师型"教师培养的这个文化过程主要是观念和行为的转变发展过程。就观念而言，"双师型"教师个体价值观应该是工作价值观、学术价值观、教育价值观三者的有机融合。就行为而言，"双师型"教师的教育行为从单纯的学问知识传授转变为行动实践操作的行为。

再次，"双师型"教师文化影响着高校学生的职业能力发展。"双师型"教师把"工业文化融入高校，做到产业文化进教育、工业文化进校园、企业文化进课堂"。职业教育办学实践表明，"双师型"教师身上所表现出来的企业生产实践经历对学生所产生的影响更深远，"双师型"教师的企业生产实践经历使学生对企业工作有更多更深入的认识，影响了学生的职业价值观、职业态度、职业工作技能等方面的素养。

四、知识学视域中的"双师型"教师：复合知识结构的统合者

教师知识结构的研究对加速教师培养和提高教师素质在理论和实践两方面都有重要的作用和影响。倘若要推进教师专业化，就必须证明存在着保障专业属性的"知识基础"，阐明教师职域里发挥作用的专业知识领域与结构。在教师的专业发展中，知识处于核心地位。所谓知识，就是人们对客观事物信息的反映以及对信息的储存、加工、提取的产物。知识是个体从事专门活动所需素质的基础："双师型"教师作为复合型的教育活动者，必然有其特殊的知识结构。教学若被视为一种专业，则首先需要教师具有专门的知识与能力：教师要学习应该教的知识和如何教授这些知识的专门知识。"双师型"教师知识就是指作为"双师型"教师在其教育教学活动中所具备的知识，不同于一般教师知识结构的特点，应体现出"双师"的特点。作为复合型素质的教师，其知识必然也是复合型的，同样具备学术性、师范性和职业性的特点。因此，综合考虑"双师型"教师的复合型素质，我们可以看出应该包括教育知识、专业知识和职业知识三大类，这三类知识保障了"双师型"教师的学术性、师范性和职业性。一般来说，个体的活动可以划分为三类：一类是认知活动，另一类是实践活动，以及在这两类活动的基础上形成的第三类活动，即价值评价活动。实际上，"双师型"教师在其教育活动中也有三种类型，即认识或认知活动、实践活动和反思

活动。那么为完成上述三种活动，其应有三方面的知识结构，即认识性知识、实践性知识和反思性知识。"双师型"教师知识构成如下。

（一）**专业知识**

"双师型"教师要胜任某一专业的教育教学工作，必须要具备这一专业领域的知识，既有认识层面的，也有实践层面的和反思层面的。因此，其应具备专业理论知识、专业实践知识和专业反思知识。

专业理论知识是"双师型"教师应具备专业方面的理论知识，旨在合理科学地认识专业，涉及某一专业领域的多方面学科知识。以机械制造与自动化专业的教师为例，需要具备机械制图、工程力学、机械设计、机械制造工艺学等方面的专业知识。

专业实践知识是指专业领域的实践性知识。主要涉及专业教育活动中的实训、实验方面的知识。在"双师型"教师所从事的专业教学实践中，还存在着如何将实践操作技能的知识教给学生的问题，这就是如何教学生学习实践技能的实践性知识。除此以外，还包括专业改革、专业建设方面的实践性知识，即具备制定专业人才培养目标、专业课程设置、专业人才培养方案等方面的知识，以及专业教学实践知识，即指如何开展专业教学活动的操作性知识。

专业反思知识是对所从事专业的理论与实践进行反思的知识，实际上是一种对专业本身的元认知知识，属于整体性的知识范畴：诸如，某一专业为何而存在？作为"双师型"教师不是简单地从事自己的专业工作，而是从事专业教育工作。专业活动与专业教育是有差异的，实际上如何高效地将自己的专业素质转化为专业教育工作，这需要教师对自己的专业活动进行整体性的认识和批判，实质上也是教师如何认识自己的专业、专业价值和专业教育的问题。

（二）**教育知识**

"双师型"教师是教师，就应该具备教育方面的知识。具体包括教育理论知识、教育实践知识和教育反思知识。

教育理论知识是指理解职业教育教学世界的客观特性及其关系的知识，即是什么、怎么样的知识，具体包括教育学知识、心理学知识、教学论知识、课程论知识、学生知识、教育管理知识等。主要是掌握一般的教育理论，旨在为教师的教育教学活动提供观念性的引导。

教育实践知识指教师凭借个人的生活经验、人生哲学以及人生信念，高度综合并内化学科专业知识、教育心理学知识以运用于具体的教学实践情境中的知识形态。"双师型"教师的实践性知识是其有效从事教育教学工作的前提条件。"双师型"教师的实践性知识既来自学习的外界已有的实践性知识，也来自教师自身在长期的教育实践中所生成的智慧。实际上"双师型"教师的实践性知识包括了作为"双师型"教师群体的公共实践性知识和作为"双师型"教师个体的实践性知识。教师实践性知识是在实践中建构、关于实践且指向实践的知识。

教育反思性知识是在认识性知识与实践性知识的基础上，旨在明确为什么要开展这样的教育教学实践活动，什么样的活动是合理的、有效的、良好的，职业教育活动和过程到底如何等，这样一些带有价值性、评价性的反思性知识。"双师型"教师的教育反思知识主要是指其所具有的关于教学过程、教学效果、学生学习结果的评价与判断的知识，并能根据评价反馈对自身教学活动作出及时改进与调整的知识。正如有的研究者所认为的，教师应具有效果反馈的知识。效果反馈的知识指教师对学生的学习结果进行效果评测及调整学习方式的知识。为了提高教学质量，教师在课堂教学时需要对学生的学习结果进行评价，从而获得学生是如何学习的，已经学会了什么，哪些还不会、需要进一步学习的信息。好的评价不仅显示学生会做什么，而且指出学生的错误，以及这些错误的原因。

（三）**职业知识**

"双师型"教师作为教授职业知识、职业技能的教育者，不仅要掌握专业知识，同时应该具备相关的职业知识。"双师型"教师的职业知识也可以分为三方面，即职业理论知识、职业实践知识和职业反思知识。

职业理论知识包括多个方面，首先是一般的职业科学理论知识，比如关于技术技能人才成长规律、职业背景知识、职业标准、职业指导、职业测评等方面的理论知识。职业理论知识同时还包括具体的某方面职业的理论知识，涉及某一职业的价值观、职业文化、职业制度等。这就需要教师能够及时掌握企业信息，了解技术发展变化的趋势。在教学中融入相关行业企业岗位技能要求和知识，在教学中介绍行业新技术、新方法、新工艺、新知识。

职业实践知识是一类关于某一职业活动中如何实践操作的知识。主要表现为工艺过程和生产流程的知识，实际上是在真实的工作场景中如何操作、如何制造、如何加工的知识。以机械制造与自动化专业教师为例，应该具备在相关职业活动中所对应的职业活动方面的知识，能够熟悉机械加工制造方面的生产过程，拥有如何进行机械制造和加工的实践性知识。

职业反思知识是对职业理论及相关职业活动中的加工生产过程进行反思的知识。主要表现为在职业工作过程或职业技能操作过程中，对自身的观点、认识和行为实践的评判和反思。"双师型"教师在教给学生职业技能和操作能力的教育教学过程中并不是单纯地线性式传递知识和演示技能，而是一个教师在与学生的互动中自身对职业技能的反思过程。善于运用反思性知识对自己所教的职业知识和职业技能进行重新认识与自我监控的教师，对学生进行技能教育往往更有效。

"双师型"教师的知识结构具有以下特征。

首先，理论与实践并重的"双师型"知识结构。认识性知识和实践性知识的结合实际上意味着理论认识与实践知识的并重。"双师型"教师的实践性知识具有情境性、默会性、个体性等特点。所谓情境性，主要是指"双师型"教师的实践性知识是在职业教育实践中对具体问题的解决过程中体现出来的，是针对特定情境的解决特殊问题的知识。所谓默会性，是指"双师型"教师的实践性知识在很大程度上是难以用语言表达出来的，很多时候处于内隐状态，只有拥有者自身有所体会，是一种教师个体在长期的教育实践中摸索和领悟的知识。所谓个体性，是指"双师型"教师的实践性知识并非像认识性知识那样具有普遍性，而是针对不同的情境和不同的个体具有非普遍性，是一种个体的知识。

其次，突出反思性知识的意义。反思是教师成长的起点。目前，在对教师的研究中普遍将反思作为教师的一个重要品质，在关注"双师型"教师的理论知识和实践性知识的同时，应该将一种能够推动理论认识和实践的反思性知识作为重要的知识结构领域。"双师型"教师的反思性知识着重指的是其在职业教育教学活动中能够有效观察、批判、评价自身认识与行为，并自主生成构建新认识和践行新行为的那种意识观念。总之，"双师型"教师知识是教师在一定认识性知识基础上，并在实践过程中通过个人自我反思所形成的一种知识，是整合化、个性化知识的混合体。

"双师型"教师知识结构的形成需要一种整合化的路径，体现在课程、教学和成长等多个方面。一是构建"专业教育、教师教育与职业教育"相结合的课程结构。"双师型"教师需要专门化培养，职业技术师范院校需要构建一种"专业教育、教师教育与职业教育"相结合的课程结构。专业课程能够保证其专业知识，教师教育课程能够保证其教育知识，职业课程能够保证其职业知识。比如，机械设计制造教育专业的课程体系就包括机械工程、机械设计制造方面的专业课程，职业教育学、职业教育心理学、机械类专业课程与教学论等教育类课程，机械设计制造类职业工作、机械设计制造领域新技术等职业类课程。二是实施"认识性、实践性与反思性"三元素相整合的教学活动。技术教育的质量评估依赖于教师知识的质量。"双师型"教师的认识性知识通常可以通过阅读文献和聆听讲座获得，即通过理论学习即可获得，这类知识包括专业知识、教学知识、课程知识、教育学、心理学和相关的原理性知识。而"双师型"教师的实践性知识主要指教师在教育教学实践中实际使用的关于如何教学、如何操作的知识，即专业教学知识。"双师型"教师的反思性知识是其在教育教学实践中对自身及自身教学工作的反思和价值评价的知识。教师的成长是从经验中反思，教师行动来自教师经验；通过反思实践，教师重新解释与建构他们的经验，从而促进专业知识的形成。通过反思实践，教师从不同角度重新解释与建构他们的经验，从而促进专业知识的发展。在具体的师资培养教学活动中，应综合考虑教师的认知、实践和反思三方面素质的发展。三是"学校与企业、工作与学习、理论与实践"跨界性的学习方式。"双师型"教师的专业知识、教育知识和职业知识并不是仅仅在学校里通过理论学习所能够获得的。这种三元知识结构的复杂性也就决定了其学习方式是一种多样的跨界。需要教师行走于学校和企业之间，通过学校积累自身的理论知识，通过企业实践构筑自身的实践知识。"双师型"

教师的知识获得也不仅仅依赖于教师自主学习，个体的实践性知识积累和反思性知识的升华很大程度上依赖于自身在工作过程中的体验和感悟。总之，"双师型"教师的复合型知识结构需要采取"学校与企业、工作与学习、理论与实践"等跨界性的学习方式。

五、复合视角诠释"双师型"教师：多重素质的职业技术技能教育者

通过前文分析来看，我们可以从不同的角度解析"双师型"教师中的"双师"，理论与实践也好，学校与企业也好，教学与生产也好，毕业证与职业资格证也好，教师与工程师也好等，最终我们难以穷尽"双师型"教师的丰富内涵，我们已经无法将其限定在"双"这一层面上去认识。与其这样，我们不如换一种思维方式，将"双"视为一种统一、整合的标签，事实上"双"所产生的功效是整体、整合。另外，"双师"其实是从素质的角度去界说职业教育教师的，"双师型"教师是职业教育教师素质的代言，"双师型"教师是职业教育教师发展的理想形态。因此，我们更倾向于从复合的视角整体诠释"双师型"，即具有多重素质结构的技术技能教育者。

第二节 "双师型"教师的人才特征

在某种程度上说，"双师型"教师是一种特殊的复合型人才，在其素质结构的多个维度上体现出复合性。具体表现为：

一是理论与实践的统一。"双师型"教师既具备一定的理论素养，又具备相关的实践技能。理论素养体现为专业理论和教育理论方面，懂得专业基础理论，掌握如何教书育人的理论；实践技能体现为掌握与生产实践相关的职业技能和与教育工作相关的教师技能。生产实践相关的职业技能要求"双师型"教师掌握专业操作技能与方法及新技术在生产中的应用，具备专业方面的组装、调试、设备使用、维修或工具软件的应用能力，以及

工程设计、技术开发和发明创新能力。也可以说,"双师型"教师在具备教育理论与实践、专业理论与实践的统一素质。

二是教学与研发的统一。"双师型"教师不仅仅是理论教学和实践教学工作者,而且是应用技术的研发者。"双师型"教师参与企业相关研发工作,帮助企业克服技术难题,开展应用研究。"双师型"教师的研发能力主要是为满足当前行业企业的应用技术服务需求,主要包括技术创新能力和技术开发能力,它不同于普通学术型高校教师所开展的基础理论研究,"双师型"教师所开展的研究属于技术应用型的研发。

三是知识与技能的统一。"双师型"教师素质是知识与技能的统一。知识素质主要是指其所具备的教育知识、专业知识等方面;技能表现为实践教学中的技能指导能力,与行业发展实际相结合的技术跟踪能力,以及实际操作技术开发能力。

四是教育与专业的统一。"双师型"教师身上统一着两个领域的知识、能力、素质,最终是教育领域的教师资格证和某一专业领域的职业资格证"双证"的统一。实际上是横跨两个工作,是具体指向某种职业的专业与指向教师职业的教育二者相互融合、相互促进,成为专业教育工作者。总之,"双师型"教师是专业、教育和职业三方面素养的统一,具体包括如下。

"双师型"教师应具备相应的专业素养:理论知识层面体现为掌握所从事专业的基本理论体系;实践应用层面体现为能够在实践中熟练应用所学专业理论知识,具备较强的专业实践能力;研究创新层面体现为能够在该专业领域进行科研创新。

"双师型"教师应具备相应的教育素养:理论知识层面体现为掌握扎实的教育理论;实践应用层面体现为能够高效从事专业教育工作;研究创新层面体现为能够开展专业教育研究,在专业教学论、专业课程论、专业教育心理等方面有所建树。

"双师型"教师应具备相应的职业素养:理论知识层面体现为能够掌握与专业相近的职业信息,并能将最新的职业动态和技术变革信息融入自身的专业教育工作之中;实践应用层面体现为能够在相近的职业技术领域熟练操作,取得匹配的职业技能资格证书;研究创新层面体现为能够应对技术变革和职业发展过程中的挑战而开展职业动向方面的理论与应用研究。

二、职业角色的专业性

首先，从"双师型"教师产生的背景过程看，这是专业化价值诉求的产物。"双师型"教师是我国职业教育教师专业化探索过程中所形成的一种特殊的教师职业身份，体现出的是一种专业性的价值追求。"双师型"不仅是对一部分职业教育教师的要求，而是对所有职业教育教师的要求。"双师型"教师是职业教育教师的专业化职业身份代言人。

其次，从"双师型"教师的资格标准来看，以教师资格证和职业技能证组成的"双证"标志着其职业身份的专业，"双师型"教师的另一角色是特定专业或行业的专家，这是"双师型"教师的专业特色，是职业教育教师区别于普通教育教师的最明显、最关键、最核心的特点。

再次，从"双师型"教师的培养来看，需要专门化的机构和途径。单靠工厂企业或普通高校（包括普通师范院校）均不能培养出"双师型"教师，进一步说明"双师型"教师的不可替代性和专业性，需要专门化培养。正如有研究者主张，"双师型"教师的形成，需要通过校企二重途径和四种经历，即工程技术教育经历、工程技术实践经历、职业技术师范教育经历、职业技术教育实践经历。"双师型"教师甚至意味着他们需要通晓三个专业：一个是学术性专业，一个是教育性专业，还有一个是工艺性或职业性专业。

总之，"双师型"教师已经自觉不自觉地成为一种职业教育教师的专业化形象，"双师型"教师是一种专业。当前职业教育领域中探讨"双师型"教师专业素质、专业发展、能力结构等方面的话题是对其专业性的深化和推动。从根本上进一步研究"双师型"教师专业标准问题就显得尤为重要。

三、成长过程的实践性

"双师型"教师的成长过程是一个实践过程。关于什么是实践，有着多元化的理解。亚里士多德将指导实践的理性称为实践智慧，认为它只在具体的情境中证实自己，并总是置身于一个由信念、习惯和价值所构成的活生生的关系之中——即是说，在一个伦理之中。伽达默尔（Hans-Georg Gadamer，德国）主张，"首先人们必须清楚'实践'一词，这里不应予以狭隘的理解，例如，不能只是理解为科学理论的实践性运用。当然，我们所熟悉的理论与实践的对立使'实践'与对理论的'实践性运用'相去甚远，而且可以肯定的是对理论的运用也属于我们的实践。但是，这并不就是一切。'实践'还有更多的意味。它是一个整体，其中包括了我们的实践事务，我们所有的活动和行为，我们人类全体在这一世界的自我调整。我们的实践——它是我们的生活形式。在这一意义上的'实践'就是亚里士多德所创立的实践哲学的主题。"德国当代著名哲学家哈贝马斯（J. Habermas）在其名著《知识与人类兴趣》一书中系统阐述了其兴趣理论，主要是对人类理性的基本看法。他认为人类存在三种基本的兴趣——"技术兴趣""实践兴趣""解放兴趣"。"技术兴趣"是指通过合规律（规则）的行为对环境加以控制的人类基本兴趣。"实践兴趣"是建立在对意义的"一致性解释"的基础上、通过与环境的相互作用而理解环境的人类基本兴趣。"解放兴趣"是人类对"解放"和"权力赋予"的基本兴趣，这种兴趣是一种人类自主的行动。哈贝马斯认为，指导着人们对自身的交往活动进行处理和认识的就是"实践的认识兴趣"。它是通过"语言"这一媒介而形成的，其所涉及的对象领域是"关于人及其表现的对象领域"，所关心的是人与人相互间的"可能的解释"。对它来说，为形成"可能的认识"而凭借的基本范畴是"解释"，它引导出"历史的解释的科学"。它发生在主体与主体之间，体现了平等对话的关系，有别于技术兴趣中主客体间一方凌驾于另一方的控制关系。实践行为受"善"的观念的指导，它不仅要求行为的目的为善，还认为行为过程本身就应体现善，从哲学家们的视野中可以看出，实践绝不是简单的行动或行为层面的应用与活动，实践渗透着主体的个性张扬、承载着人类群体的伦理价值、凝聚着人与人之间的人文关怀。

同样，"双师型"教师成长过程的实践性有着丰富的内涵。首先，"双师型"教师成长过程的实践性意味着"双师型"教师的成长在互动的环境中，在与他人的交往中进行。21 世纪初，美国学者芬韦克（Fenwick）通过研究指出，近十年来，教师的专业发展出现了两个非常重要的趋势：一是越来越试以"教师终身学习"一词来代替"教师专业发展"；二是从注重教师个体学习转向通过实践共同体来促进教师学习。其次，"双师型"教师成长过程的实践性意味着"双师型"教师是个性的价值体验。教育实践不只是简单地把所学的知识应用于实践，而是需要"教师的判断"这个中介，即在不确定的情况下，教师必须学会变化、适应、融会贯通、批判、发明。实际上，"双师型"教师的成长不是模式化的、理论灌输的和技术改造的过程，而是一个自身不断批判反思的发展过程。进一步说，"双师型"是一种生产实践艺术与教育教学艺术的融合。再次，"双师型"教师成长过程的实践性意味着"双师型"教师成长根植于真实的特定的情境中。从现有高校教师的来源来看，多数教师是从非师范高等院校毕业后直接上讲台，大都缺乏教育实践经验和企业实践经历，自身的技术应用能力和实践操作能力不强，不能给学生良好的技术示范和指导。而"双师型"教师的成长离不开长期实践，因此，"双师型"教师的成长过程是教师教育实践过程。另外，"双师型"教师所面对的学生不同于普通教育的学生，有其特殊性。教育对象的特殊性要求教育者具备更加丰富、独特的教育知识，要能够深入把握高校学生的特点，具备相应的教育观和学生观，同时依赖于丰富的教育实践经验。这在很大程度上也需要"双师型"教师在教育实践过程中不断成长。因此，"双师型"教师的成长过程是企业生产实践过程。

总之，"双师型"教师的成长过程离不开实践性智慧。教师教育工作不同于其他职业之处在于其育人性，体现出育人的艺术，教师的教育艺术不是简单的教育技术，在很大程度上与其实践性智慧分不开，即"双师型"教师是一类培养应用型人才的教师，这类教师旨在教会学生职业技能、技术技能的应用实践。

正如有研究者认为，"双师型"教师对大学生就业质量的提升具有正向的促进作用，"双师型"教师通过提升大学生感知授课质量和课外就业帮助进而提高学生就业质量。"双师型"教师有着丰富的实践经验，能为学生提供贴近实际工作情况的教学。此外，还可以将原有的社会资源优势转化为课外就业帮助优势，对学生的就业给予有效的指导。

"双师型"教师是职业教育的重要办学特色。只有培养足够的"双师型"教师，才能真正实现职业教育大发展。只有培养"双师型"教师，才能真正提高等职业教育的质量。只有培养"双师型"教师，才能真正满足企业的发展需要。只有培养"双师型"教师，才能真正促进职业教育公平。只有培养"双师型"教师，才能有效增强教师的文化传承能力。"双师型"教师能够知道企业用人的需要，掌握企业生产最新技术工艺，能够根据需要开展有针对性的教学工作，能够培养符合企业生产需要的技术技能人才。

"双师型"教师能够将职业与专业、知识与技能相融合，集职业素质、专业知识和精湛技能于一体，成为专业建设的实施主力。其在专业建设的多个环节中发挥着不可替代的作用与影响，是高校专业建设的主力军和核心竞争力。以课程开发为例，"双师型"教师在课程开发与建设中的作用与影响重大，"双师型"教师了解相关专业高技能人才岗位所需的知识、能力、素质，他们能够较好地设计课程体系和教学内容，因而能够支撑培养目标的实现。他们与企业专家合作开发具有工学结合特色的教材，在课程开设、教材建设和精品课建设中，发挥核心骨干作用。

此外，"双师型"教师的价值功能应用性还表现在其社会服务能力上，主要是指对企业员工的技能培训和为企业生产提供的技术研发。实践证明，"双师型"教师在专业建设、产学研、校企合作和提高应用型人才培养质量等方面发挥的作用明显，起到了领军人才的作用。

第三节 "双师型"师资队伍建设的基础认知

一、对双师型教师各种认识的分析

依据文献资料，关于什么是双师型教师这一问题的讨论大致可以归纳为"立论派"和"驳论派"两个流派。其中，"立论派"重在直接回答这一问题，主要有两种观点，一种认为"双证"即"双师"（或者"双师"需"双证"）。另一种则认为"双职称"即"双师"（或者"双师"需"双职称"），即认为双师型教师就是既有教师职称又有工程师职称的教师。"驳论派"则是针对双师型教师标准的政策规定和"立论派"的观点进行分析，甚至质疑。如"双能力"说，有观点认为，双师型即教师型和技师（工程师）型，既要有从事教育工作的理论水平和能力，又要有技师（工程师）的实践技能，使专业理论课教师技能化，实习指导教师理论化，以利于应用型高校培养目标的实现。又如"双层次"说观点认为，高校教师就是各级各类高校中既能讲授专业知识，又能开展专业实践；既能引导学生人格价值，又能指导学生获得与个人个性匹配的职业的一类复合型教师。归纳起来，即为"双层次"型教师。第一层次为能力之师，即经师（经典专业知识）+技师（精湛专业技术）；第二层次为素质之师，即人师（价值引导）+事师（职业指导）。

（一）"双证"不一定是"双师"

在当前情况下，将"双证"作为判定双师型教师的标准除了其证书与实际能力的等值性值得怀疑以外，还不可避免地存在着技能滞后的缺陷。随着技术的进步、产业结构的调整，社会上一些职业更替的频率也在加快。与此相应，应用型高校的专业设置也要不断地更新，那么，专业课教师应该拿多少证书才能跟上变换的节奏呢？对这一问题进行深入分析，我们不难发现，当前条件下双师型教师的标准的可操作性与能力的等值性之间并不是相匹配的关系。

从教师专业发展的角度来看，双师型教师队伍的建设应重在专业课教师专业素质的提高，在当前条件下，应特别注重他们的专业实践能力的提高，而不应该是技能等级证书数量的增加。更何况，在目前我国劳动就业准入制度和职业资格证书制度还不完善的条件下，职教专业课教师拥有的技能等级证书（或职业资格证书）越多，从某种程度上说，也越增加了其专业能力的可疑性。照这样下去，我们将无法达到建设一支具有"双师"素质的教师队伍的目标，而只能是一支"双证"大军。

根据国外职教教师的标准来看，要求专业课教师取得技能等级证书和职业资格证书是保证教师专业素质的一项非常有效的措施。这些证书的含金量有完善的劳动就业准入制度和职业资格证书制度的支撑，有应用型高校和企业之间成功的"产学研"结合机制的支撑。并且在这一机制下，学校可以聘请大量的生产、管理、建设第一线的人员做兼职教师，有效解决了技术进步快与教师专业技能更新慢之间的矛盾。

在当前条件下，大量具备"双证"的职教教师不一定就具有双师型教师所要求的能力；然而，我们并没有否定，"双证"作为达到双师型教师能力要求的标准的意义和价值。尽管如此，从另外的角度来讲，"双师"也未必"双证"。只要职教教师在一定有效的机制下能够达到职业教育教学所需要的"双师"素质，为何还要去拿"双证"呢？实际上，如上所述，没有有效的机制做保障，即使职教教师拿到了"双证"，也未必能够达到"双师"素质的要求。

（二）双师型教师不是教师和工程师（或教师和技师）的简单叠加

第二种观点即是"双职称"说，这种观点从教学和生产两种不同的岗位来强调双师型，认为职教教师应该既能当教师也能当专业技术人员。它又有两种不同的说法：一是职教教师应该既是"讲师"也是"工程师"；二是职教教师应该既能当教师也能当工人。教师和技师或工程师的工作所面对的对象、在生产中的地位以及具备的能力是不同的。因此，"双师型"教师并不是教师与技师或工程师的简单叠加，而是两者在知识、能力和态度等方面的有机融合，"双师型"教师不能简单理解为既具备教师的能力，又具备技师或工程师的能力。

对于什么样的教师是双师型教师，目前文献当中还没有统一的认识和标准，不同的观点体现了研究者对于双师型教师的不同理解。然而，这些理解多是专注于教师个体的发展，认为双师型教师就是理论课教学和实践技能课教学一肩挑。但事实上，正如很多研究者担心的一样，在我国职业教育发展的过程中，很多教师，特别是老教师由于现实环境、专业背景、个性心理的不同，很难在短期内转化成这种个体化的双师。例如，有的教师是通才型的，既是理论专家，又是实践高手，但有的教师只擅长于理论研究和教学，或者只是动手能力很强。因此，不能一概而论，而应区别对待，发挥各自的优势。所以，对双师型教师的理解不应该局限于教师个体，双师型教师的内涵应该是更加广泛的，既包括个体的双师，又包括基于群体结构考虑的双师。从教师群体角度看，打造专兼结合的结构型双师队伍是职业教育理论界在进一步认清现阶段实际情况的基础上，对双师型教师认识由感性思维向理智思考转变的产物。在高校职教师资建设还不够成熟的阶段，群体结构双师型教师理应是其概念中的一部分。一般认为，个体结构的双师是基于教师的个体而言的，以"能力"为视点展开，指具有专业理论知识教学能力和实践操作教学能力的教师；整体结构的双师，是指从教师的整体结构而言，具有二元的特征性。其中一元主要是专任教师，具备深厚的专业理论知识，熟悉教育教学规律，但是实际动手能力并不强；另一元则是实际动手能力很强，能够胜任实践指导课，主要由外聘的兼职教师构成的教师队伍。在批判和吸收前人研究成果的基础上，从高校教师的长远发展考虑，个体结构的双师应是贯彻于职业教育教师队伍建设始终的，是职教教师队伍建设的终极目标，而整体结构型双师更多的是一种针对职业教育内涵发展初级阶段的权宜之计，是双师型教师队伍建设中的一个阶段。之所以作出这种判断，是因为未来的工作结构和复杂技艺更多地需要人们有一种对知识和技能的整合能力，即自学能力、合作能力、创新能力、自我管理能力等越来越受社会关注的、被称为"关键能力"的因素。而这种能力的获得必须依靠新型的教学理念和方式，融合好理论知识和专业技能的传授方式。显然，群体结构的双师队伍把理论课学习场所和专业技能学习场所分离的做法能否满足未来社会对职业教育人才的新需求是令人质疑的。这一质疑正如对高校教师和工作场所培训师能力的挑战一样，一方面工作场所的培训师无法解释特定行为产生的条件及其结果，而另一方面应用型高校的教师也不知道他们讲授的理论在实践中应用的情景。因此，从长远来看，个体双师和群体双师的关系既不是单纯的"二元互补"，也不是"先群体，后个体"的先后顺序式，而应该是一定阶段有所侧重的"双元并存"，再到最终完全专业化、成熟的个体双师型。

无论是个体结构的双师还是整体结构的双师都应该具有教师的基本素质和能力。高校的教师，无论是专任教师还是兼职教师都不能忽略了作为一名教师的最基本的要求，即要具备良好的职业道德、科学文化素质和教育教学能力，不仅可以胜任培养学生知识和技能的教学任务，还要树立

"以人为本"的教育理念，强调对人的关怀和尊重，注重自身魅力的塑造。

二、对双师型教师队伍建设途径的分析

近几年来的文献资料对于如何进行双师型教师队伍建设也进行了一些探讨，在这些研究当中，很多观点都联系我国当前应用型高校的实际情况，一些措施和做法也较有实践意义。

（一）加强师资培训

双师型教师队伍建设的途径主要包括培训现有教师、引进"双师"人才、聘请兼职教师等。很多研究者认为，对应用型高校的现有专业课教师进行培训是建设双师型教师队伍的首要途径。其中，培训包括两种类型，即校本培训和校外培训。所谓"校本培训"是指在教育行政部门和有关业务部门的规划、指导下，以教师任职学校为基本培训单位，以提高教师教育教学能力为主要目标，把培训与教育教学、科研活动紧密结合起来的一种继续教育形式。校本培训的实施方式主要有：①在学校领导及管理人员的协调、组织下，名优教师、专业教师和实训教师结成师徒，通过名优教师的传、帮、带、导，尤其是充分利用现代化教学手段，促使其理论水平和实践能力得到迅速提高；②聘请职教师资培训基地的相关专家或生产第一线具有丰富经验和相当技术等级的技术人员，利用寒、暑假时间对在职教师进行短期培训；③反思性教学，即教师借助行动研究，不断提高自身素质、明确教学目标以及丰富教学方法等，将"学会教学"与"学会学习"有机结合起来，按照"教育问题—计划—行动—反思"的步骤开展研究，以提高自己教育理论与教育实践的合理性与针对性。同时，立足校内，创造实践条件，认清双师型教师是培训工作的着眼点，也是当前双师型教师队伍建设的最根本的途径。而要创造条件，就要加大对实践性教育环节的投入。首先要建立和完善功能齐全、设备配套、软件丰富的模拟室、实验室，让教师有一个学习和实践操作的机会，在满足实践教学的同时，教师得到提高；其次是建立实习基地，如设计室、实习工厂，使教师既承担理论教学，又承担部分实践性工作，掌握技能；再就是鼓励并组织教师参加课程

设计、课程实习、毕业设计等实践性教学环节，在指导学生的同时，提高教师自身的能力。此外，依托社会，采取挂职方式，实施校外培训也是培养双师型教师的一个重要的途径。由学校根据专业和学科特点，有计划地安排教师到一些企业或科研单位挂职学习，在完成教学任务的同时，提高实践能力和应用能力。教师在挂职期间，要参与一项工程或一个经济循环、一个开发项目、一个课题等，在知识的应用领域得到锻炼，并从中获取课堂教学所需的生动素材。除此之外，积极寻觅、挖掘专门人才，引进双师型教师不失为双师型教师队伍建设的一条快捷、有效的途径。因为在企事业单位及各类经济实体中，不乏博学善讲、具有教师素质，同时又有丰富的实践经验和操作能力、善于解决实际问题的专家，他们实际上是理想的双师型人才。如果把这部分双师型人才引进学校，不仅可以满足教学急需，还能为相关专业及课程建设带来生机，也为同专业的教师培训树立了样板。但是，这样的人才易觅而难得，毕竟肯自觉放弃优越条件而献身于清苦的职业教育的人士目前还太少太少。除了挖掘专门人才、引进双师型教师之外，有些研究者也认为可以聘任科研、企事业单位优秀的科技工程技术人员、管理行家、技术能手等作为学校的兼职教师。应用型高校要实施开放办学，走校企、校厂联合的办学之路，不但可以优势互补，增强办学活力，提高效益，而且能够利用校企联合，从生产第一线聘请有实践经验又能胜任教学任务的兼职教师，不失为培养双师型教师途径的一种良好补充。但是，在引进"双师"人才和聘任兼职教师方面存在着一定的困难。这一困难的解决，需要一种政府、企事业单位和应用型高校都处于适合于各自的地位的有效机制。实际上，培训现有职教教师也离不开这一机制。

（二）创新"产学研"结合机制

双师型教师队伍建设可以采用多种途径。然而，无论是在职教师的校外培训，还是聘请兼职教师或者引进专家能手到应用型高校任教，都必须坚持"产学研"结合的办学思路。

建设双师型教师队伍，必须实现几个转变：教师的能力结构由知识型向技能型转变；教学方式由传统的一支粉笔、一本书向实践教学转变；教学内容由封闭型向开放型转变。而要实现这些转变，就教师而言，学校可以组织他们分期分批到现场顶岗挂职，学习生产技能、管理知识；到科研、设计单位兼职、合作，承担科研课题，参加项目设计，鼓励教师岗位自学进修；积极支持和组织教师参加有关学术组织和学术交流研讨活动；从生产实践中选取毕业设计和毕业论文题目；办好学校实习工厂，有定型产品的生产任务，教师轮流承担产品设计、工艺、管理等专业技术工作；聘任科研、企业单位优秀的工程技术人员、管理行家为学校兼职教师等。上述的行为，没有"产学研"结合的机制是无法实现的。也有的研究者从省时高效的角度指出，对在职教师的各种培训，包括校内培训和校外培训都能够在一定程度上提高他们的"双师"素质。但是，这样无法满足多、快、好、省地建设双师型教师队伍的需要。因此，实施产学合作教育能够克服其他途径的弊端，是培养具有"双师"素质的教师的最佳途径。

（三）建立健全评价制度和激励制度

双师型教师队伍需要建设，重在建设，还要保障建设。因此，建立健全双师型教师的评价制度和激励制度是双师型教师队伍建设的重要保障。有的研究者提出了三点保障措施：首先，应用型高校要把双师型教师队伍建设纳入学校教育发展总体规划，建立继续教育的培训制度，根据教师的年龄、学历、经验制订具体的培训计划，不同情况区别对待；其次，通过应用型高校与产业部门联合办学渠道，采取一定的措施，鼓励教师尤其是专业教师和实训教师走出校园到生产第一线参加实践，以提高他们的专业技能和技巧；再次，充分运用补贴、晋升职称、合理调配等手段，努力为双师型教师营造良好的工作、学习、生活和发展的氛围，并在此基础上严格要求，比如可以规定凡参加劳动主管部门组织的技术等级考核不合格者及应考而未考者，均视为不合格教师，学校可以解聘等，逐步实现双师型教师队伍建设的规范化、制度化。

就目前的研究来看，对于双师型教师的认识已经从标准的认定深入到素质的分析，并提出了一系列双师型教师队伍建设的策略和途径；肯定了双师型教师的提出在当前背景下的理论价值和实践意义，讨论了双师型教师的标准和双师型教师队伍建设策略的可行性。

第四节 "双师型"师资队伍建设现状分析

一、我国高等院校师资队伍建设的现状分析

(一)公办高等院校师资队伍建设现状

1.教师来源单一

公办高等院校从整体上看,由于是由各级政府出资建立起来的公共教育资源,有着明显的政府主导特性,与人才市场的需求变化尚不能完全对接起来。在接受教师和人才引进上,还是以严格的程序、相关部门的审定为依准,并没有完全地考虑到将来的用人市场及报考学生专业选择进行偏转的可能性,因此主要是引进科班出身的、涉世不深的大学生。师资来源渠道非常单一,很多教师都是从校门到校门的转移,没有经历过企业工作的锻炼,因而对一线工人、技术人员怎样思考、如何解决现实问题的套路了解很少。

2.外聘教师高层次人才比例低

很多学校按照上级要求加大兼职教师的引进聘任力度,但由于不是高校自身体制内的固定人员,这样很容易出现重视聘任走形式、轻视管理要效益的现象。还有,专任教师的整体学历层次也偏低,这也是政府举办的高校在今后发展中师资队伍建设亟待解决的一个问题。

(二)民办高校师资队伍建设现状

1.兼职教师比例不高

很多兼职教师来自其他高校的在职或退休的教学人员,他们大多是曾经长期负责普通基础课教学任务的一线教职员工,而来自行业企业的兼职专业教师实际比例并不是很高,兼职教师队伍的来源结构还需要进一步优化。

2."双师型"教师比例偏低

"双师型"教师是高校适应新时期人才培养模式改革必须具备的硬条件。民办高校"双师型"教师的比例偏低,也不同程度地影响到生源的数量和质量,必定会影响到技术应用型技能型人才培养水平的提高。

(三)校企合办院校的师资队伍建设现状

行业企业举办的高校具有校企合作的天然优势和稳定的机制保障。在

教师队伍中，这类院校"双师型"教师比例明显高于其他类型的高校。在合作办学中，企业行业可以在本领域内择优选出合适的教师资源到学校任教，弥补学院式师资的不足和缺陷；同时也可以为学生提供最佳的实习实训场所，从而避免出现高校闭门办学、脱离生产一线实际的困境。高校在与企业行业联合办学和协作发展中，也会洞悉生产一线的发展动态，提高专任教师的职业认知能力，有利于学生提前熟悉工作环境，为适应职业能力提升做好全方位的准备。

这些院校通过稳定的合作机制把行业、企业、高校几方牢牢捆绑在一起，成为利益的共同体。企业行业成为高校的主办方，他们为了促进人才培养更加贴近实际需求，必然会加大对学校的支持力度，在人力资源方面，选派更多的具有实际企业工作经验的教师进入高校参与教学实践。学校方面安排专业教师到企业开展稳定的顶岗实践的需求也能够顺利得以落实和实施，也为企业的专业人才和真正的能工巧匠到学校担任兼职教师提供了极大的便利。

二、高校师资队伍建设的重点对策分析

（一）积极聘请行业、企业专业人才和能工巧匠担任兼职教师

未来人才发展需要可持续的动力支持。随着社会发展、职业变化，他们在人生职业生涯发展中需要不断地更新自身的知识结构、拓展自己的职业技能。"双师结构"的专业教学团队就是这样一支主导性力量，因为他们既要在理论创新方面有自己的独特视角，也要在实践探索中有自己成熟的经验，可以说是理论与实践的高度融合。这支团队的每一步成长都在向学生展现未来职业人的正常成长之道。在国外，很多职业技术院校都十分重视聘请企业专家、行家里手来校内担任兼职教师，加大兼职教师比例，以加强行业企业界的专家在应用型高校的重要作用，使学生能够近距离地感受到专业领域的前沿创新点所在。当前和今后，一定会在加快推进"双师结构"专业教学团队建设过程中，进一步促进校企合作的广度和深度，加大兼职教师的聘任力度。同时，也要与时俱进地制定和出台对兼职教师的

聘用、管理和奖惩办法，使得兼职教师的聘任具有坚实的制度保障。

（二）合理增加专业教师中具有企业工作经历的教师比例

建立适应工学结合的教师队伍，还需要根据实际情况不断增加专业教师中具有丰富企业工作阅历的教师比例。当然，在挖掘教师内部潜力过程中，可以从许多方面着手。比如，可以从重视现有专业教师的培养入手，强化培训，安排专业教师到企业定期顶岗实践，积累实际工作经验，切实提高实践教学能力；还可以在人才引进方面加大引进人员的针对性和特殊性考虑，依据办学特点和专任教师队伍建设的需要，通过社会公开招聘、高薪引进等方式，从生产一线引进或聘用一批学历层次高、实践经验丰富的专业技能人才，切实加强人才队伍建设。需要特别注意的是，教师下企业顶岗实习锻炼，要真正融入其中，真正体现向基层一线技术人员学习、向实践学习的精神。

（三）建章立制，为"双师型"教师队伍建设保驾护航

目前，建立"双师型"师资队伍的思路很务实，很有针对性。然而，由于办学机制、人才引进制度等诸多固有框框的限制和束缚，这个思路在工作开展中往往受到方方面面的制约。

根据不求为我所有、但求为我所用的原则，思路还需要进一步创新，从长远的机制上下功夫，健全"双师型"教师队伍的保障机制建设，切实加强制度建设。一是要尽量明确应用型高校教师在晋升职称、评先评优等方面体现企业实践经历的要求，体现高校教师的职业特殊属性，尽量拓宽在职教师提高社会实践能力的培训渠道；二是要有"双师"素质教师的资格认定规定，且与职称评审密切相关，明确兼职教师的激励政策和措施，完善兼职教师工资待遇收入的稳步增长机制，加大改革专任兼职教师的人事分配制度改革力度，从积极性、主动性、长远收益稳定性等方面真正鼓励行业企业参与到高等职业教育的办学与教学中来。

第六章 "双师型"教师培养的
制度环境分析

职业教育的发展体现国家的经济发展水平和教育现代化水平。党的十八大以来，尤其是国务院颁布《国家职业教育改革实施方案》（简称"职教20条"）以来，我国职业教育改革发展走上提质培优、增值赋能的快车道，职业教育面貌发生了格局性变化。

如今，我国共有职业学校1.13万所，在校生3088万人，建成世界上规模最大的职业教育体系，培养了一大批支撑经济社会发展的技术技能人才。职业教育实现历史性跨越。如何进一步推动职业教育高质量发展，更好满足我国产业升级和经济结构调整不断加快对技能人才的强烈需求，成为我国职业教育发展面临的重要课题。

第一节　国家层面的制度保障

一、孕育雏形阶段

孕育雏形阶段国家层面出台的相关政策（见表 6-1）。

表 6-1　孕育雏形阶段国家层面出台的相关政策

序号	时间	政策来源	核心表述
1	1995 年	原国家教委印发《关于开展建设示范性职业大学工作的通知》	其在申请试点建设示范性职业大学的基本条件中提出："有一支专兼结合、结构合理、素质较高的师资队伍。专业课教师和实习指导教师具有一定的专业实践能力，其中有 1/3 以上的'双师型'教师。"
2	1997 年	原国家教委印发《关于高等职业学校设置问题的几点意见》	对设置高等职业学校的有关问题提出："每个专业至少配备副高级专业技术职务以上的专任教师 2 人，中级专业技术职务以上的本专业非教师职称系列的或'双师型'专任教师 2 人。"
3	1998 年	原国家教委印发《面向二十一世纪深化职业教育教学改革的原则意见》	要采取教师到企事业单位进行见习和锻炼等措施，使文化课教师了解专业知识，使专业课教师掌握专业技能，提高广大教师特别是中青年教师的实践能力。要注意从企事业单位引进有实践经验的教师或聘请他们做兼职教师。要重视教学骨干、专业带头人和"双师型"教师的培养。
4	1999 年	中共中央、国务院印发《关于深化教育改革全面推进素质教育的决定》	在建设全面推进素质教育的高质量的教师队伍中提出："注意吸收企业优秀工程技术和管理人员到职业学校任教，加快建设兼有教师资格和其他专业技术职务的'双师型'教师队伍。"

职业教育发展之初，国家就充分认识到了"双师型"教师的重要性，要求职业院校通过培养、引进、聘请的途径，做好"双师型"教师队伍的建设工作。但是，在"双师型"教师概念解读还不清晰的情况下，"双师型"教师的素质要求无法保证，设置的数量指标及相关要求也就失去了意义，建设目标要求全部教师达到"双师型"，更是严重脱离实际，或者是说要求的"双师型"教师的标准还是比较低。要求文化课教师也要成为"双师型"，这种要求不论是当时还是现在，我们都认为值得商榷。所以，这一时期的"双师型"教师还只是概念的探索阶段，至于什么样的教师才是"双师型"教师还缺乏具体的解读。

二、跨越式发展阶段

跨越式发展阶段国家层面出台的相关政策（见表 6-2）。

表 6-2　跨越式发展阶段国家层面出台的相关政策

序号	时间	政策来源	核心表述
1	2000 年	教育部印发《教育部关于加强高职高专教育人才培养工作的意见》	"'双师型'（既是教师，又是工程师、会计师等）教师队伍建设是提高高职高专教育教学质量的关键。"
2	2002 年 5 月	教育部办公厅印发《教育部办公厅关于加强高等职业（高专）院校师资队伍建设的意见》	"各高职（高专）院校一方面要通过支持教师参与产学研结合、专业实践能力培训等措施，提高现有教师队伍的'双师'素质；另一方面要重视从企事业单位引进既有工作实践经验，又有较扎实理论基础的高级技术人员和管理人员充实教师队伍。学校在职务晋升和提高工资待遇方面，对具有'双师'素质的教师应予以倾斜。"
3	2002 年 8 月	国务院印发的《国务院关于大力推进职业教育改革与发展的决定》	再次提到教师企业实践和聘请企业兼职教师的要求。
4	2004 年 4 月	教育部印发《教育部关于以就业为导向深化高等职业教育改革的若干意见》	各地教育行政部门要根据高等职业教育的特点，在职称评定、教师聘任等方面单独制定适合"双师型"教师发展的评聘制度，为"双师型"教师队伍建设提供政策支持。
5	2004 年 4 月	教育部办公厅印发《教育部办公厅关于全面开展高职高专院校人才培养工作水平评估的通知》	"双师素质教师是指具有讲师（或以上）教师职称，又具备下列条件之一的专任教师"：（1）本专业实际工作的中级（或以上）技术职称（含行业特许的资格证书及其有专业资格或专业技能考评员资格者）；（2）近五年中有两年以上（可累计计算）在企业第一线本专业实际工作经历，或参加教育部组织的教师专业技能培训获得合格证书，能全面指导学生专业实践实训活动；（3）近五年主持（或主要参与）两项应用技术研究，成果已被企业使用，效益良好；（4）近五年主持（或主要参与）两项校内实践教学设施建设或提升技术水平的设计安装工作，使用效果好，在省内同类院校中居先进水平。"
6	2004 年 9 月	教育部等七部门印发《教育部等七部门关于进一步加强职业教育工作的若干意见》	除对企业实践和兼职教师聘请做出规定之外，还提出："职业院校中专业实践性较强的专业教师，可按照相应的专业技术职务系列条例的规定，再评聘第二个专业技术资格，也可根据有关规定取得相应的职业资格证书，促进'双师型'教师队伍建设。"

各地陆续成立高职院校，为提高高职教育人才培养质量，国家专门出台了针对师资队伍建设的文件。相关文件对"双师型"教师的概念在形式和内涵上都进行了解读，不再要求所有教师都成为"双师型"教师，而是强调教师队伍整体的"双师素质"，注重对专业课教师"双师素质"的培养，对于教师企业实践做了硬性的要求，同时提出了一些有利于教师"双师素质"提升的配套措施。但是，在"双师型"教师概念还没有完全界定清楚的情况下，又提出了"双师素质"教师概念，造成了"双师"概念的混乱。提出在职称评聘方面的激励措施和教师企业实践对于教师及企业的要求，由于后续没有细则跟进落实，这些规定并没有真正落地实施。评估文件中规定只有讲师及以上职称教师才具备获得"双师素质"资格值得商榷，获得证书并不一定具有同等水平的实践能力，"效果"和"效益好"与"同行业领先"这样的指标没有细则根本无法实施。

三、深化内涵阶段

深化内涵阶段国家层面出台的相关政策（见表6-3）。

表6-3　深化内涵阶段国家层面出台的相关政策

序号	时间	政策来源	核心表述
1	2006年11月	教育部、财政部印发《教育部、财政部关于实施国家示范性高等职业院校建设计划加快高等职业教育改革与发展的意见》	要通过引进、培养、聘请的途径，构建专兼结合的"双师型"教师队伍；在建设内容中提出："制定'双师型'教师培养和专兼结合专业教师队伍建设的支持政策与办法，促进高水平'双师'素质与'双师'结构教师队伍建设。"
2	2006年11月	教育部印发《教育部关于全面提高高等职业教育教学质量的若干意见》	就加强专兼结合的专业教学团队建设，除要求增加专业教师中具有企业工作经历的教师比例和企业兼职教师数量外，还首次提出："逐步建立'双师型'教师资格认证体系，研究制订高等职业院校教师任职标准和准入制度。重视中青年教师的培养和教师的继续教育，提高教师的综合素质与教学能力。"
3	2008年	教育部印发《教育部关于印发〈高等职业院校人才培养工作评估方案〉的通知》	"双师素质教师是指具有教师资格，又具备下列条件之一的校内专任教师和校内兼课人员：（1）具有本专业中级（或以上）技术职称及职业资格（含持有行业特许的资格证书及具有专业资格或专业技能考评员资格者），并在近五年主持（或主要参与）过校内实践教学设施建设或提升技术水平的设计安

（续表）

序号	时间	政策来源	核心表述
			装工作，使用效果好，在省内同类院校中居先进水平；（2）近五年中有两年以上（可累计计算）在企业第一线本专业实际工作经历，能全面指导学生专业实践实训活动；（3）近五年主持（或主要参与）过应用技术研究，成果已被企业使用，效益良好。"
4	2010年	国家中长期教育改革和发展规划纲要工作小组办公室印发《国家中长期教育改革和发展规划纲要（2010—2020年）》	在加强教师队伍建设中指出："以'双师型'教师为重点，加强职业院校教师队伍建设。加大职业院校教师培养培训力度。依托相关高等学校和大中型企业，共建'双师型'教师培养培训基地。完善教师定期到企业实践制度。"

这个时期，以高职国家示范校建设和 16 号文为起点，开启了高等职业院校示范建设、规范发展的时期，集中表现在开始探索建立有利于"双师型"教师培养的制度和规范性文件，注重构建长效机制。这两份文件是高职学校未来一段时间内建设发展的操作指引。强调通过与大中型企业共建"双师型"教师培养培训基地等形式，加强对"双师型"教师的培养。2008 年评估文件是对 2004 年文件的修正和完善，不再把讲师（或以上）教师职称作为必要条件，双师的认定范围扩大到校内兼课人员，偏重于对素质、能力的认定，条件要求操作性强，更加合理。2010 年文件为未来十年"双师型"教师发展指明了方向。可以说，这个时期对于"双师型"教师队伍建设的政策方向是正确的，但是，由于缺乏后续的跟进落实，或者是在实际落实过程中存在各种障碍，国家层面的高职教师资格认证体系、教师任职标准和准入制度等相关制度并没有有效建立起来，与企业联合培养"双师型"教师运行不畅。

四、培养构建阶段

培养构建阶段国家层面出台的相关政策（见表 6-4）。

表 6-4　培养构建阶段国家层面出台的相关政策

序号	时间	政策来源	核心表述
1	2011年6月	教育部印发《教育部关于充分发挥行业指导作用推进职业教育改革发展的意见》	指导推动学校和企业创新校企合作制度。通过在企业建立教师实践基地等方式，推动职业学校教师到企业实践，职业技术人员到学校教学，促进职业学校紧跟产业发展步伐，促进教育与产业、学校与企业深度合作。

（续表）

序号	时间	政策来源	核心表述
2	2011 年 9 月	教育部印发《教育部关于推进高等职业教育改革创新引领职业教育科学发展的若干意见》	在加强"双师型"教师队伍建设中指出："进一步完善符合高等职业教育特点的教师专业技术职务（职称）评审标准，将教师参与企业技术应用、新产品开发、社会服务等作为专业技术职务（职称）评聘和工作绩效考核的重要内容。""各地要加大高等职业学校教师培养培训力度，推动学校与企业共同开展教师培养培训工作。要在优秀企事业单位建立专业教师实践基地，完善专业教师到对口企事业单位定期实践制度。""高等职业学校要加快双师结构专业教学团队建设，聘任（聘用）一批具有行业影响力的专家作为专业带头人，一批企业专业人才和能工巧匠作为兼职教师。"
3	2011 年 11 月	教育部、财政部印发《教育部、财政部关于实施职业院校教师素质提高计划的意见》。	文件要求"以提高专业教师实践教学能力为重点，着力培养一大批'双师型'专业骨干教师"。为此，提出："实施职业院校专业骨干教师培训项目，组织开展职业院校专业骨干教师省级和国家级培训，实施职业院校兼职教师推进项目。"
4	2012 年 8 月	国务院印发《国务院关于加强教师队伍建设的意见》	"职业学校教师队伍建设要以'双师型'教师为重点，完善'双师型'教师培养培训体系，健全技能型人才到职业学校从教制度。建立教师学习培训制度，实行五年一周期不少于 360 学时的教师全员培训制度，推行教师培训学分制度。"强调发挥行业、企业和高校在"双师型"教师培养中的作用，完善以企业实践为重点的职业学校教师培训制度。
5	2012 年 11 月	教育部等印发《教育部国家发展改革委财政部关于深化教师教育改革的意见》	文件再次强调了教师五年一周期的培训以及培训积分管理和发挥好行业企业在培养"双师型"教师中的作用。
6	2014 年	国务院印发《国务院关于加快发展现代职业教育的决定》	文件在健全企业参与制度中指出："规模以上企业要有机构或人员组织实施职工教育培训、对接职业院校，设立学生实习和教师实践岗位。"同时对教师全员培训制度、企业实践制度、兼职教师政策和教师培养培训基地建设提出了要求。
7	2015 年 7 月	教育部印发《教育部关于深化职业教育教学改革全面提高人才培养质量的若干意见》	"实行新任教师先实践、后上岗和教师定期实践制度，培养造就一批'教练型'教学名师和专业带头人。"
8	2015 年 11 月	教育部印发《教育部关于印发〈高等职业教育创新发展行动计划（2015—2018 年）〉》	"完善以老带新的青年教师培养机制，鼓励高等职业院校制定和执行反映自身发展水平的'双师型'教师标准，绩效工资内部分配向'双师型'教师适当倾斜。"

这个时期，从国家层面推动"双师型"教师的培训、培养体系的构建。充分调动行业、企业、高校的力量参与"双师型"教师的培养，通过建立教师培训基地和企业实践基地确保培训的有效实施。整个培训既包括企业实践能力锻炼，也包括教学水平提升，是全面的；既包括全体专任教师，也包括兼职教师，是全员的。培训对于教师"双师素质"能力的提升起到了重要作用。但是，行业在校企合作中的纽带作用十分有限，对企业参与"双师型"教师培养的政策约束和激励机制不够，企业实践基地的建设多停留在形式上，教师企业实践的难题并没有有效解决。对兼职教师设定了条件，可以专门设置兼职教师岗位，并没有财政的保障和待遇的提高，兼职教师的聘请依然是个难题。鼓励高职院校制定"双师型"教师标准，国家没有指导性标准，导致各学校"双师型"教师的素质能力参差不齐。

五、高质量发展阶段

高质量发展阶段国家层面出台的相关政策（见表6-5）。

表6-5　高质量发展阶段国家层面出台的相关政策

序号	时间	政策来源	核心表述
1	2016年5月	教育部等七部门印发《教育部等七部门关于印发〈职业学校教师企业实践规定〉的通知》	职业学校专业课教师（含实习指导教师）要根据专业特点每5年必须累计不少于6个月到企业或生产服务一线实践，没有企业工作经历的新任教师应先实践再上岗。企业应根据自身实际情况发挥接收教师企业实践的主体作用，积极承担教师企业实践任务。经学校批准到企业实践的教师，实践期间享受学校在岗人员同等的工资福利待遇。教师无正当理由拒不参加企业实践，按照有关规定处理。
2	2016年11月	教育部、财政部印发《教育部财政部关于实施职业院校教师素质提高计划2017—2020年）的意见》	继续实施全员培训，支持职业院校设立一批兼职教师特聘岗位，完善教师定期到企业实践、企业人员到学校兼职任教的校企人才双向交流机制。组织职业院校"双师型"教师，采取集中面授与网络研修相结合的方式，进行不少于4周的专项培训，重点提升教师的理实一体教学能力、专业实践技能、信息技术应用能力等"双师"素质。
3	2018年1月	中共中央、国务院印发《中共中央 国务院关于全面深化新时代教师队伍建设改革的意见》	文件除进一步强调双师型教师培养培训基地建设、教师企业实践和建立企业人员与教师相互兼职制度外，提出：完善职业院校教师资格标准，探索将行业企业从业经历作为认定教育教学能力、取得专业课教师资格的必要条件。完善职业院校教师考核评价制度，"双师型"教师考核评价要充分体现技能水平和专业教学能力。

（续表）

序号	时间	政策来源	核心表述
4	2018年2月	教育部等六部门印发《教育部等六部门关于印发〈职业学校校企合作促进办法〉的通知》	对深度参与校企合作，按照国家有关规定予以表彰和相应政策支持。把企业参与校企合作的情况，作为服务型制造示范企业及其他有关示范企业评选的重要指标。职业学校应当将参与校企合作作为教师业绩考核的内容，具有相关企业或生产经营管理一线工作经历的专业教师在评聘和晋升职务（职称）、评优表彰等方面，同等条件下优先对待。
5	2019年1月	国务院印发《国务院关于印发国家职业教育改革实施方案的通知》	从2019年起，职业院校、应用型本科高校相关专业教师原则上从具有3年以上企业工作经历并具有高职以上学历的人员中公开招聘，特殊高技能人才（含具有高级工以上职业资格人员）可适当放宽学历要求，2020年起基本不再从应届毕业生中招聘。还指出要继续实施职业院校教师素质提高计划，建立"双师型"教师培养培训基地，落实教师全员培训，学校自主聘任兼职教师和推动企业院校教师双向流动。
6	2019年9月	教育部等四部门印发《教育部等四部门关于印发〈深化新时代职业教育"双师型"教师队伍建设改革实施方案〉的通知》	"国家通过建设分层分类的教师专业标准体系，推进以双师素质为导向的新教师准入制度改革，构建以职业技术师范院校为主体、产教融合的多元培养培训格局，完善'固定岗＋流动岗'的教师资源配置新机制，建设'国家工匠之师'引领的高层次人才队伍，创建高水平结构化教师教学创新团队，聚焦1+X证书制度开展教师全员培训，建立校企人员双向交流协作共同体，深化突出'双师型'导向的教师考核评价改革等一系列制度、政策、措施的推进实施，确保高素质'双师型'教师队伍建设目标的实现。"
7	2021年1月	教育部办公厅印发《本科层次职业教育专业设置管理办法（试行）》	本专业的专任教师中，"双师型"教师占比不低于50%。来自行业企业一线的兼职教师占一定比例并有实质性专业教学任务，其所承担的专业课教学任务授课课时一般不少于专业课总课时的20%。
8	2021年7月	教育部、财政部发布《关于实施职业院校教师素质提高计划（2021—2023年）的通知》	强化教师到行业企业深度实践，注重提升"双师"素养。推进专业课教师每年至少累计1个月以多种形式参与企业实践或实训基地实训。
9	2021年10月	中共中央办公厅、国务院办公厅印发《关于推动现代职业教育高质量发展的意见》	强化双师型教师队伍建设。加强师德师风建设，全面提升教师素养。完善职业教育教师资格认定制度，在国家教师资格考试中强化专业教学和实践要求。制定双师型教师标准，完善教师招聘、专业技术职务评聘和绩效考核标准。

2019 年国务院印发《国务院关于印发国家职业教育改革实施方案的通知》("职教 20 条")提出，开展本科层次职业教育试点，为此，2019 年以来，教育部批准 27 所学校独立举办本科层次职业教育。2021 年，教育部印发《职业教育专业目录（2021 年）》，其中设置了 247 个高职本科专业，并印发《本科层次职业教育专业设置管理办法（试行）》，正式建立本科层次职业教育专业设置管理的国家制度。从中职到高职专科，再到本科层次职业教育，职业教育止步于专科层次的"天花板"被打破。纵向贯通、横向融通的现代职业教育体系已经构建起来。我国职教发展迈入了提质培优、增值赋能的高质量发展新阶段。2021 年中办、国办印发《关于推动现代职业教育高质量发展的意见》（以下简称《意见》）。《意见》着眼于破除改革发展障碍、推动高质量发展，旨在切实增强职业教育适应性，加快构建现代职业教育体系的步伐，为全面建设社会主义现代化国家提供有力人才和技能支撑。

近年来，职业教育培养了一大批支撑经济社会发展的技术技能人才，在服务国家战略、服务区域发展、服务脱贫攻坚、促进教育公平等方面发挥了重要作用。全国职业学校开设 1300 余个专业和 10 万余个专业点，基本覆盖了国民经济各领域，有力支撑我国成为全世界唯一拥有全部工业门类的国家。

特色决定生命力。进一步强化职业教育类型特色，巩固职业教育类型定位，对于激发职业学校发展动力、增强职业教育的认可度和吸引力至关重要。长期以来，重普通教育、轻职业教育的观念仍然存在，还有一些职业学校按照办普通教育的方式办职业教育，盲目追求大而全，淡化人才培养特色，偏离发展定位。为此，《意见》强调因地制宜、统筹推进职业教育与普通教育协调发展，要求通过推动不同层次职业教育纵向贯通，促进不同类型教育横向融通，加强各学段普通教育与职业教育相互打通，以强化职业教育的类型特色。

"十四五"规划和 2035 年远景目标纲要提出："增强职业技术教育适应性"。与当地经济社会发展同频共振，适应经济发展新形势和技术技能人才成长成才的新需求，职业教育才能迸发出更强劲的生机活力。《意见》强调，围绕国家重大战略，紧密对接产业升级和技术变革趋势，优先发展先进制造、新能源、新材料、现代农业、现代信息技术、生物技术、人工智能等产业需要的一批新兴专业，鼓励学校开设更多紧缺的、符合市场需求的专业，形成紧密对接产业链、创新链的专业体系。《意见》同时提出，通过丰富职业学校办学形态、拓展校企合作形式内容、优化校企合作政策环境，创新校企合作办学机制。适应经济发展需求，确保学生真正学有所成、学以致用，才能培养出更多高素质技术技能人才、能工巧匠、大国工匠。

值得关注的是，《意见》还提出稳步发展职业本科教育，高标准建设职业本科学校和专业。这对于优化职业教育体系结构、补齐发展短板，形成高水平、高层次的技术技能人才培养体系，具有重要意义。广大职业院校应努力摆脱靠规模上效益的思维定式和路径依赖，优先在高端产业急需领域、新技术革命领域布局，优化学校人才供给和产业人才需求匹配度，在发展职业本科教育的起步阶段，就实现高起点、高标准、高质量建设，有序、健康发展。

我国职业教育改革发展的蓝图已经绘就。展望未来，作为培育能工巧匠的摇篮，现代化的职业教育体系必将为技能型社会建设、经济高质量发展提供源源不断的人力资源，必将凝聚起"技能改变人生，技能成就梦想"的广泛共识，必将为全面建设社会主义现代化国家提供更有力的人才支撑！

"十三五"期间，我国建立健全以职业教育和普通教育"双轨"运行为标志，以纵向贯通、横向融通为核心，同经济社会发展和深化教育改革相适应的新时代中国特色职业教育体系。展望"十四五"，我国将加快构建高质量职业教育体系，建设技能型社会，推动职业教育高质量发展。

"十四五"期间，职业教育要做好制度建设的主要趋势：一是建立职教高考制度。依托这一制度，把中等职业教育和高职专科教育、本科层次职业教育在内容上、培养上衔接起来。二是健全普职融通制度，促进职业教育与普通教育的资源共享和理念借鉴。三是健全国家资历框架制度，规定职业教育的学生和普通教育的学生学习成果等级互换关系，进而规定在特定领域两个教育序列的学生都享有同等权利。

此外，"十四五"期间，还要在促进体系有效运行支撑条件方面加以完善，包括搭建产业人才数据平台，及时准确发布人才需求预测，科学引导职业院校专业设置、招生规模和人才培养目标定位；完善专业教学标准，深度开发以职业能力和学业水平为核心内容的专业教学标准，为教学质量整体提升和建设提供制度保障；支持产教融合型企业，探索建立基于产权制度和利益共享机制的校企合作治理结构与运行机制；建立大学培养和在职教师教育齐头并进的双轨制职业教育教师专业化培训体系；完善教育教学质量监控体系等。

第二节　省级"双师型"教师认定政策比较分析

现阶段，国家层面尚未出台高职院校"双师型"教师评价认定办法，北京、安徽、江西、福建、广西、吉林等地区已结合本省实际情况，制定了省级层面的高职院校"双师型"教师评价认定办法。这些省份"双师型"教师评价认定办法的出台对于推动地方"双师型"教师评价认定工作有序开展具有重要指导意义，对其他地区也具有重要借鉴意义。政策文本是政府政策意图的客观集中体现以及处理公共事务的有效反映，对政策文本进行内容分析，能够掌握政策的整体概貌和未来走向，发现政策的空白或薄弱环节，为后续完善、优化有关政策提供研究依据。

对现有的省级高职院校"双师型"教师评价认定政策进行内容分析，梳理相关的特点，总结可推广的经验，分析存在的问题，为未来本地区职业院校"双师型"教师认定政策的完善与优化，国家层面及其他省份政策的探索与研制提供理论依据和政策借鉴。

一、"双师型"教师认定政策的主要特征

（一）标准指标相对完备

整体而言，各省级行政区高职院校"双师型"教师评价认定政策要素比较完善。各省级政策文件均涉及政策目标、认定范围、认定条件、认定主

体 4 项内容，部分省份没有明确资格材料、有效时间、认定程序、监督机制等内容。福建认定政策中缺少资格材料、认定程序、监督机制 3 个标准指标，广西和吉林认定政策中缺少有效时间 1 个标准指标。各地区"双师型"教师评价认定标准指标如表 6-6 所示。

表 6-6　各地区"双师型"教师评价认定标准指标

省份	政策目标	认定范围	认定条件		资格材料	有效时间	认定主体	认定程序	监督机制
			必备条件	拓展条件					
北京	√	√	√	√	√	√（5 年）	√（高职院校）	√	√
安徽	√	√	√	√	√	√（5 年）	√（高职院校）	√	√
江西	√	√	√	√	√	（长期）	√（高职院校）	√	√
福建	√	√	√	√	—	√（5 年）	√（高职院校）	—	—
广西	√	√	√	√	√	—	√（自治区认定办）	√	√
吉林	√	√	√	√	√	—	√（高职院校）	√	√

（二）认定范围广

目前各省均结合本地实际，确定了本省认定范围。除安徽、江西规定在职专任教师需承担 2 年以上教学任务，校外兼职教师承担 1 年以上教学任务且年龄一般不超过法定退休年龄外，其余 4 个地区均没有明确规定工作年限和年龄要求，意味着新入职的教师以及年龄较大的老教师均有机会申请认定"双师型"教师，认定范围广泛（见表 6-7）。

此外，安徽、江西、福建、广西、吉林 5 个地区规定，除校内专任教师外，校外兼职教师也可以参与"双师型"教师的认定。与普通教育不同，兼职教师是职业学校实践教学的重要力量，是提升职业教育质量的重要基础。近些年，中央和地方政府通过列支专项经费、支持学校自主聘请、设置流动编制等方式，逐步打通兼职教师的聘用通道，推动一批企业工程技术人员、高技能人才、能工巧匠到职业院校兼职任教。允许兼职教师申请认定"双师型"教师对职业院校引进企业、行业优秀人才，稳定兼职教师队伍、优化师资结构具有重要意义。

表6-7 各地区"双师型"教师评价认定范围

省份	认定范围
北京	北京市的高等职业院校专任教师中的专业课教师
安徽	在高等职业院校承担教学任务2年以上的校内在职专任老师;经学校聘任,承担高等职业院校教学任务1年以上、年龄一般不超过60周岁的校外兼职老师
江西	在齐待职业院校承担教学侨务年以上的校内在职专任教师;经学校聘任,承担高等职业院校教学任务1年以上、年龄一般不超过法定退休年龄的校外兼职老师
福建	校内专任"双师型"教师(含校内长期内聘)与校外兼职"双师型"教师
广西	各类公办、民办高等职业院校的专任教师(含校内兼课教师)
吉林	全省职业院校专业课教师(含专业基础课教师)和实习指导教师,包括聘任教师和兼职教师

(三)评价认定标准更加多元

随着职业教育的快速发展,职教师资来源逐渐多元化,"双师型"教师来源更加多元,相应的评价认定方式也更加多元。通过归纳各地区高职院校"双师型"教师评价认定的拓展条件,发现大致可以分为资格证书、竞赛获奖、省级及以上教师培训、企业实践经历、科研成果这5种认定方式,认定方式更加多样化。

各地区高职院校"双师型"教师认定政策中设置的拓展条件数量和侧重的认定方式有所不同。广西设置的拓展条件最多,共计11条,其中有5条是科研条件,反映出广西更侧重以科研标准选拔"双师型"教师。安徽和江西分别设置了8条拓展条件,其中有4条是资格证书条件,反映出更侧重通过资格证书的方式选拔"双师型"教师。吉林更侧重以资格证书和竞赛获奖的方式选拔"双师型"教师。此外,6个地区均设置了以竞赛获奖的方式申请认定"双师型"教师。如北京规定"近5年本人参加省级及以上技能大赛并获得省级以上奖项或近5年指导学生参加国家级及以上技能大赛,并获得国家三等奖及以上奖项"可申请认定"双师型"教师。多样化的评价认定方式能够畅通"双师型"教师评价认定途径,进一步拓宽人才来源、提高队伍活力。具体数据如表6-8所示。

表6-8 各地区高职院校"双师型"教师认定方式及拓展条件个数

地区	资格证书	竞赛获奖	省级及以上教师培训	企业实践经历	科研成果	其他
北京（7个）	2个	2个	1个	1个	—	1个
安徽（8个）	4个	2个	1个	1个	1个	—
江西（8个）	4个	1个	1个	1个	1个	—
福建（6个）	—	2个	1个	2个	1个	—
广西（11个）	1个	2个	—	2个	5个	1个
吉林（7个）	3个	3个	—	—	1个	—

从省级高职院校"双师型"教师评价认定政策中可以发现，目前政策标准更倾向于"双能力"说。即"双师型"教师应具备理论水平和专业实践能力。近两年，国务院印发的《国家职业教育改革实施方案》和教育部等四部门印发的《深化新时代职业教育"双师型"教师队伍建设改革实施方案》更进一步明确了"双师型"教师的内涵，指出"双师型"教师是同时具备理论教学和实践教学能力的教师，为地方政府完善"双师型"教师认定标准指明了政策方向。如2020年北京市教育委员会最新印发的认定办法中便详细指出"'双师型'教师是指职业院校同时具备理论教学和实践教学能力的专业课教师"。

二、"双师型"教师认定标准政策分析

（一）健全国家、省（自治区、直辖市）、院校层面"双师型"教师认定办法

现阶段，国家层面尚未出台"双师型"教师认定办法，部分省份和职业院校结合本省或本校实际情况，制定了"双师型"教师认定办法，但各省认定条件、认定程序、认定主体等差异较大，导致"双师型"教师遴选质量参差不齐。国家级认定办法的出台对省级、院校层面"双师型"教师认定办法的制定具有指导意义，对推动"双师型"教师认定工有序进行、"双师型"教师队伍高质量发展具有促进作用。未来，应进一步健全国家、省（自治区、直辖市）、院校层面"双师型"教师认定办法。国家层面在顶

层设计过程中要充分吸纳各省域的实践探索经验，依据《中华人民共和国教师法》《中华人民共和国职业教育法》《国家职业教育改革实施方案》等上位法律政策文件，在宏观层面上规范全国的"双师型"教师评价认定工作，制定一般性的最低质量标准，如身体素质和心理素质、思想道德水平、普通话水平、年龄、学历条件、无犯罪记录、师德师风以及最低的专业能力标准、实践能力标准等。省级层面应考虑本地实际情况，在国家级标准的基础上，构建符合当地经济发展水平、产业结构、职业教育师资力量的资格认定标准。同时，省级层面的"双师型"教师认定办法中应完整涵盖"政策目标、认定范围、认定条件、资格材料、有效时间、认定主体、认定流程、监督机制"8项政策要素，明晰认定流程、资格材料，明确资格证书有效时间，健全监督机制等内容。部分特色高水平高职学校可在国家级及省级标准的基础上，结合本校发展规划、师资情况、专业设置情况，研制契合本校发展方向的"双师型"教师评价认定办法。

（二）构建教育行政部门、企业、行业、高职院校多元主体参与的认定体系

考虑到职业教育的特殊性，"双师型"教师认定工作应由教育行政部门、企业、行业、高职院校多元主体共同参与。一方面，行业企业是推动我国职业教育发展的重要力量，是职业学校师资尤其是"双师型"教师来源的重要途径，国家政策对行业、企业深度参与职业教育的要求越来越明确。《国家职业教育改革实施方案》明确提出职业教育要"由参照普通教育办学模式向企业社会参与、专业特色鲜明的类型教育转变"。让行业、企业参与高职院校"双师型"教师的认定工作，能够进一步助推行业企业深度参与职业院校的师资队伍建设工作，拓宽职业院校与行业企业的双向交流通道，有利于高职院校及时了解行业产业发展的新要求、新动态，及时因校制宜调整人才培养方案、更新教师教学内容。另一方面，行业企业等多元主体的参与，可以消除高职院校"既是裁判员又是运动员"的角色冲突，保障"双师型"教师认定工作的公平性、公正性，提升"双师型"教师认定工作的权威性。建立教育行政部门、企业、行业、高职院校多元主体参与的评价认定体系是职业教育高质量发展的必然趋势，也符合新时代教育评价改革的价值取向。

（三）设置科学合理的评价认定标准

设置科学合理的评价认定标准是选拔合格"双师型"教师的首要环节，也是推动高职院校"双师型"教师专业化发展的重要举措。各地区应以现有评价认定标准为基点，进一步完善"双师型"评价认定标准的二维体系。在横向上，部分地区应提高省级及以上教师培训、企业实践经历等评价认定标准的准入门槛，让不同评价认定标准的申请难度保持在相近水平，确保认定标准的科学性和"双师型"教师的认定质量。"双师型"教师是职业教育师资队伍建设的重要抓手，其认定条件原则上应高于普通职业教育教师的招聘标准，如果以省级及以上教师培训经历方式认定"双师型"教师，培训成绩原则上应在合格以上标准；如果以企业实践经历方式认定"双师型"教师，参考国际经验并根据国内最新政策，其行业企业工作年限原则上应在3年及以上。在纵向上，其他地区可借鉴安徽、江西、广西等地区，针对"双师型"教师专业化发展的不同阶段，分层级设置评价认定标准，逐级提高"双师型"教师理论教学能力和实践教学能力的要求。"双师型"教师分级认定制度有利于调动教师工作的积极性，推动"双师型"教师的专业化发展，激活"双师型"教师队伍可持续发展的新动能。

（四）完善高质量"双师型"教师队伍发展保障体系

整体上应建立"职业院校教师＋企业培训师"新双师职业教育师资队伍建设体系。一方面，持续建设高素质专业化创新型职业院校教师队伍，推行产教融合的职业教育教师培养模式。支持新建职业技术师范大学，支持综合性、行业型大学举办职业师范学院，改革职业教育教师资格考试制度，以课程学习和学分积累代替"一考定资格"的状况，突出资格考核中的职教类型特色。科研引领教师专业化发展，支持建设若干高校职业技术师范教育理论创新发展中心。可尝试单独开设职业技术师范教育国家教学成果奖项。另一方面，创新设置一支专门的培养技术技能人才的企业培训师队伍，由行业组织认定和考核企业培训师的资格和作用。发挥企业培训师的直接作用，是培养更多能工巧匠、大国工匠的必要条件，可以大大弥补现有职业院校"双师型"教师队伍的不足。

（五）建立完善有效的监督机制

监督是治理的重要方面，构建完善有效的监督机制是确保"双师型"教师政策有效运行的根本保证。一是运用多元、精准、现代化的监督方式及手段，完善抽查、专项巡查、派驻监督和投诉举报、公示等监督制度，畅通监督渠道，增加信息公开力度，同时重视司法监督、舆论监督、巡视监督等监督形式的有机贯通，拓展监督的广度和深度；二是有效识别监督对象，"双师型"教师评价认定政策包括申请人和认定主体两类监督群体，针对不同的监督对象应采用不同的监督方式，针对申请人这一监督对象，可采取公示、投诉举报等监督手段，针对认定主体这一监督对象，可采取抽查、专项巡查等监督手段；三是明确监督主体及权责范围，强化高职院校和政府部门两大监督主体的主导责任，制定完善监督主体权责清单，明确监督职责，切实发挥监督作用。同时，进一步推进教师、社会、企业行业等其他多元治理主体有效参与监督过程，鼓励社会各界参与监督。

第三节 学校层面制度保障

职业院校特别是应用型高校高质量发展很大程度上依赖于一支素质高、专业化水平高的"双师型"教师队伍，而高校"双师型"教师标准则是师资队伍质量的重要保障。在实践中，部分院校意识到"双师型"教师的重要性，从教师准入的视角制定了院校层面的"双师型"教师认定标准，一定程度上促进了"双师型"教师队伍建设。依据自身特点制定了院校层面的"双师型"教师认定标准，为应用技术型高校"双师型"教师标准构建提供了可借鉴的实践经验。

一、确立"双师型"教师准入制度

只有建立严格的职业教育"双师型"教师资格准入制度，提高准入标准，规范高等职业教育教师的专业化、技术性和规范性，才能从源头上保障职业教育"双师型"教师的整体素质。要实施教师资格证书制度，而且要设立职业教育教师资格证书制度。

二、建立企业人员"双师"教师职业教育制度

尽管《职业教育法》规定，职业学校可以聘请企业专业技术人员担任兼职教师，但是《教育法》规定"国家实行教师资格、职务、聘任制度"，亦即企业专业技术人员只有通过教师职业资格考试获得证书后才能到校任教，导致企业"能工巧匠"无法成为职业学校正式教师。因此，应确立学历和能力相结合的"双师"教师衡量标准，建立健全技能人才从教制度。从制度层面上，不能再重学历轻能力，一定要突出能力导向，重在观察其技术水平、业务水平，以解决企业技术技能型人才进入职业学校担任教师的资格限制问题。规定凡具有3年以上工作经历，获得与专业对接的中级以上行业资格证书，有一定实际业绩并经过职业学校教学能力认定后，即可聘任到职业学校担任正式教师。

三、出台"双师型"教师轮训制度

能力本位是职业教育"双师型"教师的核心价值体现。能力本位是培养和引进"双师型"教师的发展思路与战略思维。高等职业教育教师与普通高等教育教师相比在学历层次上没有优势，与企业人员相比缺乏实践实际技术能力，同时，又不能很好地将理论知识转化为必需的实际岗位能力。因此，必须以能力为本位来考核职业教育"双师型"教师，并作为其不断发展的重要途径。其核心要点是突出"双师型"教师能力培养的多样性，通过校企结合、校内外培养、专兼职结合等方式拓宽"双师型"教师教育能力和应用能力全面发展的路径。因此，基于职业教育专业建设将由直面职业能力相同或相近的多岗位的知识应用型专业向直面职业能力同类型的多职业的知识应用型专业转变的趋势，更加突显"双师型"教师的跨界性（校企两个学习与工作地点的双元，使教师必须跨越企校割裂、工作

与学习分离、职业与教育脱节）、整合性（产业需求与培育人文精神之间的需求整合）、重构性（"文化素质＋职业技能"）等特征，就不仅必须落实"教师每年至少 1 个月在企业或实训基地实训"的要求，而且要将"教师 5 年一周期的全员轮训制度"具体化。建立"双师型"教师全程管理体系，具体包括：一是加强组织领导。二是实践四种培养方式，即二级校本培训、依托培训基地、企业实践培训、自觉提高转化。三是拓宽引进渠道。四是引入竞争机制，即教师竞聘上岗、教学质量评价〔先进行教师教学过程、自我提高、企业实践锻炼考核，再进行教师自评、教研室评价、院系评价、教务（督导）评价、企业评价、学生评价、科研评价、学校评价等八级评价〕、技能比赛选拔（实施"班→系→校→省→国"五级比赛制度，既选拔优秀学生，也选拔优秀指导教师）。五是精神物质激励。如，"低职高聘"以业绩为依据的多元化的岗位工资分配激励。六是建章立制保障。出台《教师进修培训制度》《"双师型"教师标准认定管理办法》《教师专业技能比赛的奖励试行办法》《教师教学奖励试行办法》等制度，以形成规范化的"双师型"教师队伍建设制度体系，保障"双师型"教师管理的实施。

四、出台职业教育"双师型"教师职称晋升与绩效考评制度

"双师型"教师职称晋升是对教师工作能力的评价，特别是要加大教师企业实践经验、项目开发能力、创造创新成果、职业技术证书、业内影响力度等技术能力指标的权重。在"双师型"教师绩效考评制度上，"双师型"教师与普通教师相比，在素质能力建设方面具有综合性、复杂性、多样性的特点。为保证"双师型"教师绩效考核的公平性，可通过考评主体的多元化设置来细化绩效考评的内容和层次，包括学生考评、教师互评和自评、院系考评、行业企业专家考评等"四位一体"形成学校的考评结果，并以此为准，实施绩效分配。

五、建立校企共建共育"双师型"教师机制

  校企之间以协议形式缔约建设"双师型"教师队伍，双方共同规划"双师型"教师队伍、共构"双师型"教师队伍组织、共同建设"双师型"教师队伍、共同管理"双师型"教师队伍、共享"双师型"教师队伍成果、共担"双师型"教师队伍建设风险等。为此，政府方面要出台企业参与职业教育"双师型"教师建设的制度，特别是要明确对合作企业的资助标准和资金扶植政策，以切实减轻企业由此带来的负担，从而提升企业参与"双师型"教师队伍建设的积极性。在学校方面则要推进"产学研用"协同创新、探索与实践校企共建教服中心等校企合作模式，以打造"双师型"教师素质能力提升保障平台。

第七章　新时代高校"双师型"教师
培养模式构建

第一节　院校培养模式

一、明晰教育理念:"双师型"教师发展是一个知识获得的过程

正是对"双师型"教师的素质结构观的不同回答,产生了"双师型"教师专业发展的不同模式。目前,有一种相对比较流行的观点,认为"双师型"教师是教师由专业知识、教育知识和职业知识共同构成的复合型知识结构素质,"双师型"教师专业发展过程是一个教师知识获得的过程。基于这种认识,我们将其归纳为院校培养模式。这一模式的形成根源于两方面的基本假设:

一是与人们对职业教育教学过程本质观的认识相关。有一种较为普遍的观点认为职业教育教学过程就是向高校学生传递基本理论知识的过程,因此,"双师型"教师的职责就是传授学科专业的基本理论。在这种本质观的要求下,职业教育较为强调"双师型"教师的理论水平和学术素养,强调"双师型"教师在教学过程中传播理论知识的水平和素养。因此,实质上,这一本质观下的"双师型"教师的发展主要体现在其理论知识素养之上。

二是根源于知识决定能力的基本假设之上。院校培养模式的"双师型"

教师发展过程将知识看得很重，认为知识作为主体精神世界的重要组成部分，是决定主体能力发展的最重要的因素。能力是在知识的掌握过程中所形成和发展的，离开了知识的学习和获得，任何能力都不能得到发展。"双师型"教师发展就意味着其专业知识、教育知识和职业知识的增长与获得。

基于上述假设，院校培养模式的"双师型"教师培养的重点是知识获得和行为变化，其过程是一个知识过程。这一模式认为，"双师型"教师所获得的专业知识是其专业发展基础，只要教师全面掌握专业和教育理论知识，便能将其转化成良好的专业教育实践能力；对教师进行学术理论教育是其专业成长的主要途径。因此，这一模式下的"双师型"教师来源多为综合型大学从事专业学术教育的毕业生及教师，以为只要学习了某一专业领域的知识就能够从事相关的职业教育教学工作。

二、定位培养目标：学技职相融合

培养的途径方式被培养目标定位所制约。培养目标主要回答要培养什么样的人，培养的人具有什么样的素质的问题，因此，需要明确培养目标取向。

"双师型"教师主要是指面向行业企业、面向社会一线生产部门的高层次应用型人才，要能够运用知识与能力解决生产实际问题。"双师型"教师既拥有一般人才具有的专业理论知识，又能面向现场操作过程解决生产和工作实际问题，同时还具有一定的科学研究能力。因此，"双师型"教师的素质体现出学术性、技术性和职业性的特征，这三性的融合就是其培养目标的定位。

"双师型"教师的培养，要追求学术的涵养和发展，但是不仅仅是学术培养，也不是书斋式的学术取向，而是还要追求具体应用技术层面的学术，要培养其在实践应用层面的问题解决能力和研究能力。需要说明的是"双师型"教师不是单单追求学术价值，也不是仅仅注重技术价值，而是体现学术性、技术性和职业性的融合。结合三维目标理论（课程与教学目标由知识与技能、过程与方法、情感态度与价值观三维构成），"双师型"教师培养目标可以解释为：由学术理论知识、科学研究能力、学术过程方法、科研情感态度和价值观组成的学术性目标；由技术性知识、技术实践过程与方法、技术价值观等组成的技术性目标；由职业知识、职业技能、职业工作过程与方法、职业情感态度与价值观组成的职业性目标。

三、课程设置与实施

（一）"职业课程＋教育课程＋专业课程"相整合的课程结构

充分发挥教育学与工学的优势，通过教育学课程的开设与工学课程的开设构建一种复合型的知识体系，为此，需要构建一种"职业课程＋教育课程＋专业课程"相整合的课程结构。以机械设计与制造专业的硕士层次"双师型"职教师资培养为例，职业课程方面主要开设如职业科学、机械设计制造类职业工作分析等课程；教育课程主要开设教育基本理论专题、教育科学研究方法论和职业教育心理学等课程；专业课程主要开设机械工程学科新进展和机械设计制造领域新技术专题研究课程。职业课程保障其职业素养的发展，教育课程培养其教育方面的素养，专业课程奠定专业基础，这三类课程整合一体于学生综合素质的养成及培养目标的达成。

（二）"技能实践＋工程实践＋教育实践"相结合的课程实施实践环节

课程实施是将课程付诸实践的过程或活动。"双师型"职教师资培养的课程实施注重强化实践环节。在行业企业、高校教师（合作导师）指导下，进行技能培训、企业实践及教育教学实践。①技能实践。通过相关理论培训和实际操作训练，使其掌握与所从事专业领域相关的职业技能，并取得相应的职业资格证书。②工程实践。深入企业第一线进行工程实践，熟悉企业相关产品开发和生产工艺过程、研究相关技术技能的开发与应用，完成与学位论文选题相关的工程实践研究报告。③教育实践。在高校进行教育实践，参与高校相关专业的教育教学及专业建设和课程开发工作，完成与学位论文选题相关的教学实践研究报告。

（三）"校内导师＋校外导师"合作的双导师指导制度

"双导师"是指除校内导师外，在两类实习基地各有一名相应的专业人员作为指导教师。校内导师与校外合作导师（企业、高校）相结合。学生在校内导师负责制的基础上，实行由校内教育学、机械类的指导教师和企业技术人员、高校教师组成的导师组共同指导的制度。校内导师是研究生培养的第一负责人，在研究生培养中起主导作用；导师组全程参与硕士研究生的指导工作，充分发挥集体培养优势。在实际操作中，企业导师忙于工作生产，而校内导师又有教学任务，还有科研课题，不可能把过多的精力用在学生身上。因此，双方很难在一起共同商定研究生的培养，在一定程度上影响了硕士研究生的培养质量。实践证明，"双导师制"培养思路非常符合硕士研究生的教育特点，在一定程度上弥补了高校教师只注重理论、不注重实践的缺憾。但是，双导师制在具体实施过程中还存在不少问题。只有规范加强双导师制度，才能提高"高层次双师型"硕士研究生的培养质量。

四、培养途径

（一）独立设置职业技术师范院校的专门化培养

从历史发展的进程来看，职业技术师范院校在职教师资培养中一直发挥着主要的力量和作用。20世纪70年代末80年代初，国家陆续建立了一批独立设置的职业技术师范院校。职业技术师范学院的开办揭开了我国职教师资培养的新篇章，在几十年的发展历程中，职业技术师范院校从无到有，迅速发展壮大，在职业教育师资培养方面发挥着骨干和示范作用，成为我国高等师范教育中一支重要的新生力量。

职业技术师范院校能够保证职业教育教师有稳定的来源。其作为一种新型的高等院校，既不同于普通工科类院校，也不同于普通高等师范院校。其始终以培养"学术性、技术性、师范性"为一体的职教师资为目标，重视实训基地建设，注重学生动手能力和师范能力，使教育学与工学有机融合。多年的发展中，各职业技术师范院校付出了巨大的努力，逐步构筑起了较为完整的职教师资培养的学科体系，尤其在一些专业教学论方面取得了巨大的成就，如经济教学论、技术教学论等学科的发展奠定了职教师资培养的学术基础。

职业技术师范院校在多年的发展中积累了丰富的师资培养经验和成果，同时储备了大量从事职教师资培养的人才资源。职教师资是一种具有特殊性的专业人才，其培养必然也需要富有经验的专门人才资源。

从当前高校的师资队伍现状来看，缺乏大量的"双师型"教师，需要职业技术师范院校进行规模化培养。在层次上，由于种种因素的限制，高校普遍缺乏学科带头人、高层次教师和"双师型"教师，迫切需要职业技术师范院校进行规模化培养。

另外，我国的职业教育教师队伍除数量上的绝对短缺外，尚有培养体系不健全、职教特色不明显、师资整体素质不达标等诸多不足。从来源上看，一是普通师范院校的本科毕业生，他们具备教师的知识和能力，但缺乏与职业劳动相关的专业知识和操作技能；二是非师范类专业（主要是工科专业）的本科毕业生或硕士研究生，他们是按照传统的工程师模式培养出来的，未接受过教师技能的专业训练、拥有工程师的专业实践能力，和职教师资的操作技能要求尚有较大的差距；三是由其他行业招聘、调动或兼职担任应用型高校的教学人员，尚不能完全胜任职教师资的职责。就"双师型"教师而言，目前高校的做法主要是采取"送出去"和"引进来"的策略进行培养培训。但是将本校教师送入企业进行实践锻炼的方式往往效果不明显，存在教师和企业积极性都不高的问题，教师深入企业实践锻炼的待遇和工作量没有很好地解决，而企业自身在参与教师培训上存在积极性不高的问题。直接引入企业工作人员，还存在着教育理论缺乏的问题。那么面对这样的困惑，是否可以从源头上解决"双师型"教师培养的问题？显然职业技术师范院校对其进行专门培养应该是"双师型"教师的主要来源。

（二）综合性大学、理工院校和技术型院校附设职业教育教师培养机构

综合性、工科性、技术性大学有些在学科与师资方面具有优势，有些则在技术与实验上具有自己独特的一面，而这些优势既可以吸引优秀的生源，也可以为职业教育教师的教育提供完善的基础设施。世界上许多国家依托普通高校开展职业教育师资培养。如，日本、美国模式，在综合性大学内部设立高校教师的培养机构；德国和英国模式，在技术类的师范大学或者多学科类的大学内设立专门为高校培养教师的师范或者教育系。我国从 20 世纪 80 年代末逐渐在普通高校或师范院校设立职业技术教育学院。

五、质量保障

这一模式强调"双师型"教师培养过程的学术性，关注教师的理论素养和学术水平，主要进行学科专业知识和教育专业知识的教育，对于其专业发展具有重要的意义。但是这一模式走入了"知识决定论"的误区，拥有知识并不一定能够实现能力发展，能力的发展不仅仅是一个知识过程，也需要一定的行为塑造和实践反思。我们在实践中往往会发现，一些职业教育教师的知识理论非常扎实，但是他们在实践中缺乏相应的技能，也难以指导学生的实训环节。因此，需要改变职前培训中严重的学科化倾向，提高企业的参与度，引入现代企业的新技术、新工艺、新方法，跟上科学技术的发展，加大实践技能教学环节的比重。在职后培训中，明确企业与应用型高校合作的义务性，允许高校教师、学生能真正到企业实习锻炼，接触、掌握，新技术、新方法、新工艺，从而提高教师的专业实践能力。让"双师型"教师有更多的机会去企业实习，参与到真正的生产加工中去，提高自身的实践能力。为基层教师提供更多的学习实践机会。搭建更多平台使教师深入企业实践。建立有关制度考核评价教师赴企业实践的实效性。

第二节　校企合作培养模式

一、明晰教育理念：产学研相结合

"双师型"教师是一种复合型的人才，其具备理实一体的职业教育能力、从事职业教育科学研究的研究能力和把握最新职业发展动态的实践能力。这三方面的复合能力仅仅在学校中、书本中是难以形成的，而需要借助相关的实践平台和科研平台。从其成长规律来看，并不是先理论再实践或者先实践再理论或者理论实践同步进行的过程,而是较为复杂的,可能存在理论与实践的中介环节也在发挥作用,交织着理论学习、实践应用和科学研究等多方面的环节。总之,这类人才的特征和成长规律具有独特性。其培养模式不同于普通职教师资的培养模式,应有独特的培养机制。这类复合型人才难以在单一的空间和场域中培养出来,而需要优势互补的资源整合。通过产学研合作,就能够将学校和企业的各自优势发挥出来。学校在理论、教育和科研方面的优势明显,企业在生产实践、技术更新等方面的优势明显。二者互补能够为"双师型"教师培养提供平台。

产学研合作教育是一种以培养学生的全面素质、综合能力和就业竞争力为目的,利用学校、科研院所和企业三种不同的教育环境和教育资源,采取课堂教学与学生参加实际工作有机结合的方式,来培养适合不同用人单位需要的应用型人才的培养模式。产学研合作作为一种新型教育模式,主要是充分利用学校和企业、科研单位等多种场域在人才培养方面的各自优势,以书本知识和实践能力为主的生产、实际经验、科研实践结合的教育形式。实践证明,它是国际公认的培养创新人才的最佳途径。产学研结合即产业、学校、科研机构相互配合,发挥各自优势,形成强大的研究、开发、生产一体化的先进系统并在运行过程中体现出综合优势。产学研有机联合是培养"双师型"教师的必然选择,这种机制能够整合多种资源,便于形成"双师型"教师的复合型人才特质。

二、定位培养目标:理实一体的复合素质

产学研相结合所培养的"双师型"教师是一类复合型人才。其培养目标体现出复合化,主要是指从纵横两个维度上体现出其多方面、多层次的素质。横向上体现为专业素养、教育素养和职业素养的融合性,纵向上体现为理论知识层面、实践应用层面和研究创新层面的层次性。

产学研相结合的"双师型"教师培养模式所培养的人才具备相应的专业素养。理论知识层面体现为掌握所从事专业的基本理论体系。实践应用层面体现为能够在实践中熟练应用所学专业理论知识,具备较强的专业实

践能力。研究创新层面体现为能够在该专业领域进行科研创新。

产学研相结合的"双师型"教师培养模式所培养的人才具备相应的教育素养。理论知识层面体现为掌握扎实的教育理论。实践应用层面体现为能够高效从事专业教育工作。研究创新层面体现为能够开展专业教育研究，在专业教学论、专业课程论、专业教育心理等方面有所建树。

产学研相结合的"双师型"教师培养模式所培养的人才具备相应的职业素养。理论知识层面体现为能够掌握与专业相近的职业信息，并能将最新的职业动态和技术变革信息融入自身的专业教育工作之中。实践应用层面体现为能够应对技术变革和职业发展过程中的挑战而开展职业动向方面的理论研究与应用研究。

总之，该人才培养目标定位为专业素养、教育素养与职业素养的复合，并交叉渗透于其中的理论、实践与创新层次的复合。产学研联合培养的目的不仅旨在生产，还在于教育；它不但着眼于创造科学技术知识，更应该着眼于促进人的成长。

三、整合化的课程设置与实施

正是"双师型"教师人才特征的复合化决定了其课程培养体系具有整合化特点。从不同的角度可以将课程分为不同性质的类别，其课程体系体现出整合化特点。

一是专业课程、教育课程与职业课程整合。充分发挥教育学与工学的优势，通过教育学课程的开设与工学课程的开设构建一种具有复合型的知识体系。需要构建一种"职业课程＋教育课程＋专业课程"相整合的课程结构。

二是基础性课程、研究性课程和应用性课程相整合。基础性课程保证其专业素养基础、教育素养基础和职业素养基础；研究性课程能够培养其职业教育研究能力；应用性课程能够发展其职业教育实践能力和职业技能实践能力。显然上述不同类别课程的不同功能，决定了其体系整合的复合功能的实现。

四、多元一体的培养途径

培养主体多元化体现为高校和企业等人员多方面的参与，也就是说"双师型"师资的培养需要发挥高校和企业等多方面的力量。这类人才不是仅仅在某一领域或借助某一力量就能够培养出来的，而是根源于其复合的特点决定了其培养主体的多元化，其培养是一项跨界性活动。

高等院校主要发挥其学术性力量，为"双师型"教师的专业学术理论奠定基础；高校主要发挥其职业教育的力量，将职业教育发展的状况、职业教育研究的课题、职业教育理念等方面呈现出来，为"双师型"师资的职业教育素养提供保障；企业主要发挥其职业技能实践和职业发展信息的力量，尤其是使产学研中的"产"这一环节得以保障。然而，在现实中，企业培养主体忙于工作生产，而高校培养主体忙于教学任务和科研课题，都不可能把过多的精力用在"双师型"师资培养培训上，很难有真正在一起的时间和机会共同讨论研究生的培养，在一定程度上影响了培养质量。所以需要规范加强基于"双师型"教师培养的多导师合作制度，从而提高"双师型"师资培养质量。

"双师型"教师的多方面素质是一体化的而不是简单相加式的，是将各种素质内化于个体有机体之中，需要一体化的培养方式。所谓培养方式一体化，主要体现为理论与实践一体化、学术与工作一体化、研究与学习一体化三个方面。理论与实践一体化是指专业理论学习与职业实践训练相结合。在系统学习专业理论知识的过程中，通过职业技能训练加强对理论知识的理解，在实际生产过程中要熟悉零件的加工工艺、操作流程、机床的使用与维修，还要具备机械设计能力、具有一线生产经验，能解决生产过程中出现的种种问题。他们不仅是教学专家，还是实战行家，能够将理论知识、专业技能技术相互渗透、融合和转化；学术与工作一体化是指科研与实践相结合；研究与学习一体化是指在研究的过程中进行学习，在学习的过程中开展研究，实质上是研学融合。

（一）注重加强产学合作

将生产与教学紧密结合起来，构建质量效益型办学模式，采用四个

"结合"的教学模式，一是教师与企业生产"师傅"相结合；二是教学课题与企业产品相结合；三是理论与实践相结合；四是育人与创收相结合。

（二）注重教学与科研相结合

坚持"教研相长，学能并进"的办学理念，使职业教育更紧密地贴近生产和科研的发展，并锻炼造就一支既有理论知识，又具有专业技术研发能力的"双师型"教师。

五、质量保障

（一）加大产学研合作培养"双师型"教师的政策扶持力度

要完善职业教育教师到企业实践制度，对教师实践锻炼待遇做明确的规定，如教师的校内待遇、校外补贴、实践锻炼成果奖励等。建立监督考核制度，提高教师实践锻炼的有效性，使教师到企业实践制度逐步趋于完善：建立"双师型"教师定期到企业挂职锻炼的奖励政策，激励"双师型"教师定期到企业挂职锻炼，提高其专业素质。制定企业技术人员到应用型高校兼职的鼓励政策，将校企合作行为上升为政府行为，为学校或企业提供资金的支持，让企业、学校、兼职教师三方利益均不受损。比如，可以借鉴国外教师学术休假制度推动高校教师深入企业实践，规定符合要求的教师利用学术休假制度，不受教学工作的干扰，全身心投入企业实践锻炼之中。

（二）搭建产学研相结合的共同体实践基地

首先，成立"双师型"教师培养委员会。发挥人才培养、科研开发、社会服务等职能，主要包括定期召开产学研合作会议，保持职业技术师范院校、高校和行业企业之间的联系沟通；搭建院校与行业企业的合作桥梁，为职业技术师范院校引进高技能人才提供指导，为高校引进"双师型"教师提供帮助；收集相关行业企业的最新动态和科技信息，公布科研项目，组织相关的研究；加强与企业的联系，筹划和组织企业实践的培训，为教师提供专业学习机会。

其次，确定产学研合作项目。通过开发实用技术、进行技术服务等形式的科研课题及项目合作，使硕士层次"双师型"师范生始终处于行业实用技术的前沿，提高硕士层次"双师型"师范生的科研水平和技术能力，有利于硕士层次师范生向"双师型"方向发展，同时通过产学研合作项目创造技术成果，也能够为企业的技术应用和创新提供服务。

再次，建立公共实践基地，一方面能够使硕士层次"双师型"师范生直接从生产实践基地第一线获取企业生产的新技术、新知识、新工艺、新材料和新方法，获取相关职业资格培训证书，为培养"双师型"教师的目标打下良好的基础；另一方面由公共实践基地的高技能人才承担硕士层次"双师型"师范生的实践教学任务，有利于保证其实践教师队伍的高素质、高水平以及相对稳定性。

有些企业碍于情面，表面上接受应用型高校教师到企业实践，但不为教师在企业实践提供便利条件。产学研相结合不是停留在"企业到学校里看看，学校到企业里转转"的表面形式上的合作，而需要一种深度的合作，主要体现在对"双师型"教师培养的多个层面之上。首先是对"双师型"教师的培养定位和规格需要职业技术师范院校、高等学校和企业三方合作。深入企业了解生产中需要什么样的高技能人才，进而推导出培养高技能人才的"双师型"教师应具备什么样的素质。"双师型"教师最终要服务于高校，所以要明确高校对其人才规格的需求。定期到高校开展师资素质需求的调研，对现有"双师型"教师的优势与不足有深入把握。其次在课程体系的构建上需要职业技术师范院校、高等学校和企业三方合作。"双师型"教师培养的课程体系在表面形式上来看其主要存在于职业技术师范院校这一场域，但深层次上说是专业、教育和职业等力量的凝结。以课程内容为例，硕士层次"双师型"师范生究竟学习什么？既有企业一线的职业实践经验，也有高校教育教学的理论与操作，还有专业领域的系统文化，尤其是将企业生产实践中的最新技术和工艺不断更新和融入。再次在培养方式上需要学校和企业多方力量扮演多重复合型角色，实质上是一种深度合作。导师既是职业技术师范院校的教师，也可能是企业实践领域的技能大师，还可能是高校的教育教学名师。企业实践人员既是企业工作人员，也是职业技术师范院校的教师。一个个体的多重身份是在个体身上的深度融合，一个角色的扮演需要多个个体的多重身份背景合作。

第三节　自主成长模式

一、明晰教育理念：自主实践反思的过程

当前科学技术发展速度不断加快，新技术、新发明层出不穷，今天人们所学的知识和技术，明天可能就要滞后了。对于"双师型"教师来说，其需要掌握的技术实践能力随着技术的更新应不断提升。同时，在有限的时间内我们也不可能把人类社会中所有的知识和技术学完，特别是在当前知识经济时代，越来越呼唤"双师型"教师具备一种自主提升发展的能力，自主学习意识、自主学习能力成为"双师型"教师不断提升自我的主题。"双师型"教师的培养成长过程是一个自主实践反思的过程，"双师型"教师要永远能够与时俱进。

"双师型"教师对其专业活动的认识、理解和信念并不是从外部获得的，而是从内部构建的，构建的途径是通过多种形式的反思实现的。通过反思，"双师型"教师可以对自己及专业活动甚至相关的职业教育活动有更深入的理解，发现其中的职业教育意义和价值。"双师型"教师不仅仅只是储存已有教育观念的"容器"，"双师型"教师的工作不仅仅就是把其所获得的专业理论和教育理论应用于职业教育实践；也就是说，除了外部给予教师的理论知识之外，还存在着内隐于教师实践之中的、"行动中的知识"——个体知识。在"实践—反思"模式那里，"双师型"教师专业发展带有了更多的主动探究和自我改进的色彩，突出教师自身在其专业发展中的主体地位和价值。其专业发展过程是一种自我理解、自我成长，即专业发展是人的发展，它不是外在的、技术性知识的获取，而是通过各种形式的反思促进教师对于自己专业活动的理解。通过诸如写日志、传记、构想、文献分析等方式单独进行反思，或通过讲故事、信件交流、教师交流、参与观察等方式与人合作进行反思来实现发展。

"双师型"教师专业的发展依赖于教师对自己的教学行为进行反思性的观察。对教学影响最大的因素既不是教育理论，也不是技能训练，而是教

师通过自己的上课所获得的对有效教学的理解。因此，教师应该让自己置身于不同的教学风格和方法中，反思自己的以及别人的教学，做自己的老师，从这些体验中获得更多的益处。反思性的观察就是一种教师主动学习和成长的途径，"双师型"教师专业是一种鼓励认知、尝试、分享和推广合理性实践的个人内心的加工过程。舍恩（Donald Schon，美国）的"反思性实践家"这一概念是作为抗衡近代主义的专家形象——"技术熟练者"而倡导专家形象的。舍恩指出，历来的专业是把专业知识和技能运用于实践情境的"科学技术的合理运用"之原理作为基础完成工作的；而当今的专家则是投身于顾客所面临的复杂的泥沼般的问题之中，基于"活动过程的省思"，同超越了专业领域的难题进行格斗。在"反思性实践"中，"实践性认识论"替代"技术性熟练者"，构成了专家活动的基础。模式认为应当关注"实践"，强调"实践"本身所包含的丰富内涵，关心"教师实际知道些什么"并在这个"实然"的基础上提出专业发展的设想；认为教师专业发展的目的并不在于外在的、技术性知识的获取，而在于通过这种或那种形式促使教师对于自己、自己的专业活动直至相关的物、事有更深入的"理解"、发现其中的"意义"，以促成所谓"反思性实践"。把教师的实践性知识和实践性智慧视为教师专业发展的重要基础，注重从教育教学活动的实践需求出发，鼓励教师的自主学习和自我活动，把理论和实践紧密结合起来。"双师型"教师专业发展过程实质上突出了教师个人的主体性，强调了教师个体的个性化实践经验。从根本上说，职业教育教学活动是一种个性化的艺术活动，因此我们很难通过程式化和模式化的规范去约束教学行为。教师在教学活动中完全可以根据自己的个性化经验进行创造和实践，职业教育教学过程是教师个体生命意义的一种体验过程，教师的专业发展是一种自我反思、自我理解和意义体验的过程。

二、定位培养目标：可持续发展能力

未来的"双师型"教师仅靠职前教育和职后培训所获得的知识经验仍然不够，必须提高自身的可持续发展能力，它是指教师在个体发展过程中既要适应当前的发展，又要有利于今后的发展，更要为今后的又好又快发展提供充足的养分和条件，这也是个体发展的需要。"双师型"教师的可持续发展能力具体包括自主发展能力、自主学习能力、自我反思能力。

（一）"双师型"教师自主发展能力

教师自主是一种自主性职业发展的能力，自主的教师能够真正懂得教学技巧何时、何地、为何以及如何在教学实践的自觉意识中获得。"双师型"教师应具有强烈责任感，在教育教学活动中能够不断反思，具备自主的可持续发展能力。对技术技能提升的渴求应成为"双师型"教师成长发展的基本动力和前提条件。"双师型"教师要有自我认知的能力，对个体需要与专业技能发展目标关系认识准确，不断激发自我学习的动力，明确自己职业人生发展的目标。自我认知、自我批判、自我超越、自我创造应成为"双师型"教师专业成长的目标。

（二）"双师型"教师自主学习能力

"双师型"教师的成长经历了"教师教育—教师培训—教师学习"这样几个历程，教师学习是当代教师发展问题的逻辑走向。从教师教育、教师培训转向教师学习，实质上是对教师主体地位和教师自身价值的肯定。美国学者泰勒就曾预言，未来的在职培训，将不被看作是"造就"教师，而是帮助、支持和鼓励每个教师发展他自己所看重、所希望增加的教学能力。占指导地位的、被普遍认可的精神，将是把学习本身放在最重要的地位。所谓教师学习，是指教师在自身努力或外部环境等因素的影响下，其专业知识、专业能力和专业态度等方面得到成长变化的过程或活动。教师学习是以教师主动性为核心的学习成长过程或活动，是对已有教师培训、教师教育的超越与发展。教师培训和教师教育等方面的工作有效开展实质上是以教师如何有效地学习或教师学习的内在机制为依托的。"双师型"教师学习不能简单地等同于教师培训，而是教师主体性和教师内在动力突显的一项活动。

（三）"双师型"教师自我反思能力

美国心理学家波斯纳（Posner）曾提出教师成长公式：经验＋反思＝成长。他指出，如果教师仅仅满足于获得经验而不是对经验进行深入的思考，那么他的发展将受到很大的限制。反思型教师能够成为终身学习者，教师具备反思的意识和能力，就能够持续不断地对自己的教育教学实践进行反思，便能够不断提高自我。学会反思是"双师型"教师发展中的重要内容，反思也是"双师型"教师可持续发展中不可或缺的教育教学行为。"双师型"教师通过自我反思，不断重新认识自身的教学行为和理念，能够促进自己对职业教育教学活动有更深刻的理解。从"双师型"教师的职业实践技能获得来看，很大程度上属于缄默知识的范畴，需要依靠"双师型"长期的实践反思；从"双师型"教师的教育教学能力来看，也需要有自身的反思。

三、课程设置与实施

（一）职业生涯规划教育课程

我国高校教师传统的职业生涯成长路径是"助教—讲师—副教授（高级讲师）—教授"这样一种模式。其实，这种路径缺乏企业或行业的技术能力和实践能力等元素，很难满足职业教育的要求。"双师型"教师作为职业教育教师，要突出其生产实践、企业技术等特色，其相应的成长路径应为"助理工程师—工程师—高级工程师—教授级高级工程师"与"助教—讲师—副教授（高级讲师）—教授"相交融，体现出"双师型"教师的成长过程是伴随着生产实践能力提升的教师学识水平发展的轨迹。所以，从这一角度上说，"双师型"教师自我成长的过程需要做好自身的职业生涯规划。

（二）教师实践案例课程

"双师型"教师的知识结构中存在着一类由职业实践知识、教育实践知识和专业实践知识所构成的实践性知识，这类知识直接奠定了"双师型"教师区别于其他教师的独特属性。这类知识如何获得？恐怕很难依靠别人告知或书本阅读的方式，而是和"双师型"教师在其实践活动中不断内化、反思密切相关，是基于实践的反思而形成的一种个体化经验。所以，在"双师型"教师的职前培养、职中工作和职后培训过程中，也都离不开一种教师实践案例课程的学习。通过实践案例课程，对于职前"双师型"教师可以借鉴其实践经验，对于职中工作的"双师型"教师可以与其自身的实践探索相对照取长补短，对于职后培训的"双师型"教师可以提升自身实践经验。

（三）自我认知课程

对于传统的高校"双师型"教师培养，缺乏一种自我认知的教育。教师教育课程设置中，存在着认识其他事物的课程，而缺乏认识自我的课程。需要加强"双师型"的自我认知意识和能力，对自身的专业发展方向能够自主认识。对"双师型"教师培养的自我认知课程主要围绕三个方面进行：对自己过去发展过程的意识、对自己现在发展状态和水平的意识、对自己未来发展的规划意识。

（四）微格教学法课程

微格教学法是一种反思教学的教师教育课程，可以把"双师型"教师的教育教学活动进行录像，然后重新回放录像内容，"双师型"教师及相关人员边看边议，尤其是教师自己在观看自身活动的录像中，能够不断认识自身的优势和不足，不断反思，逐渐形成自主发展的思路。同时，其他观看者以旁观者的视角可以为录像中的教师提出改进的意见和建议。

四、培养途径

（一）"双师型"教师做好自主规划工作

有规划和目标的活动往往能够事半功倍，没有规划和目标就可能眉毛胡子一把抓。"双师型"教师的自主成长需要自主规划其职业人生。分析自身欠缺什么素质，需要哪方面的提升，那么近期主要学习什么、弥补什么，职称评定、技能提高、学历提升、企业经历等环节在什么时候完成，通过什么方式实现。不断进行自我分析，尤其是在教育教学能力和职业实践能力方面有具体的分析；制订发展目标和行动策略，朝什么方向发展，通过什么途径开展行动。

（二）基于"双师型"教师发展阶段分层次提升

"双师型"教师的各种素质需要一个连续性和阶段性的成长过程，根据自身职业生涯发展的规律，总是应经历几个发展阶段：从新手型"双师型"教师，到熟练型"双师型"教师，再到专家型"双师型"教师。这就需要"双师型"教师自身做好职业生涯的规划。新手型"双师型"教师实际上是一个初入门的阶段，要关注基本的教育教学能力、职业实践能力发展。熟练型"双师型"教师要关注经验提升、技术更新、智慧积累等方面的发展。专家型"双师型"教师要关注企业应用技术研发能力、技术服务能力、教育创新能力等方面的发展。基于发展阶段分层次培养，有助于实现"双师型"教师由被动发展向自主发展跨越，使每个层次的教师都有所发展。

（三）"双师型"教师主动开展校本教研

结合学校的特色专业、精品课程、教材建设等工作，承担教学研究、专业建设和课程开发的工作，通过自主探索提升自身素质。可以对自己在教育教学过程中遇到的问题开展行动研究，在研究过程中解决自身遇到的问题，并能够提升自己的理论水平和经验。"双师型"教师的成长过程就是不断地开展校本教研而逐步丰富知识和经验的过程。

（四）主动撰写反思日记

反思是个体活动中的一种高级形式，是活动主体对自己的观念与行为进行的认知和审视。反思是"双师型"教师自主发展的重要途径。通过撰写反思日记，能够促进教师教育教学方法的改变，提高教育教学质量；能够帮助教师自身不断反思自己，总结经验，提高自身素质；也能够在反思中升华出具有普遍实际意义的理性认识，可以提高"双师型"教师的科研能力。主动撰写反思日记，主要反思自身的教学行为、管理行为和生产实践指导行为。通过反思日记，"双师型"教师能够以批判的眼光反观自己，分析相关问题产生的原因，总结经验和吸取教训并能够自觉提出改进发展的建议。

五、质量保障

建立教师自我培训的机制，通过制度和奖励政策激发教师的内在动力，发挥教师个体在"双师"培养过程中的主观能动性。要求教师根据自身条件，结合学校的"双师"目标规划，有针对性地通过自学自培，不断提高完善自我。

（一）建立"双师型"教师激励机制

一是在职称评定和工资晋级方面，"双师型"教师在同等条件下优先；二是年度考核、评优奖励向"双师型"教师重点倾斜；三是提高经济待遇，设立"双师型"教师专项津贴；四是在选拔专业带头人和骨干教师、提拔干部时，优先考虑"双师型"教师；五是在学术进修、科研项目申请、课程安排等方面要优先考虑"双师型"教师。另外，要让"双师型"教师积极参与学校的管理，教师根据自身的条件积极为学校的发展献计献策。

（二）改革高校教师职称评审标准

我国高校教师的职称评审标准很大程度上是参照普通院校的，注重论文和科研项目的质量，未能准确反映高校教师的实践操作能力、技术技能人才培养水平等方面，这样的职称评审标准显然是不利于"双师型"教师队伍建设的，所以有必要修改完善高校教师职称评审标准，把技能考核作为职称评审的主要标准，适当降低学术水平要求，制定符合职业教育实际的职称评审标准，真正凸显职业教育对"双师型"教师的素质要求。

（三）提供"双师型"教师参与各项活动的机会

个体的自主发展意识和能力往往是在参与活动中得到增强的，高校要为"双师型"教师提供多方面的参与活动。在专业建设、课程开发、教学改革、学术交流等方面加大"双师型"教师参与力度，可以有效地促进"双师型"教师发展的自主意识。比如，在专业人才培养方案制定活动中，"双师型"教师参与研讨人才培养定位、讨论课程设置、确定培养机制等方面，可以增强"双师型"教师在人才培养中的责任感，同时使其能够找到自身在人才培养中的地位。

第四节　文化生态模式

　　以往人们对教师培养的研究，多关注借助外部力量来促进教师的发展，多考虑学生的发展、理论的培养等方面，实际上多是从外部孤立地看待教师的成长，很少关注教师与教师之间及相关因素的关系对教师成长的影响。从文化生态的角度看，"双师型"教师的培养成长是在与其他人、事、物相互的关系中进行的。"双师型"教师是学校学术文化与企业职业文化的融合，"双师型"教师是一种文化象征。文化是事物内在的灵魂，"双师型"教师之所以为"双师型"教师，根本上在于隐藏和形成于其身上的文化。技能是"双师型"教师的外显行为，而文化才是"双师型"教师的根本。在当前的职业教育实践中，亟须形成一种"双师型"教师培养的文化生态模式。文化生态是指一定时代各文化要素之间相互关联所呈现的形态以及由此形成的一种具有特征性的文化结构，它在本质上规定并表征着人的生存方式及其相互关联。"双师型"教师的文化生态培养模式就是将"双师型"教师视为一种特殊的文化，并将其置于相互联系的文化生态系统之中，在相互关联中实现"双师型"教师的成长发展。

一、明晰教育理念："双师型"教师发展是一个文化生态过程

　　前文的三种培养模式分别从理性、技术和实践视角探讨"双师型"教师成长发展问题，表现出"重视知能、忽视人文"的倾向；较多体现出工具理性、标准划一的教师发展观；缺乏文化关怀和文化关切，尤其是对处于不同文化背景下具有独特性、异质性的"双师型"教师成长发展缺乏关注。对教师的研究，从关注个体的认知加工和操作技术转向关注个体与个体之间的关系。个体发展是在其所处的环境中逐渐成长的，是个体与文化相互建构的"参与中转变"过程。人类发展是人们参与社区社会文化活动的不断变化过程，事实上，"双师型"教师发展离不开特定的社会文化环境，离不开周围的教师以及教师之间的相互影响和社区的活动。"双师型"教师的成长发展正是他们在参与职业文化活动过程中与社会群体相协调的

各种变化过程，教师是作为职业文化活动的参与者，通过"参与中转变"而不断获得发展的，而且这种发展只能通过其不断变化的文化实践和所处的社区环境来理解。

同时，"教师专业发展即生态变革"的观点强调教师专业发展并不全然依靠自己，而更应该从其所处的环境中寻求发展动力。因此，需要确立一种文化生态的发展模式。文化生态培养模式下的教师在其教育教学过程中，其专业实践风格是个性化的，教师在其实践中并不是完全处于孤立状态中，其专业知识与能力并不全然依靠自己，教师并非孤立地形成教学策略和风格，教师向他人学的更多，教师专业发展依赖于群体性的教学文化或教师文化。不应把教师当作孤立的个体，而应置于文化关系、社会关系之中来理解。因此，"双师型"教师发展需要一种合作的发展方式。文化生态培养模式主要聚焦点不是学习某些学科知识和教育知识，也不是个别教师的反思，而是建构合作的教师文化，在合作互助中促进教师的发展。"双师型"教师的培养发展过程实质上是校企合作、工学结合、理论与实践、个人与群体等多方面的合作融合过程。

"双师型"教师的成长发展是一个文化生态过程，旨在从三个层面关注教师培养问题。①教师个人层面。通过对教师在文化活动参与中的个人成长经历、认知方式、思维模式、价值观念、处世态度、生活方式等的分析与解读，考察和剖析特定社会环境和文化对教师个体发展（表现在教育观念、知能结构和文化性格等方面）所产生的影响。②教师群体的人际层面。教师与同伴之间的合作交往是教师专业发展的重要方面。尤其是师傅带徒弟的方式是一种较为有效的教师培养之路。③职业教育文化生态环境层面。教师所处的工作生活环境对其专业发展也有着重要的影响作用。"双师型"教师的成长正是出于职业技能的熏陶和职业文化的涵养之中。文化生态模式下的"双师型"教师专业发展需要建设具有校企融合特点的学校文化，将企业文化融入学校，在学校营造企业化的氛围，建企业格言墙、励志格言墙，与企业合作在校内设立生产流水线，有校办工厂，生产和加工产品，建一体化教室，实行一体化教学，通过产教结合培养学生，以推动和促进"双师型"教师专业发展水平的快速提升。

二、定位培养目标：形成一种"双师"文化

学习教学技能和职业技能对于"双师型"教师的培养成长具有重要的意义，但是在教学中，"专家"或"熟练者"的能力无法"直接"地传授给其他人，也就是说，在教学领域中"方法"不是"公共的"；更重要的是，对这个教师是"好的"有效的方法，对那个教师而言未必也是好的。而只有教师在专业精神、信念、价值观等文化层面得到涵养，才能成为具有内涵个性的教师。教师专业内涵的核心，或者说专业精神的原动力应该是文化，只有强大的文化才是教师专业能力、专业素质的根基。教师文化被看作是一种组织文化或群体文化，它是教师群体在共同的学校教育环境里，在教育教学过程中创出来的物质成果和精神成果的总和与表现。教师文化可以被划分为三个层次，即教师的思想观念层次、价值体系层次和行为模式层次，这三方面共同构成教师文化整体。"双师型"教师的文化生态培养模式旨在形成一种双师文化。双师文化深入渗透到教师的信念、态度、对工作的理解和教育教学行为之中，能够对"双师型"教师的培养发展产生深刻的影响。

（一）坚定尊重技术技能的"双师型"教师的职业教育信念

信念是人们对某种观点、原则和理想等所形成的内心的真挚信仰。一个个体从事一项工作，只有其从内心深处信仰这项职业工作，那么才能真正地融入这项工作中。"双师型"教师也是如此，信念是其成长发展的思想基石，将直接影响行为。信念在个体的专业或职业发展中处于最高层次，它统摄着个体素质结构的其他方面，因此，"双师型"教师的职业教育信念是一种深层次的文化结构。当前，我国社会大环境和宏观教育环境中都存在一种鄙视技术技能的现状，将职业教育视为下等教育、不会被首选的教育。面对这样的现状，"双师型"教师应始终坚定一种高度重视职业教育的信念，坚信技术技能在国家社会发展中的重要作用，坚信职业教育在国家社会经济发展中的价值。教师信念的确立是教师文化形成的根基。

（二）形成走进企业实践的"双师型"教师态度

教师文化构建就是在确立信念的基础上转变教师现有的不适应学校发

展的态度，并随着态度的更新产生持久的行为倾向。"双师型"教师区别于普通教师的主要标志是其实践技能、企业实践经历。形成"双师型"教师文化需要"双师型"教师有一种积极的企业实践态度。因此，"双师型"教师要主动走进企业，参与企业生产实践。面对当前"职业教育吸引力不足""职业教育是二流教育"等观念和现实，"双师型"教师要能够具备热爱生产活动、尊重技能人才、捍卫职业教育等态度。对于企业生产实践，"双师型"教师以一种积极融入和走进的态度面对，而不是远离或用另一种鄙夷的目光看待。要转变不合理、不正确、消极的态度，形成正确、积极的态度。换句话说，"双师型"教师是关注企业生产实践的教师，应始终能够积极融入企业实践。这一目标的实现需要提高"双师型"教师的工作满意度，增强"双师型"教师对职业教育的文化认同。

（三）塑造行动导向传递技术技能的"双师型"教师行为

教师文化基于教师的信念，由内而外展现，最终落实在教师的专业态度和教育教学行为上。教师行为是教师文化的外显表征，"双师型"教师行为主要表现为技术技能教育和传承，如教育教学方法的使用、与学生的交流互动、与同事的交往、与企业生产的联系等。"双师型"教师能够转变传统的教育教学行为，采取符合这类学生特点的教育教学方式，运用行动导向着重传递技术技能。行动导向的教师行为是"双师型"教师区别于普通教师的一个重要标志，这根源于"双师型"教师所属的教育活动性质，教授技术技能而不是单纯的理论知识。

三、凸显"双师"文化的培养体系

"双师型"教师是一种特殊的文化形态和文化象征，"双师型"教师的培养是一个文化过程，"双师型"教师的成长发展依赖于"双师"文化。"双师"文化的培育是一项复杂的系统工程，需要构建一个政府、应用型高校、应用型高校教师以及"双师"群体共同参与的立体网络。"双师型"教师的深层次成长发展是一种文化过程，其体现为学术文化、企业文化和教师文化的融合。建设具有校企融合特点的学校文化，将企业文化融入学校，在学校营造企业化的氛围，通过产教结合，以推动和促进"双师型"教师专业发展水平的快速提升。总之，"双师型"教师的复合型知识结构需要采取"学校与企业、工作与学习、理论与实践"等跨界的课程文化教育。开设相关课程，专业课程（教材）开发中吸纳职业文化，课程开发与职业文化相对接。同时，也要注重潜在课程的文化感染。鼓励企业技术人员到应用型高校任职，宣传企业的价值观念，实现企业文化与校园文化的融合，构建"学术文化、企业文化和教师文化"融合的课程文化理念。

四、培养途径

教师发展总是在一定的文化生态系统中实现的，学校需要为教师发展创造良好的文化生态环境，在人与文化的相互建构中实现学校和教师的主动发展。教师信念的发展要受到教师从教后的教育实践、所处的社会环境条件、教师群体间的文化特质以及自身的知识储备等因素影响。

（一）创设良好的学校文化生态系统

从文化生态培养模式来看，教师信念与教师教学行为并非因果联动的关系，而是处于互动关系中，即教师的信念产生与教师实践和教师生存环境，受制于其所处环境中的价值观和文化，同时影响、指导教师的实践活动，而教师在教学实践活动中进行的反思和积累的经验又可以改变教师已有的信念。此外，无界化整合校内资源推动"双师型"教师队伍建设。

（二）将"双师型"教师置于企业文化环境下熏陶

基于"双师型"教师的成长是一个文化过程这一理念，着重通过技术文化、职业文化、企业文化等内在的力量构筑"双师型"教师的精神价值。教师价值观的改变和行为的改进，有时候很难由别人强制灌输和改造，而需要放在相适应的文化环境下自然熏陶和创生。"双师型"教师的成长需要依赖于真实的企业文化环境，只有深入真实的企业文化环境之中，"双师型"教师才容易而且深刻地内化和生成职业教育的价值与行为。

（三）创设好组织文化

教师的成长发展是教师与情境交互作用的过程和结果。组织文化是影响"双师型"教师成长发展的重要文化情境之一。大力倡导教师之间的交流合作与知识共享，相互借鉴、相互汲取经验。教师是学习共同体的成员，在交流合作中实现其专业发展。一方面是"双师型"教师在师傅带徒弟的模式中成长，新教师找一位经验丰富的老教师做专业课教学的指导教师，得到老教师一对一、一帮一的有效指点。在教学过程中，要求相互听课，相互交流，相互探讨。老教师要毫无保留地把专业课知识传授给新教师，新教师要敢于独立解决专业课教学中的疑难问题，在教师教育教学经验的传递中汲取营养。通过积极互动，促使新教师专业知识水平的快速提升。实践表明，对于"双师型"教师职业教育教学能力的提升和职业实践技能的获得，"师傅带徒弟"的模式有着不可比拟的优势。另一方面是"双师型"教师之间的合作交流，在相互交流中不断内化各种信息，完善自身的认知、态度和行为。发挥学科带头人的引领作用。构建学科带头人技术研发制度，选派学科带头人定期赴国内外应用型高校和企业考察研修，使学科带头人掌握职业教育和企业生产的最新动态。为学科带头人创造参与技术改革和生产研发的条件，通过传帮带引领其他教师发展，进而提升整体"双师型"教师素质。

（四）加强院校之间的交流合作

"双师型"教师培养的成本高，应用型高校之间应该建立优势互补、资源共享的平台，加大纵深合作，使"双师型"教师培养的资源得到充分有效利用。应用型高校可以选拔一批专业带头人和教学科研骨干到普通高校或科研单位去提升学历学位，提高专业理论水平。也可以在应用型高校之间经常进行交流访问活动，聘请兄弟"双师型"教师能手担任校外兼职教师，组织教师听公开课、示范课，参加研讨会等。

（五）基于团队建设提升"双师型"教师能力

在"双师型"教师的成长发展过程中，存在着缺乏团队依托等问题，处于自发松散的状态，影响教师发展的动力。为解决这一问题，北京电子科技职业学院基于团队建设提升教师实践能力。共同的团队建设目标，有利于激发教师参与专业实践的积极性，在团队建设的目标和共担责任的认同过程中，提高了教师对实践能力在人才培养中重要性的认识，增强了对自身素质能力现状的自我认知，感受到来自组织和同伴对提高素质能力绩效的压力。同时，借助团队带头人的影响，与相关企业建立优势互补的稳定合作关系，为团队成员教师发展提供稳定的基地。团队建设有助于发挥团队成员的自主性和创造性。

五、质量保障

（一）关注整体的"双师型"教师

教师的发展不仅仅是外在的教学行为改变，还应重视其内在的价值内化。关注"双师型"教师本身的同时，更要关注其所处的环境。转变过去那种剥离出背景和文化因素的个体式教师关注方式，而将其置于复杂丰富的文化背景下，整体全面地认识"双师型"教师。不仅仅关注"双师型"教师的教学能力，也要关注其教育价值观和态度。

（二）形成"双师型"教师发展的竞争与合作机制

在群体的相互联系中往往能够得到深远的发展。比如，技能竞赛机制可以培养和提高"双师型"教师的素质。一方面，可以组织校内教师开展专业技能比赛活动，聘请行业企业的技术专家出题、当评委，学生和其他教师当观众，在这样的专业技能评比活动中能够提升"双师型"教师素质。另一方面，在指导学生参加各种应用型高校技能大赛的活动中，培养和提高"双师型"教师素质，以赛促学、以赛促练、以赛促教，在技能的竞争中提高技能。

（三）通过文化氛围建设进行感情激励

为"双师型"教师营造宽松的、民主参与的、具有发展意义的、具有凝聚力的校园文化和学术氛围，使"双师型"教师能够民主参与高校管理，满足尊重需要，产生自我价值的实现感。最终能够吸引企业高技能人才进入，减少"双师型"教师流失，以感情激励的方式使"双师型"教师热爱职业教育，愿意投身职业教育教学活动之中。

（四）实行发展性"双师型"教师评价

教师评价是教师发展的重要反馈调节环节。对教师评价的理念直接影响着教师成长发展的路径和模式。生态系统包括多个层次，在每一个层次中都具有丰富的变化，即都存在多样性，它体现了生态系统结构的多样性及生态过程的复杂性和多变性。考虑每位教师自己独特的文化生态环境，关注到教师成长发展的差异和个性。建立多元化的评价指标体系，采用多样化的评价方式，尊重教师的人格和尊严，强调教师之间、评价者和被评价者之间的合作与交流，将激发教师专业发展的热情和需要。

第八章 新时代高校"双师型"教师的
培育方法

第一节 强化培育意识

一、突出培育核心内容

(一) 教学能力培育

现代职业教育的培育目标是技术应用型人才,所以在课程设置及教学模式上也应以此为主线。学生的技能培育是通过实践教学来实现的,而实践操作中涉及的使用原理、问题分析等又需要专业理论知识的支撑。课程设置与教材选用也应该具有理论知识适度、技术应用能力强、知识面广泛的特点。教师在设定教学内容和方法时,更要注重将理论教学与工作实践紧密结合,使学生能学以致用。这一过程可视为"双师型"教师教学能力的自我培育。

(二) 实践能力培育

现代职业教育一般实践性都很强,"双师型"教师在教学过程中除需重视理论教学外,还必须加强实践教学,注重培养学生独立思考、分析和应用的能力。这也必然要求"双师型"教师具有丰富的岗位实践经验。但在传统教育体制下,培养的教师虽然具有丰富的专业理论知识,却未必了解企业生产、管理的实际,缺乏组织学生进行专业实践活动的经验和技能。很多设备及生产线,"双师型"教师大多仅看过没做过,教学过程无法形象生动，只能照搬书本理论知识；专业知识老化陈旧，知识面狭窄，课堂讲授内容没有足够的广度与深度。

现代职业教育"双师型"教师培育应把实践能力培养作为重要内容。加强"双师型"教师定期实践培育，并以制度规范之，是提高"双师型"教师实践能力的有效途径。学校应加强与企业的紧密合作，互通有无，实现资源共享和互补。可以将具有丰富理论教学经验的教师有计划地送入企业实践锻炼，使知识结构随技术发展及时更新。还可以面向社会及企业聘用实践经验丰富的专业人员担任兼职教师，促进学术型和技能型的教师相互转化。

（三）科研能力培育

积极引导教师开展科研，是建设高质量"双师型"教师队伍的重要保证。现代职业教育"双师型"教师培育应开拓出自己的特色道路，不能盲目向普通高校靠拢。应将重点放在如何培育"双师型"教师的方向上。"双师型"教师必须具有一定的科研能力。通过进行科学研究，"双师型"教师能够提高其自主创新能力，在拓宽视野的同时，加深对教学内容的理解，使知识结构及时更新，提高自身的综合素质。科学研究内容反映了本学科的前沿动态，这也有助于教师在教学过程中改进教学方式、更新教学内容，以拓宽学生知识面、提高教学质量。

二、精心设计培育课程

（一）理论知识系统化

"双师型"教师参加各基地的国家级培训，在时间和课程安排上都有相对统一的规定，各基地严格要求参培教师完成培训的所有课程，以确保培训目标的实现。

"双师型"教师需要具备教学创新能力和教学研究能力，没有系统化的理论知识，教学创新能力和教学研究能力将无从谈起。因此，系统化的理论知识在系统培育课程中不仅不能省略，而且十分重要。它有助于"双师型"教师在职业教育人才培养中，用研究者的眼光去发现问题、解决问题，提高对本专业领域问题进行深度研究的能力。

传授系统化的理论知识是系统培育课程的优势，为保证专业理论的系统化培训，应认真制订"双师型"教师培育方案，抓紧课程和教材开发工作。统一开发出来的培育课程和教材需要不断完善与充实，以保证"双师型"教师培育的专业理论知识培训。

（二）技能知识实践化

除了系统化的专业理论知识培训外，"双师型"教师将理论知识应用于实践、提高解决实际问题的能力在培育中同样重要。要积极促进"双师型"教师专业理论和技能水平的同步提高，这也是现代职业教育"双师型"教师培育与普教教师培训最根本的区别。

（三）教育理念国际化

参加现代职业教育"双师型"教师培育，能使"双师型"教师视野开阔、教育理念新、职教信心强。系统培育课程使他们学会了用分层法给学生上课，用欣赏法鼓励学生，用以生为本的思想尊重学生。现代职业教育"双师型"教师培育可以通过专题讲座等形式来实现，聘请国内外职教研究专家介绍国内外职业教育办学模式、教学模式和教学方法，引导"双师型"教师形成国际化的职业教育理念。

（四）教学手段现代化

教学手段现代化是所有教育类型在现代化教学进程中的必然选择。进入 21 世纪以来，在国家大力发展职业教育的方针政策下，各应用型高校尤其是示范性应用型高校的硬件建设取得了十分可喜的成绩，现代化的多媒体教学设备被广泛运用，各种教学课件的制作软件也应运而生。如何选择和使用好这些设备和软件，增强学生的学习兴趣，提高教育教学质量，是现代职业教育"双师型"教师培育中普遍面临的一个问题。

现代职业教育"双师型"教师培育方案应安排一定学时的备课、说课及教学演练环节。每位参培的"双师型"教师把自己在教学中的专长、绝活和经验，通过课堂教学实践或经验交流会等方式向大家展示，互相启发、共同提高，以提升"双师型"教师教学手段现代化的能力和水平。

三、充分发挥培育优势

职业技术师范教育兼具师范教育和职业教育的特点，是我国高等教育领域中的特殊群体，多年来为国家职业教育提供源源不断的师资，为职业技术师范教育的发展不断开辟新的道路。而今，他们也应成为现代职业教育"双师型"教师培育的主力之一。

职业技术师范教育是高等教育系统的组成部分，但又有不同于其他高等教育的特殊属性，人才培养的学术性、职业性和师范性是其本质特征。对学生（此时的"学生"毕业后即是走上职业教育岗位的"教师"）进行抽象系统的学科理论培养，让学生掌握某一专业的高深专门知识，即"学术性"；因毕业后从事职业教育工作，所以职业技术师范生必须熟练掌握某一职业或技术的操作规范与技能，即"职业性"；日后从事职业教育需要掌握教育与教学工作的知识与技能，因而必须学习教育学、教育心理学及专业教学法课程，称为"师范性"。学术性是理论基础，职业性是实践要求，师范性是最终目标，三者相互交叉、相互渗透、相互促进，共同构成了一个系统的职业技术师范教育体系，积累了极为丰富的经验与研究成果，储备了大量从事职教师资培养工作的人才资源，形成了现代职业教育"双师型"教师培育的特殊优势。

这种特殊优势是现代职业教育"双师型"教师培育特别需要的。这些优势包括：第一，"双师型"教师的专业精神。包括爱岗敬业、热爱学生，对教师职业的自尊自信，注重"动手动脑，全面发展"的教学思维以及对职业教育深刻的认识。作为一名"双师型"教师，若缺少了专业精神支撑，其专业素质将存在极大缺陷。第二，"双师型"教师的专业知识。包括学科知识、教育心理类知识、组织管理类知识及其他综合性知识。第三，"双师型"教师的专业能力。职教师资的专业能力不是他们在某一门技术或学科方面的专业能力，而是其作为技术或学科的传授者，作为一名教师所应具备的教育教学方面的能力。第四，"双师型"教师的实践能力。突出表现为实训教学中的技能指导能力、与行业发展实际相结合的技术跟踪能力以及实际操作开发能力。如此优秀的现代职业教育"双师型"教师培育资源，岂可不重而用之?

鉴于职业技术师范教育在培养职教师资方面的独特优势,在大力发展职业教育、提高等职业教育业教育办学质量的新形势下,更应积极发展职业技术师范教育事业。职业技术师范院校则应坚持多年形成的敢于创新、大胆探索的办学风格,继续创新现代职业教育"双师型"教师培育模式,培育更多、更高层次的职业教育需要的、既能讲授专业理论又能指导学生实践的"双师型"教师,更好地发挥在培养职教师资方面的骨干和示范作用。同时,要急国家之所急,想国家之所想,努力为中西部和边疆民族地区培养下得去、留得住、教得好的现代职业教育"双师型"教师,体现其不可替代的特殊作用,为现代职业教育发展作出贡献。

因此,特别需要建立支撑现代职业教育"双师型"教师教育的国家制度和培养体系,突出职业技术师范院校对于现代职业教育"双师型"教师培育的特殊优势。

四、建立健全激励机制

建立健全激励机制,是促进现代职业教育"双师型"教师培育的重要策略。心理学理论认为,人人都需要激励。个体在适合于本身需求的外部刺激下,会产生一股强大的自动力,这种自动力是个体积极性的源泉。而激励的最大作用则是激发"双师型"教师的潜力。"双师型"教师队伍的质量提升,除了依靠常规管理措施外,还应该通过激励机制,将提高"双师型"教师质量水平转化为其本人的内在需求,才能获得更加满意的效果。

由于"双师型"教师是理论知识和实践能力都造诣较深的教师群体,承担着较一般教师更为繁重的工作任务。因此,应加大"双师型"教师培育的激励力度,制定"双师型"教师培育的奖励政策,使"双师型"教师在职称晋升、出国培训、工资津贴等方面享有相对优厚的待遇,以保证"双师型"师资队伍的稳定,同时也便于吸引更多优秀人才投身现代职业教育,更好地促进"双师型"教师队伍建设。尤其在职称、职务晋升方面,要充分发挥职称评审、业绩考核的导向作用,根据现代职业教育"双师型"

教师的特殊性，出台"独立的"职称评审标准，制定"独立的"考核办法，把技能考核作为现代职业教育"双师型"教师职称评审的主要指标，适当调整学术标准，真正体现现代职业教育对"双师型"教师的培育要求。学校要设立"双师型"教师津贴等激励机制，促使更多教师成长为"双师型"教师。应尽可能将单位整体利益与"双师型"教师的个人利益挂钩，让他们清楚地感觉到单位的兴衰对自己前途、利益的影响，以调动"双师型"教师的潜力。为了鼓励和支持"双师型"教师自觉学习实践，尽快提高"双师"水平，学校可实行以下奖励办法：教师到企业进行提高双师水平的顶岗实践，核定给一定数量的工作量；教师参加提高"双师"水平的学习培训，费用由学校全额报销；教师考取"双师"性质的技能技术证书，发给一定的奖金；"双师型"教师上课，在相同情况下，课时酬金提高一档；各系每建成一个"双师型"教师培训基地，学院给予适当的奖励并划拨给实训基地一定的运转经费。

五、制订双层培育计划

学校与教师双层各自拟订培育计划，是促进现代职业教育"双师型"教师培育的重要策略。

（一）教师拟订个人培育提升计划

教师必须制订个人的、具体的、有可操作性的双师素质培育提升计划，写明每学期在什么时间进行技能技术的学习和实践及预期达到的目标。培育计划必须经教研室讨论、系主任审核，严格执行。

（二）学校拟订培育计划

学校拟订的现代职业教育"双师型"教师培育计划，必须包括以下主要内容。

1. 总体目标

为适应地区产业发展与产业升级要求，满足学校专业调整和优化的需要，坚持以人为本、自培为主的思想，多途径、多形式地提高专业教师专业技能，以满足任务引领型项目教学模式下的新一轮课程教学需要，全方位地促进每一位教师的专业化成长，努力建设一支专兼结合、素质优良、结构合理、特色鲜明、高质量的"双师型"教师队伍。

2.具体目标

诸如：学历达标任务、全员培训任务、骨干培训任务、拓宽渠道任务、提高技能任务等。

3.具体措施

包括：加强师德建设、开展校本培训、建立专业教师实践制度、加大骨干教师培育力度等。

第二节 优化培育环境

现代职业教育"双师型"教师培育直接决定着现代职业教育发展的规模、速度和人才培养的质量，加强"双师型"教师培育是办好现代职业教育的一项战略性措施。拓展培育空间是优化现代职业教育"双师型"教师培育环境的重要举措。

拓展现代职业教育"双师型"教师的培育空间主要从以下两个方面着手。

一、拓展现代职业教育"双师型"教师专业成长空间

"双师型"教师的成长与发展是其职业理想、职业道德、职业情感、职业能力不断走向成熟的过程，是作为社会成员的教师从接受教育的学生，到初任教师，到有经验的、成熟的"双师型"教师，直至有成就的教育家的持续过程。为了提高教师地位和质量，教师成长与发展的主题已日趋集中在专业化方面。

"双师型"教师的专业化发展大致可分为三个主要阶段。

（一）开启阶段

教师任教伊始，适应期的长短（一般在 1～3 年）或成效的大小主要

取决于学校环境与个人努力程度。学校环境主要与学校的校风、教风和学风有关。"双师型"教师的个人努力一般可从下述几方面入手：学习并熟悉本专业教学大纲（或课程标准）和教科书；熟悉学校教育教学环境，寻找可利用的相关课程资源；向经验丰富的教师学习；练习备课教学、评价等教学基本功；熟悉实践（或试验）所需示范操作的技能；利用现代传媒作为教学手段等。

（二）成熟阶段

这一阶段往往持续时间较长。在这个阶段，"双师型"教师积累了一定的教育教学实践经验，特别关注学校制定的教育教学任务目标的达成，并开始取得初步的教育教学成果，期望专业职称的晋升，争取更多的外部评价。这一阶段"双师型"教师努力的主要方向是：对教学大纲（或课程标准）和教科书进一步领会；独立备课与设计教学，开始对教学有批判性的反思；总结教学经验与校内外同行交流、研讨；熟练使用现代教育技术手段辅助教学；开始认识到邻近学科对于理解本专业的内容也是重要的，并寻求它们与本专业的结合点等。这一阶段是"双师型"教师专业化成长的关键时期，是他们专业信心得以树立的时期，也是他们形成教学风格和特色的奠基时期。

（三）发展阶段

这是那些具有不懈追求精神的"双师型"教师专业化成长的最高境界。他们已经走过关注目标和追求外部认可的阶段，进入形成风格、追求特色、自我超越或自我实现的新阶段。集中表现为对教学大纲（或课程标准）和教科书有独到的研究和见解，并能结合实际，灵活使用教科书；教学设计从学生的实际出发，不拘一格；关注学生的全面发展，并能重视学生的差异性，引导学生确定职业生涯规划，充分挖掘每个学生的潜能；能对教育教学实践进行深刻的反思和自我调节，并将丰富的教学经验提升到教学实践理论高度；在教育教学某一方面形成具有品牌效应的个人风格或特色；总结有特色的教学经验或撰写较高水平的论文，并对推广自己的教育教学成果具有强烈的自信心等。

当然，上述三个阶段只是理论上的大致划分。其实，"双师型"教师专业化成长是一个连续的过程，并无绝对的界线，而且"双师型"教师职业生涯也并非总是积极的成长过程，其间也会有停顿、低潮，甚至会出现职业倦怠、不思进取、得过且过、抗拒变革等现象。这表明"双师型"教师的成长与发展的过程是复杂的、动态的，是"双师型"教师个体回应各种影响因素的互动过程。现代职业教育"双师型"教师培育应依据"双师型"教师成长的规律及特点，努力拓展其培育空间，给予适时而有力的帮助、教育，促进其自我教育，以发掘其潜能，促进"双师型"教师的成长与发展。

二、拓展现代职业教育"双师型"教师培育过程空间

现代职业教育"双师型"教师培育必须努力拓展培育的过程空间，主要在其职前、入职、履职三个阶段加以全程拓展。

（一）职前培育阶段：严格选拔

国内外大量研究表明，"双师型"教师的"先天素质"对他们日后的卓越表现起着一定的先决作用，许多"双师型"教师的一些个性品质和特殊能力在进大学之前就已初步具备或基本形成。因而，必须严把职业教育师范生的录取关，选择那些有志于职业教育且具备一定教师职业素质潜能的学生。

（二）入职培育阶段：校本培训

新教师入职初期在角色适应上会遇到一系列的问题，应由具有丰富教学经验的老教师一对一地加以指导，可以使新教师更好地解决教师角色适应过程中所遇到的问题。这叫"老带新"或"师徒结对带教"。这是一种新教师进行校本培训的特殊模式，很早就流行于各国，在其他许多行业的教育或培训中也广泛应用，有着较好的效果。

当然，要使这种传统模式在信息化时代的今天更好地发挥效用，就必须进一步完善它。如采取对带教者素质进行研讨、建立带教者支援系统、打造新教师支援的网络平台等行动方案来完善"老带新"中带教者的素质。有研究者通过研究，提出了带教者的六条素质要求：能够帮助新教师找到

工作中的成功因素和令人满意之处；能够接受各种类型的新教师，包括业务基础差的、过于自信的、不老练的、戒备心理强的等；善于为新教师提供教学方面的支持，通过听课及课后讨论，与新教师分享教育观念；善于处理各类人际关系，能用新教师可接受的方式来调节自己的带教指导行为；能够做不断学习、不断提高自我的表率；善于向新教师传递希望和乐观主义精神。另外，带教者支援系统常常挂靠在一些实力雄厚并覆盖全国的专业协会下，它们通过网络等途径为带教者及带教者培训提供大量的帮助和免费咨询。而专门开设的新教师支援网络则全天提供免费或非免费的服务，具体的项目丰富多样，诸如学科方面的咨询、一般教育教学技能的指导、疑难问题解答、老教师成功经验分享、新教师聊天室等。

（三）履职培育阶段：继续教育

当今，终身教育理念已深入人心，它意味着教师的职前教育只能为基本合格的"双师型"教师培育提供"基础教育"，而不可能是终结性教育。要成为成熟"双师型"教师或优秀"双师型"教师，还必须在履职后的继续教育过程中不断培养自身的终身学习能力、自我发展能力和创新能力。

在培育内容上，强调理论与实践的适配。"双师型"教师在习惯上常被分为文化课教师、专业理论课教师和实习教师。"双师型"教师培育应当根据每个人的具体情况，缺什么就补什么，这样可以为"双师型"教师成长创造条件。

在培育形式上，倡导参与，鼓励反思。反思是"双师型"教师以自己的实践过程为思考对象，对自己的行动、决策以及由此产生的结果进行审视和分析，是立足于自我之外的批判地考察自己的行动及情境的能力。从某种意义上说，"双师型"教师的反思能力决定着他们的教育教学实践能力和在工作中开展研究的能力。有关研究证明，成功的和有效率的"双师型"教师倾向于主动地和创造性地反思他们事业中的重要事情，包括教育目的、课堂环境，以及自己的职业能力。因此，"反思"被广泛地看作是"双师型"教师职业发展的决定性因素。美国学者波斯纳（Posner）十分简洁地概括了教师成长的规律："成长 = 经验 + 反思"，并指出，没有反思的经验是狭隘的经验，至多只能形成肤浅的知识。"双师型"教师如果仅仅满足于获得经验而不对经验进行深入的思考，其发展将大受限制。传统的教师培育大多采用的是以作为培育者的教师为中心的主讲大课形式，而作为培育对象的"双师型"教师往往处于被动地位。这种讲座式培育往往是基于这样的假设，认为培育对象是需要在上面书写的"白板"，或需要灌输新知识的"空桶"，目的是传递知识，即要求听众接受讲演者的"专家类"的知识。由于这种培育一般仅止于把知识灌输到听众的头脑里，缺少学习者表现在行动上的积极参与，因此实际效果并不理想；而参与式培育力图使所有在场的人都投入学习活动中，都有表达和交流的机会，在对话和讨论中产生新的思想和认识，丰富个人体验，参与集体决策，鼓励批判性反思，进而提高自己改变现状的能力和信心。建构主义学习理论认为：人的学习过程不是纯粹的被动接受过程，而更多的是一个在与环境的相互作用下积极主动的自我建构过程。因此，重视"双师型"教师丰富实践经验的参与式培育，有助于"双师型"教师积极主动地自我建构。

当然，上述"双师型"教师的培育路径在时空形态上更多地考虑了院校方面，其实企业方面对此也应有相当大的作为。实践证明，在职业教育比较发达的国家，"双师型"教师培育模式的创新主要体现在加强校企合作上，对企业参与"双师型"教师培育多从法律上有明确的规定。这样做易于保证实践教学的真实性和有效性，有助于"双师型"教师掌握一线最先进的生产技术，掌握最新的工艺流程，运用所学的知识进行技术创新与产品开发，不仅可以了解而且能够指导一线工作人员的操作，因此它已成为当今"双师型"教师培育必不可少的一环。

第三节　拓展培育模式

一、组建"双师型"教学团队

（一）现代职业教育"双师型"教学团队的意义

专业教学是现代职业教育教学中的核心，提高教学质量的关键在于教师。因此，强化现代职业教育"双师型"教师培育，致力建设"双师型"教学团队，是现代职业教育模式改革的需要，是现代职业教育专业建设的需要，是现代职业教育课程改革的需要。加强现代职业教育"双师型"教师培育，实现"双师型"教学团队与企业的强强联手，有着十分重要的意义。

（二）现代职业教育"双师型"教学团队的主要特征

一个高质量、高效率且运行良好的现代职业教育"双师型"教学团队，其主要特征包括素质特征、结构特征、运行特征。

1. 素质特征——"双师型"

由于现代职业教育具有突出的实践性、应用性、技术性特点，作为现代职业教育的专业教师，必须具备"双师型"素质。"双师型"素质强调专业教师两方面的素质与能力：一是具有较高的文化知识和专业理论水平，有较强的教学、教研方面的能力和素质；二是具有广博的专业基础知识，熟练的专业实践技能，一定的组织生产经营和科技推广能力，以及指导学生创业的能力和素质。当然，由于现实条件的限制，并非每一位教师都具备这样的"双师型"素质。唯其如此，更需要合理配置专业教学师资，形成具有"双师型"素质的教学团队，具有"联合作战""集团冲锋"的雄厚实力，以保证现代职业教育教学改革的顺利实施，培养出具有特色的高质量人才。团结协作、优势互补也因此成为现代职业教育"双师型"教学团队的突出特征。

2. 结构特征——专兼结合

现代职业教育"双师型"教学团队应该具有合理的年龄、职称、学历、专业、梯队结构，应该是一支拥有高水平的专业带头人和良好的"双师型"结构的师资团队。内外结合、专兼结合是其最主要的结构特征。由于现代职业教育人才培养目标是定位于技术、技能型人才，学生毕业后将直接进入企业和行业的生产第一线，实践操作能力是此类毕业生的主要能力之一。因此，要培养具有一定专业知识同时又具有较强操作能力的高技能人才，就必须要有一支"双师型"结构的师资队伍。也就是说，在现代职业教育"双师型"教学团队中，学校的专职教师要有，同时从行业企业聘请的专家、技术骨干和能工巧匠也要占一定比例。另外，现代职业教育是以就业为导向的教育，其专业必须主动适应市场，"双师型"教学团队必须有站在专业技术领域发展前沿、熟悉行业企业最新技术动态、把握专业技术改革方向的领军人物，他们就是教学团队的核心人物——专业技术带头人。专业技术带头人应具备以下素质特征：具有扎实的专业基础理论，熟悉本专业国内外现状；站在专业技术领域发展前沿，熟悉行业企业最新技术动态，把握专业技术改革方向；具有较强的科研能力、技术开发成果转化和社会服务能力；具备先进的教学理念，有较强的事业心和责任感；有良好的职业道德，以身作则，治学严谨，为人师表；具有较强的组织管理能力，善于沟通和交流；能及时根据行业企业岗位需要调整专业、开发课程。这样的专业技术带头人显然需要现代职业教育"双师型"教师培育的强劲动力。

3. 运行特征

现代职业教育教学团队应该是一个具有开放性、创新性等特征的师资团队。其开放性体现在：教学团队能与行业企业合作或结盟，产生良好互动。也就是说，教学团队中的师资能够经常深入企业"充电"，同时兼职的企业技术骨干可以经常进入院校进行教育教学以及理论的学习，"双元互补，竞相发展"。其创新性来源于良好的运行、激励、评价机制。

上述现代职业"双师型"教育教学团队三个方面的特征相辅相成、综合作用。团队素质是基础，结构决定了团队的功能，运行保证了功能的实行。

（三）现代职业教育"双师型"教学团队的建设

1. 现代职业教育教学团队存在的问题

当前，绝大多数现代职业教育"双师型"教学团队中或多或少存在以下问题：

（1）结构特征不合理。现代职业教育的师资绝大多数都是从学校（毕业）到学校（就业），受普通高等教育的理念影响较深，缺乏在企业和现场的实践经验，致使当前现代职业教育"双师型"教学团队中，理论教学师资较多，而具有专业实践教学能力的师资严重缺乏，尤其是高级生产实习指导教师严重不足；导致教学团队整体实践性较差，教学中出现偏理论、轻实践的现象，从而影响了现代职业教育质量。

（2）科研状态不理性。由于对现代职业教育的科研特征缺乏理解，受传统思想观念的束缚，在科研方面上仍然存在一些偏差：一是科研项目以纵向课题为主，与企业的横向科研项目较少，在技术开发、成果转化、社会服务等方面的能力较弱；二是不重视教育、教学法的研究，尤其是缺乏对实践教学环节的研究，从而对现代职业教育专业特性不了解，固守传统、单一的教学方法，不利于现代职业教育的各项改革；三是团队没有合理的科研和教学梯队，科研中教师单打独斗的情况较多，教学团队合作的较少，不利于现代职业教育教学团队集体力量的发挥和整体素质的提高。

（3）"团长"人选不理想。既是"团队"，就应该有"团长"。"团长"即团队的核心领军人物，是团队的专业带头人，其综合素质在一定程度上决定着团队水平的优劣。目前，受师资来源和培育方式等因素的影响，一方面现代职业教育"双师型"教学团队缺乏专业带头人，另一方面许多现代职业教育"双师型"教学团队带头人在能力和素质方面存在明显的不足，致使现代职业教育专业"双师型"教学团队缺乏凝聚力和"战斗力"，不能适应现代职业教育的需求。

2. 现代职业教育教学团队的建设方略

针对上述存在的问题，我国现代职业教育"双师型"教学团队的建设应着重从以下几个方面进行。

（1）加强校企合作，提升实践能力。现代职业教育"双师型"教学团队的专业实践能力建设主要从两个方面着手：一是建立"双师型"教师培育实习制度。即学校必须以产学合作为依托，加强与行业企业的联系，为"双师型"教师提供必要的资料和实训条件，从而能够有计划地安排"双师型"教师到企业去跟班学习，或亲自去参与生产经营，了解生产第一线，应用新技术，提高动手能力；中青年教师可以采取脱产或半脱产形式轮流下企业实习，或独立去完成一两项工程项目，时间可长可短，形式可灵活多样。另外，也可采用传帮带的方式，鼓励"双师型"教师走岗位自学成才之路，结合所在岗位和所担任的教学任务，以任务带动技能的提高。通过上述方法，提高"双师型"教师的实践操作技能，从而建设一支既懂得专业理论知识、又具有较强的实践能力的"双师型"教学团队。二是大力引进企业人才。引进企业人才可以通过全职和兼职的两种方式结合进行。即学校可以以合作的企业为依托，借助企业的技术力量，聘请或调进企业高技能人才作为师资力量的补充。在引进企业人才的过程中，要求教学团队有较好的运行机制、激励机制、评价机制，同时也需要学校师资管理政策上的支持和激励，包括师资待遇、任职、评聘等各方面，促进"双师型"教师"双元互补，竞相发展"，从而加强其整体实践能力，最终成为具有"双师"结构特征、专兼结合的"双师型"教学团队。

（2）加强"双师型"培育，提升教学实力。"双师型"教学团队的教学水平决定了教学效果和质量。因此，"双师型"教学团队的教学能力培育是现代职业教育"双师型"教师培育的首要任务。教学能力的培育与科研能力的培育相辅相成，相互促进。只有科研能力的提高才能使教学能力得到较大的提高。"双师型"教学团队的研究能力包括教育教学研究能力和专业科研能力，这两者相辅相成、相互促进。一方面，现代职业教育应通过制定一系列的科研激励政策、"双师型"教师科研工作考评标准以及实施方案，鼓励"双师型"教师积极参与教育、教学方面的研究。将"双师型"教师参与的本专业教育特点、学生学习特点、课程开发、教学方法教材建设等各个方面的研究项目计入"双师型"教师科研分值中，并纳入"双师型"教师工作量考核；同时院系要经常开展教育、教学法的专题研讨工作，采取教育专家经验介绍、难点探讨、小组讨论等各种形式，在提高"双师型"教师科研兴趣的同时，指导"双师型"教师开展教育、教学研究。通过对教学方式、方法的研究，促进"双师型"教学团队教学能力的提高。另一方面，现代职业教育要将"双师型"教师科研的重点导向与企业的横向合作、技术开发和技术攻关方面。同时要加强科研管理层的服务意识，积极搭建与企业的合作平台，加强技术转化和转移的能力。现代职业教育还应加强"双师型"教师培育和继续教育，提高"双师型"教师的综合素质与教学、科研能力，有计划地选派优秀青年教师到国外国内著名院校进行培训，提升教师的专业学术水平。通过促进"双师型"教学团队两方面能力的提高，从而提高"双师型"教学团队的教学水平，最终推动现代职业教育人才培养模式的改革。

（3）加强引进培育，提升"团长"内力。专业带头人是现代职业教育"双师型"教学团队中的领军人物，专业带头人的引进和培养是现代职业教育"双师型"教学团队建设的核心工作。只有加大对专业带头人的培养力度，注重引进优秀人才，注重培育内在实力，造就一批站在专业前沿、掌握行业和企业最新技术动态、引导市场的"团长"，"双师型"教学团队才能更好地适应市场。

作为现代职业教育"双师型"教师培育的重点对象，专业带头人的培育必须改变培育方式，加大培育力度。一是制定优惠政策，对引进的行业企业专家和高级技术人员，进行教育教学相关理论和技术方面的"精加工"，使他们既能站在专业技术领域发展前沿，熟悉行业企业，又具有较高的教学水平和较强的教学教育能力。二是有计划地选拔专业理论扎实、有丰富教学经验和较强科研能力的"双师型"教师到行业企业进行一段时间的顶岗实践。这样可以丰富他们的企业实践经验，积累实际工作经历，掌握企业技术的最新动态，提高实践教学能力，逐步成长为领军人物。三是为专业带头人的培育创造良好的环境。必须加强与行业企业的联系，共建实训、实验基地；聘请行业企业技术骨干担任实训教师，参与教学计划、课程标准的制订，学生的评价等；同时学校要建立"双师型"教师资格认证体系，研究制定现代职业教育"双师型"教师任职标准和准入制度，重视"双师型"教师的职业道德、教学经历和科技开发服务能力，引导"双师型"教师进一步为企业和社区服务，积累"团长"内力。

在对专业带头人重点培育的同时，学校也应与社会、企业、行业密切联系，使"双师型"教师充分了解专业的市场动态，采取各项激励措施提升"双师型"教学团队的社会服务能力，从而提升现代职业教育的人才培养质量。

二、推广现代学徒制

现代学徒制是现代职业教育"双师型"教师培育的重要形式之一。在某种意义上讲，现代学徒制也可谓现代职业教育"双师型"教师培育的"初级阶段"。

（一）推广现代学徒制的意义

现代学徒制有利于促进行业、企业参与职业教育人才培养全过程，实现专业设置与产业需求对接、课程内容与职业标准对接、教学过程与生产过程对接、毕业证书与职业资格证书对接、职业教育与终身学习对接，提高人才培养质量和针对性。建立现代学徒制是职业教育主动服务当前经济社会发展要求，推动职业教育体系和劳动就业体系互动发展，打通和拓宽技术技能人才培养和成长通道，推进现代职业教育体系建设的战略选择；是深化产教融合、校企合作，推进工学结合、知行合一的有效途径；是全面实施素质教育，把提高等职业教育业技能和培育职业精神高度融合，培养学生社会责任感、创新精神、实践能力的重要举措。各地要高度重视现代学徒制试点工作，加大支持力度，大胆探索实践，着力构建现代学徒制培育体系，全面提升技术技能人才的培养能力和水平。

新时代现代学徒制，旨在以中国特色社会主义思想为指针，坚持服务发展、就业导向，以推进产教融合、适应需求、提高质量为目标，以创新招生制度、管理制度和人才培养模式为突破口，以形成校企分工合作、协同育人、共同发展的长效机制为着力点，以注重整体谋划增强政策协调、鼓励以基层首创为手段，不断探索、总结、完善、推广，以形成具有中国特色的现代学徒制度，丰富现代职业教育"双师型"教师培育的内涵。

（二）推广现代学徒制的原则

一是坚持政府统筹，协调推进。充分发挥政府统筹协调作用，根据地方经济社会发展需求，系统规划现代学徒制工作，把立德树人、促进人的全面发展作为推行现代学徒制的根本任务，统筹利用好政府行业、企业学校、科研机构等方面的资源，协调好教育、人社、财政、发改等相关部门的关系，形成合力，共同研究解决推行现代学徒制中遇到的困难和问题。

二是坚持合作共赢，职责共担。坚持校企双主体育人，学校"双师型"教师和企业师父双导师教学，明确学徒的企业员工和应用型高校学生双重身份，签好学生与企业、学校与企业两个合同，形成学校和企业联合招生、联合培养、一体化育人的长效机制，切实提高生产、服务一线劳动者的综合素质和人才培养的针对性，解决好学校与企业共同发展的问题。

三是坚持因地制宜，分类指导。根据不同地区行业企业特点和人才培养要求，在招生与招工、学习与工作、教学与实践、学历证书与职业资格证书获取、资源建设与共享等方面因地制宜，积极探索切合实际的实现形式，形成特色。

四是坚持系统设计，重点突破。系统设计人才培养方案、教学管理以及师资配备保障措施等工作。以服务发展为宗旨，以促进就业为导向，深化体制机制改革，统筹发挥好政府和市场的作用，力争在关键环节和重点领域取得突破。

（三）现代学徒制的内涵与特点

1.现代学徒制的内涵

现代学徒制在一些国家也称为"新学徒制"，主要是指以校企合作为人才培养的基础，以学徒的培养为重点，以课程教学为纽带，以工学结合、半工半读为形式，以学校、行业、企业的深度参与以及教师、师父的深入指导为支撑的人才培养模式。一般来说，"现代学徒制"和"传统学徒制"的区别看似不是很大，比如都有师父对徒弟的教育作用和指导功能，都主张"在实际操作中学习，在学习中实现操作"，然而两者在构成意义和价值取向方面具有很大的差别，同时，学徒制人才培养模式的主体和形式都有一定的改变。

2.现代学徒制的特点

现代学徒制具有以下显著特点：①以学生为主体，让学生在做中学、学中做，教师在做中教，充分体现了因材施教的原则；②身份上从学生→学徒→准员工→员工逐步转化；③校企双方深度合作，具有招生即招工、上课即上岗、毕业即就业的鲜明特色；④实现专业理论与专业技术技能的精准对接，增强学生的学习主动性、锻炼学生的社会适应性；⑤采用"校企生"三方共同评价方式，从"德、能、勤、绩"四方面进行过程性综合考核；⑥理论充分联系实际，有利于"双师型"教师培育。

（四）现代学徒制的优势

1.改革招生与招工

招生与招工一体化是开展现代学徒制的基础。积极推广"招生即招工、入校即入厂、校企联合培养"的现代学徒制，加强对现代职业教育招生工作的统筹协调，扩大应用型高校的招生自主权，推动应用型高校根据合作企业需求，与合作企业共同研制实施方案，扩大招生范围，改革考核方式、内容和录取办法，并将相关招生计划纳入现代职业教育年度招生计划进行统一管理。

2.改革人才培养模式

工学结合人才培养模式改革是现代学徒制的核心内容。各地要选择适合开展现代学徒制培养的专业，引导应用型高校与合作企业根据技术技能人才成长规律和工作岗位的实际需要，共同研制人才培养方案、开发课程和教材、设计实施教学、组织考核评价、开展教学研究等。校企双方应签订合作协议，应用型高校承担系统的专业知识学习和技能训练；企业通过师父带徒弟形式，依据培养方案进行岗位技能训练，真正实现校企一体化育人。

3.改革师资队伍建设

校企共建师资队伍是推广现代学徒制的重要任务，也是现代职业教育"双师型"教师培育的重要内容。现代学徒制的教学任务必须由学校"双师型"教师和企业师父共同承担，形成双导师制。各地要促进校企双方密切合作，打破现有教师编制和用工制度的束缚，探索建立"双师型"教师流动编制或设立兼职教师岗位，加大学校与企业之间人员互聘共用、双向挂职锻炼、横向联合技术研发和专业建设的力度。合作企业要选拔优秀高技能人才担任师父，明确师父的责任和待遇，师父承担的教学任务应纳入考核，并可享受带徒津贴。应用型高校要将"双师型"教师的企业实践和技术服务纳入教师考核并作为晋升专业技术职务的重要依据。

4.改革教学管理机制

科学合理的教学管理与运行机制是推广现代学徒制的重要保障。各地要切实推动应用型高校与合作企业根据现代学徒制的特点，共同建立教学运行与质量监控体系，共同加强过程管理。指导合作企业制定专门的学徒管理办法，保证学徒基本权益；根据教学需要，合理安排学徒岗位，分配工作任务。应用型高校要根据学徒培养工学交替的特点，实行弹性学制或学分制，创新和完善教学管理与运行机制，探索全日制学历教育的多种实现形式。应用型高校和合作企业共同实施考核评价，将学徒岗位工作任务完成情况纳入考核范围。

5. 逐步丰富培养形式

现代学徒制应根据不同生源特点和专业特色，因材施教，探索不同的培养形式。各地应引导应用型高校根据企业需求，充分利用国家注册入学、自主招生、单独招生等政策，针对不同生源，分别制订培养方案，推广不同形式的现代学徒制。

根据各地产业发展情况、办学条件、保障措施等，在总结经验的基础上，逐步扩大实施现代学徒制的范围和规模，使现代学徒制成为校企合作培养技术技能人才的重要途径。逐步建立起政府引导、行业参与、社会支持，企业和应用型高校双主体育人的中国特色现代学徒制。

现代学徒制包括学历教育和非学历教育。各地应结合自身实际，可以从非学历教育入手，也可以从学历教育入手探索现代学徒制人才培养规律，积累经验后逐步扩大。鼓励应用型高校采用现代学徒制形式与合作企业联合开展企业员工岗前培训和转岗培训。

6. 切实加强组织保障

各地应加强对现代学徒制的领导，落实责任制，建立跨部门的现代学徒制领导小组，定期会商和解决有关现代学徒制的重大问题。必须有专人负责，及时协调有关部门支持现代学徒制工作。引导和鼓励行业、企业与应用型高校通过组建职教集团等形式，整合资源，为推广现代学徒制搭建平台。

各地教育行政部门要推动政府出台扶持政策，加大投入力度，通过财政资助、政府购买等奖励措施，引导企业和应用型高校积极推广现代学徒制。并按照国家有关规定，保障学生权益，保证合理报酬，落实学徒的责任保险、工伤保险，确保学生安全。大力推进"双证融通"，对经过考核达到要求的毕业生，发放相应的学历证书和职业资格证书。

第四节　激活培育张力

一、公开招聘人才

（一）招聘条件

招聘条件是公开招聘中的首要内容。不同的应用型高校招聘条件有不同的格式，主要可分两类。

1.基本条件式

具体内容包括：具有中华人民共和国国籍；遵守宪法和法律；具有良好的品行和适应岗位的身体条件；全日制大学本科及以上学历，学士及以上学位，具有技师职业资格和中等职业教师资格证书。

招聘岗位所需的其他资格条件：定向、委培毕业生应聘，必须征得定向、委培单位同意。己与用人单位签订就业协议的应届毕业生，应聘前与签约单位解除协议或经签约单位同意，可以应聘。曾受过刑事处罚和曾被开除公职的人员、在读全日制普通高校非应届毕业生、现役军人以及法律法规规定不得聘用的其他情形人员不得应聘，在读全日制普通高校非应届毕业生也不能用已取得的学历、学位作为条件应聘。

2.分层描述式

这类招聘条件分层提出要求。

第一层：岗位描述。

学术带头人。引进一批在本专业（行业）领域具有一定的学术影响力和较高的知名度，同时具有行业经验的专家、教授担任各二级学院的学术带头人（或院长），负责各二级学院学科（专业）建设，围绕学院特色优势学科（专业）引进国内外高层次、高水平人才，培养中青年骨干教师，建设一支适应高水平应用型大学的"双师型"教师队伍；负责实现产教深度融合，推动与本专业相关行业的合作，创造良好效益。

专业教师。引进一批具有较高学历和专业知识，具有理论高度，同时重视专业实践教学的青年才俊担任专业教师，负责教学、实践、产教融合等工作；热爱传统文化，热衷于从事中国传统文化的学习、研究和推广工作。

第二层：条件描述。

除"遵纪守法""热爱教师职业""有良好的职业道德和团结协作精神"等基本条件外，还必须符合分层岗位的具体条件，如"学术带头人"条件包括年龄、职称、教学业绩、科研成果、专业基础、实践能力、专业实力、行业经验等。

（二）招聘流程

招聘流程一般分为几步进行：先通告，后报名，再资格审查，接着考试（笔试、面试），然后考察、体检，合格者聘用。受聘人员按规定实行试用期制度，期满合格的正式聘用，不合格的不予聘用。

据上可见，公开招聘既是对未来的"双师型"教师整体素质的一次全面检阅，更是对现代职业教育"双师型"教师的一次复合式培育。技能人才有待遇更有机遇。新时代中国特色社会主义建设事业的发展既需要金领、白领，也需要蓝领；既需要企业经营管理人才，也需要一线的高技能人才和社会工作人才。公开招聘人才对推进全社会关注技能、重视技能、崇尚技能，对现代职业教育"双师型"教师培育，有着非常重要的作用。

二、促进双向交流

现代职业教育"双师型"教师培育的双向交流，指的是"双师型"教师到合作企业挂职和兼职教师聘用与管理的办法，"双师型"教师到企业挂职锻炼，并从合作企业中聘请高技术技能兼职教师到校任教，建立合作企业优秀高技术技能兼职教师资源库。这样做既解决了"双师型"教师的先天不足，又提高了兼职教师的层次，优化了兼职教师的结构，突出了兼职教师的技能，有效保障了兼职教师的来源、数量和质量。

（一）"A → B"流向："双师型"教师去合作企业"淬火"

为鼓励"双师型"教师到合作企业挂职或顶岗锻炼，提高实践操作技能水平，应用型高校应制定"双师型"教师到企业实践锻炼的管理制度，规定各专业都要在合作企业建立实践锻炼基地或工作站，把"双师型"教师的企业实践锻炼、技术服务、员工培训和指导学生顶岗实习等工作结合起来；规定"双师型"教师每三年到企业实践锻炼时间不少于两个月，每学期根据承担的教学工作量实际情况，由院校具体安排和考评，"双师型"教师企业锻炼经历和社会服务情况须纳入"双师型"教师考评和职称评聘体系，并作为职称评聘的必要条件。在实践锻炼中，每位"双师型"教师必须完成企业的管理、生产运营、工艺流程、市场营销、实习学生岗位调研等定量定性指标的收集与分析材料，报送到院校并设计成所教课程的真实企业项目，将其运用到课堂教学实践中。当然，"双师型"教师到企业实践挂职完成规定任务的，其间发生的交通费、差旅费据实报销，并视同完成教学基本工作量。

（二）"B → A"流向：兼职教师来合作院校"参师"

为加强兼职教师管理，提高其理论教学水平和实践指导能力，应用型高校应制定兼职教师聘用与管理办法，明确兼职教师的聘用程序、管理办法和考评体系。须着重提出各专业要为每一位兼职教师安排一位"双师型"教师，形成"理实"组合，并签订"专、兼结合协议书"，明确专、兼职教师双方的权利与义务和责任。对兼职教师采取集中学习、专题辅导、举办讲座、开研讨会和"一帮一"等多种形式，进行专业建设、课程改革、教学方法及课堂管理等方面的培育，以提高兼职教师的教学艺术和水平。此外，还应采取企业促教、院系督教、学生评教三位一体方式，对兼职教师的教学工作进行考评，考评结果作为双方单位对其奖惩的重要依据。

实践证明，双向交流通过规范管理、强化考评，能有力促进现代职业教育"双师型"教师培育，使应用型高校专、兼职教师队伍的教学能力明显增强，教学效果明显提升。

第五节　构建培育体系

在教师成长之路上，不仅需要教师自身不断努力提升专业技能，而且职后学校的培养与支持也必不可少。目前，应用型高校普遍采用的培养方式是社会化的协同培养或外来高端人才的引进，二者均无法形成常态化机制，很难从根本上解决"双师型"教师队伍建设的问题。正所谓"打铁还需自身硬"，应用型高校建立个性化的"双师型"教师培育体系成为必须，只有应用型高校本身具备了"双师型"教师队伍培育能力，才能在避免外部环境和因素影响的同时，源源不断地培养、发展自身优质师资。因此，新时代应用型高校"双师型"师资队伍建设，必须强化在职培养，强化学校在"双师型"教师队伍建设中的作用。

一、现状及存在的问题

（一）数量与质量均不足

目前，应用型高校"双师型"教师质与量均不足，是制约职业教育发展的重要因素。《2019中国高等职业教育质量年度报告》显示，全国1344所应用型高校中，851所"双师"素质教师占比超过50%，占全国应用型高校的63%，646所"双师"素质教师占比超过70%，占全国应用型高校的48%。这说明，"双师型"教师队伍建设取得了一定进展，但距高等职业教育高专院校人才培养工作水平要求还有一定差距。同时，应用型高校的教师群体往往呈现出"二元化"发展的格局，招聘的新教师多是硕士学位及以上毕业生，优势在于专业知识较为系统完备，但缺乏实践操作技能，短期内"双师"素质不够，而从企业引进的技能大师、技术能手虽有丰富的实践经验、操作技能，但理论知识略显薄弱。"双师型"教师数量占比偏低，且既有"双师型"师资质量不高是高等职业教育教师队伍建设亟待解决的问题。

（二）职后培育体系欠完善

目前，应用型高校招聘的教师仍以高校毕业生为主体，他们实践教学积累相对较少，只能将提升专业技能与实践能力寄托于职后培训，以达到"双师型"的要求。因实践教学类的培训对硬件设施有严格的要求，且效果需经长期教学实践过程才能验证，所以应用型高校组织的培训内容主要集中在某些专题培训上，如职业教育教学等，而强化教育科研能力等内容相对欠缺。教师职后培育体系应针对上述问题，采取科学合理的措施积极应对。

二、培养策略

（一）以提高教师综合素质能力为抓手，实施三梯次教师个体成长计划

1. 实施"导师制"，提高青年教师教育教学能力和专业实践能力

指派专业理论知识和实践能力均一流的校内教师担任导师，充分发挥导师的传、帮、带作用，帮助青年教师快速成长。课堂理论学习以"师带徒"的形式，让青年教师跟班辅助教学，从模仿中开展职业教学；实践环节采用"师生混合编队"模式，将青年教师编入学生队伍，助力青年教师快速熟悉生产流程，迅速了解典型任务，不断积累实践经验。

导师应关注教师来源渠道的差异性，因材施教。对高校毕业生侧重于实践能力的培养，对现场引进人才侧重理论知识和基本教学方法的传授，帮助他们尽快习得教学、实践技巧。

定期开展"手写教案比赛""课堂教学竞赛""技能大比武"等活动，以赛促教，提升青年教师教学技能；开展新老教师经验交流或职业规划交流会，让青年教师明晰成长方向。

2. 实施"技能提升计划"，培养骨干教师

支持教师参加国家、省组织的各类专项技术技能培训，如最新技术工艺培训等，获取专业前沿知识，全面提升团队成员教学科研能力；建立教师业务竞赛常态机制，定期开展观摩课、说课等，形成"比学赶帮、崇尚技能"的良好氛围；鼓励教师参与专业建设、课程开发等工作，提升教师

职业教育理论水平。

利用校内实训基地，提高教师的专业技能及工学结合课程开发能力；选派教师参与挂职锻炼、顶岗实习等，全面提升教师素质；鼓励教师参加相关职业资格鉴定考试，取得证书；加强企业兼职教师的聘任与管理，从企业引进掌握行业最新技术的职工，打造产教融合、专兼结合的教师团队。

3. 实施"骨干培养计划"，培养专业带头人

聘请"技能大师""名师工匠"来校任教，通过项目带动等方式，指导骨干教师参加职业技能大赛、技术创新等活动，促进专兼职教师互助互学。

支持骨干教师参加国内外访学，及时获取职业教育发展的新理念和新方法，升华职教理念；鼓励骨干教师参加行业职业资格培训，保持专业知识的前沿性。

创造条件，搭建平台。支持骨干教师开展专业建设、课程开发等工作，不断提升专业理论水平；推荐骨干教师参加省部级教学技能竞赛，以赛促教，以赛促学；支持引导骨干教师提高科技开发服务能力，联合企业开展技术推广，主动为行业企业和社区服务。

（二）以示范引领为导向，实施"双师型"教学团队建设工程

1. 校企共建，实现国内领先，服务地方经济

围绕学校的优势学科，组建校级教师团队，争创省级、国家级教学团队。依托教学团队，联合企业建立典型工作任务的动态项目库，进行课程开发，并共享资源。

引聘行业大师名匠、领军人才、教学名师和职教专家，组建优势学科职业教育专家库，结合校内专业带头人、骨干教师，校企共建技术攻关小组，带动教师攻克行业技术难题，服务地方经济。

2. 国际合作，瞄准国际一流，优化办学结构

在国际化发展的趋势下，注重对教师的培训。实施海外研修计划，选派教师到国外高水平大学开展短期或长期访学研修；引聘国外优秀专家加入教学团队，形成定期交流机制；加强与海外应用型高校开展联合办学平台建设，打造高水平国际教研合作机构，开创留学生教育，积极推动趋同管理。

　　一支高素质专业化创新型的教师团队，是教学质量的保证。应用型高校要结合自身的实际情况，充分利用资源及机遇，打造一支数量充足、结构合理、素质优良的"双师型"教师团队。"双师型"教师个体成长与团队建设是相辅相成的，应将二者有机结合，开展针对性的培养项目，建立既符合教师个人发展规律又服务产业升级的三梯次"双师型"教师培育体系，实现青年教师—骨干教师—专业带头人的全面发展和升级；以"校企共育"为手段，以"国际合作"为契机，全面提高教师教育教学、专业实践、技术服务能力，建设一支引领产业技术革新、具有国际视野的"双师型"教师队伍。

第九章　新时代高校"双师型"教师专业认定标准体系

第一节　"三维一体"的"双师型"教师专业认定标准内容架构

一、构建"双师型"教师专业标准内容架构的依据及分析视角

一维视角，是依据职业教育教师作为一个专业性的职业所具有的关键属性和关键要素的分析，或者是依据个体的职业教育教师所应具备的核心素质构成的分析；另一维视角，是基于国际上一些发达国家教师专业标准所涉及的核心要素的分析。由这两维视角出发，构建能涵盖不同职业发展阶段、不同层次、不同专业的"双师型"教师专业标准的通用内容架构。

首先，依据对职教教师作为一种"专业性的职业"的理解，"双师型"教师专业标准理应包含如下关键属性和关键要素，即专业知识和技能、专业教育和培训、提供社会服务的专业定向、专业资格、专业组织及专业自治。也就是说，专业知识和专业能力、公益性的社会服务等关键属性或特征，是"双师型"教师专业标准必须具有的核心内容。

其次，依据对国际上一些发达国家教师专业标准所涉及核心要素的分析，主要涉及美国、澳大利亚、英国三个国家。比较分析发现，各个国家

教师专业标准涉及的核心要素并不完全相同。例如，澳大利亚实施的《全国教师专业标准框架》涉及专业知识、专业实践、专业承诺三个核心要素。就美国而言，不同机构和组织制定的教师专业标准不同，所涉及的核心要素并不尽相同，但强调"专业性情"是美国具有的独特性。就英国而言，《英格兰教师专业标准》涉及专业品质、专业知识与理解、专业技能三个核心要素。总体来看，澳、美、英三国专业标准的核心要素主要包括专业知识、专业技能/能力、专业实践/表现、专业性情/品质/师德、专业理念/承诺五个核心要素，这在一定程度上反映了各个国家对教师专业素养和教师职业"关键属性和要素"的共识。

综合上述两维视角的分析，再加上考虑职业教育教师职业、"双师型"教师专业标准的专业生活及专业成长特点，应从静态和动态两维视角去建构"双师型"教师专业标准的内容。从静态视角来看，"专业伦理和专业信念""专业知识"以及"专业能力"是"双师型"教师专业标准的静态三维结构；从动态视角来看，"专业实践"是"双师型"教师专业标准的动态立体结构，该立体维度是对三维静态结构的动态呈现。由此，该"双师型"教师专业标准可以称为"三维一体"的专业标准体系，并且该专业标准体系从本质上来讲，是一个动态、开放、变化的专业标准体系。

二、"三维一体"的"双师型"教师专业标准内容架构

我们设计了"三维一体"的"双师型"教师专业标准的具体内容，这些内容随教师专业发展阶段的不同、教师层次以及专业和学科的不同，呈现不同的等级和程度要求，此处，仅对内容的纲要作以说明。

一维：专业伦理与专业信念。主要包括两个方面：①专业伦理。包括对学生的专业伦理；对同事的专业伦理；对家长的专业伦理。②专业信念。包括专业认识；专业情意；专业坚持性。其中，"专业伦理"是维护职业教育教师专业尊严和专业自主性的重要载体，也是规范职业教育教师行为、提高高等职业教育教师专业服务精神的重要工具。"专业信念"是职业教育教师在专业成长过程中形成的对教师职业的价值与意义的认识、信奉和坚

守。我们之所以采用"专业伦理""专业信念"而没采用"职业道德"的概念，主要是基于两方面考虑：一方面，"传统师德向专业伦理的转换已成为一个重要的趋势"；另一方面，我们意在着重突出"职业教育教师"这个专业共同体的群体规范和要求。

二维：专业知识。主要包括三个方面的知识：①学科知识。包括学科专业知识；职业和技术学科专业知识；基于情境的实践性知识。②教育教学知识。包括学科教学法知识；学生发展知识；学生心理、社会和智力发展的知识；学生人格发展的知识；学生"如何学习"的相关知识；学生学习的一般知识；不同境遇（经济背景、语言、传统等）下学生学习特征的专业伦理知识。其中，"专业知识"中最重要的是职业教育教师的"基于情境的实践性知识"，这种基于情境的个人实践性知识，是职业教育教师在教学实践和行业实践中探究而获得的、与教学情境和行业实践密切联系的实践经验，是解决所处情境问题的功能性知识，并集中体现了课堂情境和行业实践情境中教师决策和行为的本质，反映了课堂教学和行业实践的复杂性和互动性特征。

三维：专业能力。主要包括四个方面的能力：①教学能力。包括教学设计能力；教学实施能力；教学评价能力。②职业能力。包括行业沟通与合作能力；行业实践能力；行业服务能力。③社会能力。包括人际交往能力；合作能力。④专业发展能力。包括反思能力；学习能力；研究能力。其中，"专业能力"中的"职业能力"是职业教育教师较为核心的一种专业能力，包括与行业沟通与合作能力、行业实践能力、行业服务能力等，意即职业教育教师不仅是一个教学专家，更是一个行业专家，这是由职业教育教师的工作本质决定的，也是职业教育教师区别于普通教师的一个关键能力群。

一体：专业实践，主要包括四个方面的专业实践：①创造并维持安全的、支持性的、富有成效的学习环境。包括支持学生参与课堂教学；管理教学活动（教学活动的组织和引导）；管理具有挑战性的行为；关注学生的幸福感和学习心理安全。②有效地计划并实施教学。包括建立有挑战性的学习目标；运用有效的教学策略；选择和利用教学资源；使用有效的教学交流技能；完善教学程序。③有效地评估、反馈自己的教学和学生学习。包括评估学生的学习；反馈学生的学习结果；评估自己的教学；反思自己的教学。④帮助学生实现向工作和成人角色的转换。包括帮助学生进行职业生涯规划；发展学生就业技能；帮助学生理解工作场所的文化和期望；帮助学生平衡工作世界的多重角色。其中，在上述职业教育教师的专业实践活动中，"帮助学生实现向工作和成人角色的转换"这一实践活动，是职业教育教师专业实践的核心和目的。

总之，突出强调"双师型"教师在其专业生活中的专业伦理、对教师职业之价值与意义的信奉和坚守，以及对"双师型"教师"基于情境性的个人实践知识"的强调，都是"三维一体""双师型"教师专业标准内容体系的重要特征。需说明的是，上述"三维一体"的"双师型"教师专业标准内容体系本质上是一个动态开放的内容系统，随着时代和社会的发展，这个内容系统将不断地"吐故纳新"，以切合特定时代的文化性和情境性特征。当然，上述"三维一体"的"双师型"教师专业标准内容架构的设计，只是基于理论的一种应然状态的表达，其合理性和实效性尚待职教实践的检验和修正。

需说明的是，关于"双师型"教师专业标准内容架构的设计逻辑，我们选取了"专业伦理和专业信念""专业知识""专业能力"和"专业实践"四个维度来构建"双师型"教师专业标准，这四个维度之间存在如下逻辑关系：

首先，"专业伦理和专业信念""专业知识"和"专业能力"三个维度是基于理论视角从态度、知识和能力三方面对"双师型"教师素质的全面构建，其所依据的理论是教师知识理论和教师胜任力模型理论；"专业实践"维度则是基于实践视角对"双师型"教师素质在其专业生活中的应用和体现的具体描述；因此，前三个维度和第四个维度之间存在"理论—实践"的逻辑关系。

其次，"专业伦理和专业信念"维度是具有精神导向性和动力性特征的教师素质因素，对专业知识、专业能力和专业实践三个维度的教师素质因素具有统领性、前提性作用，为后者提供精神支撑和动力支持；后三个维度的教师素质因素则是在"专业伦理和专业信念"框架下的现实物化表现。

第二节 "双师型"教师专业标准体系

由于职业教育涉及众多不同的专业，因此，为了使"双师型"教师专业标准能涵盖职业教育的不同专业，提高"双师型"教师专业标准的适用性，我们按照"三维一体"的"双师型"教师专业标准架构，构建了"双师型"教师专业标准体系。

一、专业伦理与专业信念

（一）专业伦理

1.对学生的专业伦理

（1）关爱应用型高校学生，关注应用型高校学生身心健康的全面发展，保护应用型高校学生生命安全；

（2）尊重应用型高校学生独立人格，维护应用型高校学生合法权益，公平对待每一位应用型高校学生。不讽刺、挖苦、歧视应用型高校学生，不体罚或变相体罚应用型高校学生；

（3）尊重应用型高校学生的个体差异，主动了解和满足应用型高校学生的不同发展需要；

（4）信任应用型高校学生，积极创造条件，促进应用型高校学生的独立、自主发展。

2.对同事的专业伦理

（1）尊重同事；

（2）具有团队合作精神，积极开展和同事间的交流与合作；

（3）与同事分享经验和资源，共同发展；

（4）妥善处理个人和同事间的利益关系。

3．对行业／企业从业人员的专业伦理

（1）尊重行业或企业人员；

（2）积极主动地与行业或企业人员建立相互沟通、合作关系；

（3）尊重行业或不同企业人员所持有的企业文化；

（4）与行业或企业人员沟通和合作时遵循独立、平等的原则。

4．对家长及社区的专业伦理

（1）与家长和社区合作，形成对学生共同一致的教育目标和教育合力；

（2）积极建立与家长和社区交流和沟通的机制；

（3）在与家长交流和沟通过程中尊重家长的教育理念。

5. 对教师职业的专业伦理

（1）了解、理解教师职业的专业规范和准则；

（2）认同教师职业的专业规范和准则；

（3）遵守教师职业的专业规范和准则。

（二）专业信念

1．专业认识

（1）认识、理解应用型高校教育工作的意义；

（2）认识、理解应用型高校学生的独特性和心理特征；

（3）认识、理解应用型高校学生学习的独特性；

（4）认识、理解应用型高校教学的本质和独特性。

2．专业情意

（1）喜欢、热爱应用型高校教育工作；

（2）认同应用型高校教师的专业性和独特性；

（3）理解应用型高校学生的独特性、热爱应用型高校学生；

（4）热爱应用型高校教学工作；

（5）具有职业理想和敬业精神。

3. 专业坚持性

（1）即使存在职业倦怠，但仍热爱自己从事的工作；

（2）即使遇到困难和挫折，也会坚守自己的职业选择。

二、专业知识

（一）专业、职业知识

1. 专业知识

（1）理解所教专业的知识体系、基本思想与方法；

（2）掌握所教专业内容的基本知识、基本原理与基本技能；

（3）了解所教专业与其他相关学科的联系；

（4）了解所教专业知识国内外发展的最新动态。

2. 职业和技术知识

（1）了解所教学生将来面对职业的核心知识；

（2）掌握特定职业 / 产业 / 行业的技术核心知识；

（3）了解一般的行业或企业的知识；

（4）掌握特定的行业或企业知识；

（5）理解劳动力市场和工作场所变化本质。

3. 基于情境的实践性知识

（1）具备行业或企业实践的经验、解决行业或企业实践问题的实践性知识；

（2）将专业知识、技术知识与解决实践问题联系起来的情境性知识。

（二）教育教学知识

1. 专业教学法知识

（1）掌握所教专业课程资源的搜集、拓展、开发的主要方法和策略；

（2）掌握所教专业校本课程开发的方法、技术、工具与程序；

（3）掌握针对具体专业内容进行教学的常用教学法；

（4）掌握所教专业进行项目教学、一体化教学、能力本位教学的方法与策略。

2. 学生发展知识

（1）了解应用型高校学生心理发展，特别是人格发展的一般性知识；

（2）掌握应用型高校学生智力发展的一般规律与特征；

（3）了解应用型高校学生世界观、人生观、价值观形成的一般规律性知识；

（4）掌握应用型高校学生技术、技能发展的规律性知识。

3. 学生如何学习的相关知识

（1）了解应用型高校学生学习的本质及规律的一般性知识；

（2）掌握应用型高校学生技术、技能学习的一般规律性知识；

（3）掌握不同境遇（经济背景、语言、文化传统等）下学生学习特征的知识；

（4）掌握应用型高校学生进行项目学习，以及在一体化教学和能力本位教学中学习的规律和特征。

（三）专业伦理知识

1. 了解国家教育方针政策及教育法律法规；

2. 掌握教师职业的道德规范和准则；

3. 了解、掌握教师职业对待同事、学生、家长和社区、行业和企业从业人员的一般性伦理知识；

4. 了解教师个人修养的一般性知识。

三、专业能力

（一）教学能力

1. 教学规划能力

（1）具有对任教学科进行学科、学年、学期教学规划和设计的能力；

（2）具有分析应用型高校学生情况、选择和使用教材、设计教学方法、撰写教学方案等设计教学方案的能力；

（3）具有引导和帮助应用型高校学生规划和设计个性化学习计划的能力。

2. 教学实施能力

（1）具有按照教学方案设计进行教学的能力；

（2）具有建立安全的、支持性的教学环境及组织教学的能力；

（3）具有建立有挑战性的学习目标能力；

（4）具有选择和运用有效的教学策略的能力；

（5）具有选择、利用和丰富教学资源的能力；

（6）具有使用有效的教学交流技能的能力；

（7）具有完善教学程序的能力。

3. 教学评价能力

（1）具有从多种渠道系统地收集信息、评价自己教学效果的能力；

（2）具有从不同的视角、立场，利用多样化的信息评价学生学习的能力；

（3）具有全面分析、评价其他教师教学的能力。

（二）职业能力

1. 行业/企业沟通与合作能力

（1）具有收集、分析、调研行业/企业需求、发展等方面信息的能力；

（2）具备与行业/企业人员进行信息沟通的能力；

（3）具备与行业/企业人员进行项目/课题/培训等方面合作的能力。

2. 行业/企业实践能力

（1）具有走访、联络行业并与行业建立联系网络的能力；

（2）具有计划、参加和评价自己行业/企业实践的能力；

（3）具有将行业/企业需求、发展态势等信息融于课程改革、课堂教学中的能力；

（4）具有职场安全教育能力。

3. 行业/企业服务能力

（1）具有为行业/企业提供人才培养信息、行业发展信息、技术发展信息等信息咨询能力；

（2）具有与行业/企业合作进行人才培养实践的能力；

（3）具有与行业/企业合作进行项目开发、技术支持、课题研究等工作的能力。

（三）社会能力

1. 人际交往能力

（1）具有与他人（学生、同事、家长和社区）进行沟通、交流的能力；

（2）具有发现与他人沟通、交流中存在问题的能力；

（3）具有解决与他人沟通、交流存在问题的能力；

（4）具有与他人建立良好人际沟通、交流关系的能力。

2. 合作能力

（1）具有与他人（学生、同事、家长和社区）进行合作的意识；

（2）具有与他人分享资源、相互支持和帮助等基本合作能力；

（3）具有与学生、同事、家长和社区建立合作关系的能力；

（4）具有发现与他人合作过程中存在问题的能力；

（5）具有解决、处理与他人合作过程中存在问题的能力。

（四）专业发展能力

1. 反思能力

（1）具有主动反思自己的教育教学的意识；

（2）具有分析、总结、评判自己教育教学实践的能力；

（3）具有通过学习和自我更新持续不断地完善自己教学实践的能力。

2. 学习能力

（1）具有不断学习和创新的终身学习意识；

（2）具有不断学习先进的应用型高校教育理论的意识和能力，了解国内外应用型高校教育改革与发展的经验和做法；

（3）掌握教师学习的特点和方法；

（4）具有不断学习、掌握行业／企业信息和技术的能力。

3. 研究能力

（1）具有搜集、整理、分析国内外职教研究信息的能力；

（2）具有发现、提出职教实践中存在问题的能力；

（3）具有从事职教教育教学改革研究的能力。

4. 个人专业发展规划能力

（1）具有制订个人专业发展目标的能力；

（2）具有提出个人专业发展任务和具体措施的能力。

四、专业实践

(一)创造并维持安全的、支持性的、富有成效的学习环境

1. 为多样化应用型高校生源建立一个信任、支持、安全的学习环境，创建符合应用型高校学习特色的学习环境

(1)为应用型高校学生营造信任、支持、安全的学习环境；

(2)倡导热爱学习、发明创新、勇于实践的学习精神；

(3)鼓励应用型高校学生主动学习、参与教学的学习氛围；

(4)采用适切的方法管理教学中具有挑战性的行为；

(5)关注应用型高校学生的幸福感和学习心理安全。

2. 创建符合应用型高校学生年龄、心理特征、学习特色的学习环境

(1)创建有利于应用型高校学生技术技能学习的"一体化"学习环境；

(2)创建符合应用型高校学生特点的情境化学习环境；

(3)创建具有特定行业/企业文化特征的学习环境。

(二)有效地计划、实施、评价以及反馈教学和学生学习活动

1. 有效地计划和实施教学

(1)根据应用型高校学生特点、课程内容等计划和安排教学活动；

(2)建立对应用型高校学生具有挑战性的教学和学习目标；

(3)运用适合应用型高校学生特点的教学策略，提高应用型高校学生学习质量；

(4)选择、利用、拓展适合应用型高校学生需求的教学和学习资源；

(5)实施"一体化"教学、"项目"教学、"工作过程导向"教学。

2. 有效地评估、反馈自己的教学和学生学习

(1)从不同的视角、立场，利用多样化的信息评价应用型高校学生的学习；

(2)利用多样化的途径及时反馈应用型高校学生学习的结果；

(3)从多种渠道系统地收集信息、客观地评价自己的教学；

(4)反思自己的教学，并通过学习和自我更新持续不断地完善教学实践。

（三）帮助学生进行职业生涯规划、实现向工作和成人角色的转换

1.帮助应用型高校学生进行职业生涯规划

（1）帮助学生明确自己未来的职业目标、职业需求和职业期望；

（2）教会学生进行职业生涯规划的基本知识和技能；

（3）帮助学生进行职业决策。

2.帮助学生实现向工作和成人角色的转换

（1）发展应用型高校学生就业技能；

（2）帮助学生为进入工作场所的职业和生活做准备；

（3）帮助应用型高校学生理解工作场所的文化和期望；

（4）帮助应用型高校学生平衡工作世界的多重角色；

（5）发展应用型高校学生的创业意识和创业能力。

3.促进应用型高校学生社会性的发展

（1）促进应用型高校学生自我意识、自信心的发展；

（2）发展应用型高校学生的团队合作能力；

（3）促进应用型高校学生社会、个人和公民道德的发展。

（四）积极进行行业/企业实践

1.与行业/企业建立联系网络和信息沟通机制

（1）积极建立、保持与行业/企业的联系网络；

（2）为行业/企业提供人才培养信息、行业发展信息、技术发展信息等
信息咨询；

（3）收集、分析、调研行业/企业需求、发展等方面信息。

2.建立与行业/企业合作的机制

（1）与行业/企业合作进行人才培养实践；

（2）与行业/企业合作进行项目开发、技术支持、课题研究等工作；

（3）为行业/企业提供人员培训服务。

第三节 "双师型"教师专业标准构建特色分析

一、强调"双师型"教师的专业伦理

"双师型"教师的专业伦理是"双师型"教师在其专业生活中应遵守的道德规范、行为准则、专业职责等专业伦理规范。一般而言，是否制定与实施专业伦理规范是衡量一种职业能否成为一种专业的重要标准之一：一种专业的专业自主性愈高，则其专业自律的要求也愈高。因此，"双师型"教师专业伦理是维护"双师型"教师专业尊严和专业自主性的重要载体，也是规范"双师型"教师行为、提高"双师型"教师专业服务精神的重要规范。需说明的是，我们没有采用"'双师型'职业道德"这一术语，是基于如下原因：一是，从当前的趋势来看，在教师专业化过程中，"传统师德向专业伦理的转换已成为一个重要的趋势"；二是，我们意在突出"'双师型'教师"这个专业共同体的群体规范和要求。而道德关涉到个人作为行为的主体，以自由和有自觉的方式提升其人性的历程与结果；伦理则关涉许多人，是作为共同主体，在社会与历史中互动的关系与规范。基于此，"双师型"教师职业道德重点关注教师个体内心信念及其相应的行为活动层面，而"双师型"教师专业伦理则更关注"'双师型'教师"这个专业共同体的群体规范和要求。另外，我们还着重强调了"双师型"教师的专业信念。我们认为，"双师型"教师的专业信念是"双师型"教师在专业成长过程中形成的对教师职业的价值与意义的认识、信奉和坚守。"双师型"教师专业信仰是引导和决定其专业行为的内核性精神力量，在一定程度上表现了"双师型"教师的专业理想、专业向往和追求，是其专业生活的精神向导，为其专业发展提供精神支撑和动力支持。

二、凸显"双师型"教师基于情境的个人实践性知识

关于"实践性知识"，实践性知识包括教师在教育教学实践中实际使用

和（或）表现出来的知识（显性的和隐性的），除了行业知识、情境知识、案例知识、策略知识、学习者知识、自我知识、隐喻和映像外，还包括教师对理论性知识的理解、解释和运用原则，是教师内心真正信奉的、在日常工作中"实际使用的理论"，支配着教师的思想和行为，体现在教师的教育教学行动中。显然，这种"实践性知识"是个体无法通过常规意义上的学习方式获得（例如课堂学习、阅读、听讲座等）的，而唯有通过个体的实践、体验和行动才能获得。基于此，我们提出的"基于情境的实践性知识"主要是"双师型"教师在教学实践和行业实践中探究而获得的、与教学情境和行业实践密切联系的实践经验，是解决所处情境问题的功能性知识，并集中体现了课堂情境和行业实践情境中教师决策和行为的本质，反映了课堂教学和行业实践的复杂性和互动性特征。可以说，这种知识源于"双师型"教师的专业生活和体验，并在具体教学情境和行业实践情境中得以应用和修正。之所以强调这种知识，最根本的原因在于，职业教育与普通教育不同，职业教育的一个关键问题是，如何把学习内容情境化到一个具体的职业领域。因此，对"双师型"教师，最重要的是其具有情境性的个人实践知识。

三、强调"双师型"教师的职业能力

不同的文化背景和学术传统下，对职业能力的理解并不相同。考虑"双师型"教师的特殊性，我们将"职业能力"界定在一个较为狭义的范畴内，主要侧重"双师型"教师的"行业专家"能力特质，例如，与行业沟通与合作能力、行业实践能力、行业服务能力等，意即"双师型"教师不仅是一个教学专家，更是一个行业专家，这是由职业教育教师的工作本质决定的，也是"双师型"教师区别于普通教师的一个关键能力群。

四、强调"帮助学生实现向工作和成人角色的转换"的实践导向

我们认为，"双师型"教师专业标准结构中，专业伦理和专业信念、专

业知识、专业能力都只是从静态上"规定"了"双师型"教师"应然"状态下所应具有的专业素养，对职业教育教学及职业教育领域中的学生来说，真正关键的，还是"双师型"教师在其专业实践中，帮助学生实现了从学校向工作世界的转换和过渡，这是职业教育的最终落脚点和归宿，也是"双师型"教师专业发展的真正归依所在，因此，"双师型"教师帮助学生进行职业生涯决策、帮助学生获得对职场工作文化的理解和期待、更好地过渡到职业生活中，这是"双师型"教师专业实践中最核心的内容。

第十章　新时代高校"双师型"教师
资格认定标准

第一节　"双师型"教师资格认定标准建立的
意义、基本理念和原则

一、"双师型"教师资格认定标准建立的意义

（一）明确资格认证导向，提升双师队伍发展质量

2019 年 2 月，国务院印发的《国家职业教育改革实施方案》提出："'双师型'教师占专业课教师总数超过一半、分专业建设一批国家级职业教育教师教学创新团队。""双师型"教师队伍是提升教学质量的保障，其结构是决定教师队伍质量的要素之一。现阶段我国"双师型"教师队伍建设虽取得了一定成效，但结构失衡问题影响了其可持续发展。同时，由于国家层面未制定统一的认定标准，资格认定导向比较模糊，各省虽结合省情制定并实施了资格认定标准，但标准差异较大，导致"双师"质量参差不齐。完善的"双师型"教师资格认定标准是"双师型"教师个体、队伍发展的参考准绳，明确的职业院校"双师型"教师资格认定标准能调整和优化"双师型"教师结构要素，缓解教师队伍结构性失衡的矛盾，提高"双师型"教师队伍质量。

（二）优化资格认证制度，增强双师队伍稳定性

在职业教育现代化进程不断推进的背景下，"双师型"教师资格认证标准的研制必然伴随着我国职教教师资格认证制度的创新优化和相关法律法规的补充完善，为"双师型"教师队伍管理与发展提供强劲的驱动力。目前，北京、安徽、吉林、福建、重庆、广西、河南、江西等部分省市因地制宜地对本省职业学校"双师型"教师资格认证标准进行了初步的实践探索。与此同时，由于当前对"双师型"教师内涵的界定与标准的研制存在较大分歧，致使认证标准在制度制定上存在一定的缺位与失语，在内容选取上存在一定的疏漏与偏差，在实施结果上存在功能弱化和成效低迷的问题，成为职业教育"双师型"教师队伍建设和发展的掣肘因素，调整与优化"双师型"教师资格认证制度势在必行。

由于当前我国"双师型"教师资格认证标准缺乏权威的规约和有效的激励，直接影响"双师型"教师的社会认同和教师自身角色认同，继而造成"双师型"教师流动性较大、稳定性不强。因此，通过制度优化提升"双师型"教师队伍的稳定性是职业教育现代化进程中不可忽视的关键一环，对于促进"双师型"教师队伍的有序且持续发展具有重要的时代价值和推动作用。

（三）强化资格认证实效，促进双师专业发展

"双师型"教师资格认证标准的实效性是考量双师素质专业化水平的重要指标，同时也是这一标准是否科学合理的重要体现。提升"双师型"教师的职业吸引力，必须注重"双师型"教师资格的再认证和终身教育，继而提高其职业话语权和专业优越性，吸引更多外来优秀师资参与职业教育，激励更多在职教师自我提升。只注重静态的准入资格认证而忽视了动态管理与一定期限内的再次认证，正是当前我国资格认证标准版图中所缺失的一块重要"拼图"。只有在资格认证标准中体现出动态及持续管理，才能在不断适应与自适应的过程中实现"双师型"教师的自我发展、自我突破与自我革新，从而更有效地促进其专业发展。

二、"双师型"教师资格认定标准制定的基本理念

(一)"师德为先"的理念

十八大以来,以习近平同志为核心的党中央把教师队伍建设摆在了突出位置,其中,加强师德建设成为高校教师队伍建设的首要工作。2018年习近平主席在出席北京大学师生座谈会时指出,"要把立德树人的成效作为检验学校一切工作的根本标准"。而在当前,国家正在大力推进高校课程思政建设,要求各类高校将育人和育才、专业教育和思政教育相结合,着力提升高校人才培养的质量。作为承担应用技术型高校人才培养任务的主体,"双师型"教师必须是师德高尚、具有良好职业道德的好老师;同时在教育教学过程中,"双师型"教师要将课程思政思想深度融入专业教学过程中,既能教书又能育人,不仅帮助应用技术型人才掌握专业理论和实践技能,而且能寓德于教,培养学生精益求精的大国工匠精神和爱岗敬业的品质。因此,构建应用技术型高校"双师型"教师能力标准,必须落实立德树人的教育根本任务,坚持"师德为先"的理念,将"双师型"教师的道德教育能力要求作为标准设计的重要指标内容。

(二)"实践导向"的理念

"实践导向"是构建职业院校,特别是应用型高校"双师型"教师能力标准的核心理念。"双师型"教师实践能力不足和应用型人才培养需求是"双师型"教师标准构建的出发点,而提高"双师型"教师队伍发展水平和人才培养质量是标准构建的落脚点和归宿点。构建"双师型"教师标准不仅是在理论层面的一项顶层设计,更重要的是要以实践性为核心,以应用为导向,将标准框架中的内容与现实需求结合,在实践中真正实施,真正促进"双师型"教师实践能力的提高和应用型人才专业技能、技术应用能力的培养。因此,构建"双师型"教师标准,必须坚持"实践导向"的理念,凸显标准的实践性要求。

(三)"学生为本"的理念

人才培养质量是评价应用技术型高校教育质量和办学水平的核心指标,制定"双师型"教师能力标准的根本目的是通过提升教师队伍素质,进而

促进人才培养质量的提高。因此，构建"双师型"教师能力标准必须以人才培养为出发点和落脚点，秉持"学生为本"的理念，标准的指标设计要着眼于学生的培养与发展，全面提高学生的素质与能力，遵循学生能力发展的规律，有针对性地设计课程体系与教学内容，根据应用技术型人才的培养规格，在教学实践中培养学生宽厚的专业理论基础，较强的专业实践能力、技术应用能力，以及一定的应用研究创新能力。

三、"双师型"教师资格认定标准制定的基本原则

"双师型"教师标准是在源头上保障"双师型"教师队伍可持续健康发展的关键内容。明确"双师型"教师资格认定标准制定的基本原则，制定普适性与差异性相兼顾、系统性与导向性相统一、动态性与静态性相结合的"双师型"教师标准体系是"双高计划"时期推动我国高职院校高水平、特色化发展及高等职业教育现代化建设的重要环节。

1.普适性与差异性相兼顾

在职业院校"双师型"教师资格认定标准的制定上，要充分考虑到职业教育的教学特色与高水平应用型人才培养的特点，有效解决当前职业教育教师资格认定与普通教育教师资格认定体系雷同的问题。换言之，"双师型"教师资格认证标准既要体现高职教育教师队伍的整体素质，以明确与其他教育类型的区别所在，也要考虑到高等教育标准的普适性，能体现职业教育的类型化发展的差异性特征。毋庸讳言，我国教育部和各级教育行政管理部门已经出台了一系列关于"双师型"教师队伍建设的资格认定制度标准，但与普通教育教师队伍建设通用的认证体系相比难以客观反映职业教育与普通教育教师队伍的差异性，难以体现高职教育"双师型"教师队伍的类型化特色。特别是当前职业教育"双师型"教师认证标准只对高职院校专业教师提出了系列要求，未能对职业院校教师队伍的整体认证做出明确的要求。原因在于，与普通高等教育强调教师理论知识、教学水平以及研究能力等方面不同，职业教育教师不仅需要具备扎实的理论知识，还应该拥有较高的本行业相关的实践操作技能。缘此，职业院校"双

师型"教师资格认定标准需要建立与普通教育相区别的高等职业教育教师认定体系，在源头上为职业教育高水平技术技能人才培养提供强有力的人力资源支持。

2. 系统性与导向性相统一

科学合理的"双师型"教师标准既要体现出权威制度规制下的系统性，也要坚持区域化发展下的导向性原则，其意义不仅在于进一步明确"双师型"教师资格认定的范围与认定条件，更在于根据经济社会的发展与产业转型升级需要引导教师队伍的高水平健康发展，从而为推动我国经济社会发展与职业教育内涵式进程提供人力资源支持。

首先，"双师型"教师资格认定标准应该具有明确的认定范围，认定条件必须具备较强的系统性，依据教师专业化发展的规律构建初、中、高不同级别与类型的认定条件，并始终坚持"双师型"教师知识、能力、道德的高度融合，各项标准均涵盖教师专业知识、技术技能、实践水平、研究能力等多个维度的通用能力且在实践过程中具备一定的操作性，以不断凸显高职教育教师队伍的鲜明特色。

其次，政府等教育主管部门应该进一步落实"双师型"教师资格认定标准的系统规划制定，而各省级教育行政主管部门也应积极落实相应顶层政策设计，推动各区域"双师型"教师资格认定工作的有效开展。

同时，要依据各区域经济社会发展需要制定适合各地职业院校发展实际情况的"双师型"教师认定标准实施方案，不断加强行业企业参与"双师型"教师认定指标的制定，在正确的发展方向和目标引导下进行"双师型"教师的遴选工作，通过科学高效的实施策略引导职业院校教师队伍的发展，促进职业院校"双师型"教师标准的制度性统一与区域性提升。

3. 动态性与静态性相结合

"双师型"教师标准主要包含两个方面：一是资格标准，"双师型"教师需要具有职业学校教师任职资格，无论专兼教师都应取得教师系列初级及以上专业技术职务，这是"双师型"教师的基本标准，是静态的标准。二是考核标准，考核标准是"双师型"教师区别于普通教师的最大特征，"双师型"教师的职业特殊性要求其教学能力不仅体现在精通职业教育理论、掌握专业系统理论知识、具备课堂教学与反馈能力、拥有较强心理学知识运用能力、能够使用信息化教学手段能力、具备进行课程开发与改进能力等基础教学能力，还体现在指导学生实习实训能力、开展课堂教学研究能力、行业企业技术发展潜力预测能力等专业教学拓展能力，这是动态的标准。"双师型"教师资格认定标准的制定需要体现"双师"属性，兼顾静态基础性标准与动态发展性标准，如此方能引领高职教育教师队伍向目的性、专业化、高水平方向发展，从而更好地帮助学生解决学习与就业的多维困境，为学生未来的专业化发展提供建设性指导意见。

第二节　建立"双师型"教师资格认定的标准

一、"双师型"教师资格认定的逻辑框架

加强对"双师型"教师资格认定标准建设，促进"双师型"教师认定活动的规范化、科学化发展，是提高我国职业教育师资队伍整体质量的重要途径。面对当前我国"双师型"教师资格认定标准不统一的问题，职业教育界应加强研究，构建"双师型"教师资格认定标准，完善专项激励机制，推动职业教育办学水平的提升。

"双师型"教师认证标准的构建作为现阶段职教师资建设领域的重要工作，其拥有明确的目标定位和方向导向，引导职业学校教师既拥有教育者的特质，又具备行业者的特质，将学科知识和能力、教学法知识和技术、动手实践能力、行业企业文化有机结合起来，促使职教教师资格真正具备跨界性的特点。同时尽可能吸纳兼职教师，引入高技术能手、能工巧匠从事职业学校的教学工作，加强实践教学环节、优化教师队伍结构，提升职教师资质量，在纵深层面推进职业学校教师的专业发展。为确保这些目标达成，认证标准的建立是核心内容和重要保障。

"双师型"教师认证标准从宏观层面来看，至少应该把握两方面内容：一方面为行业标准，即与行业企业、技术技能、动手实践紧密关联的内容，

在实践操作层面主要通过职业资格证书、行业企业实践经历或者具有较高认可度的"能工巧匠""高技能能手"等荣誉称号证书来表征;另一方面为教师标准,即与教师职业相关的教育教学能力等教师综合素质的体现,在实践中主要通过教师资格证书或相关的教师教育教学培训证明其能力和水平。通常情况下,作为"双师型"教师认证的入门条件,两方面的内容缺一不可,这是职业教育和教师职业能够有机结合的不可或缺的内容。对于投身于或即将投身于职业教育领域的人员来说,这两方面内容是职教教师必须关注和努力达成的素质,是其工作的努力方向。认证基本标准框架如图 10-1 所示。

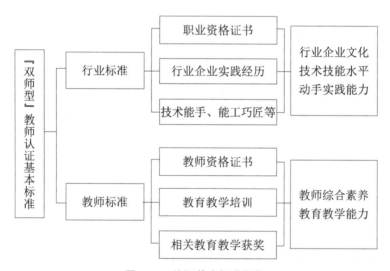

图 10-1　认证基本标准框架

(一)基本资格

基本资格是对"双师型"教师的硬性要求,主要包括所应具备的学历条件、教师职称、技术职务和职业资格证书。首先,"双师型"教师应具备大学本科及以上的学历。不过这个条件可对兼职教师适当放松,提供一些可替代的途径,例如具备本专业高级技术职称的兼职教师,学历可以适当放宽为大专及以上。其次,教师应具备讲师及以上的职称才有资格被评定为"双师型"教师。为了鼓励教师提升自身的职业技能和指导学生实训的水平,教师可以通过参加职业技能大赛获得奖励和指导学生参赛获得一定成果，来使教师职称条件放宽到助理讲师。最后，教师需获得中级以上的专业技术职务或者相应专业的国家职业资格证书。具有两年以上相关专业实践经历的教师可以适当放宽中级专业技术职务的要求。"双师型"教师资格认定标准的基本资格部分，是对双师教师所应具备的硬性条件进行规定。这部分的要求可以有一定的灵活性和变通性，对于那些实践能力较强或者在本专业领域取得突出成就的教师可以适当放宽基本资格部分的条件。

（二）**教学能力**

教学能力是指教师设定教学目标、实施教学活动、指导学生的学习与生活、完成教学和科研任务所必须具备的能力。"双师型"教师要具备基础教学能力和教学拓展能力。基础教学能力包括精通职业教育相关理论、掌握专业相关的系统理论知识、具有较强的课堂组织管理能力、具备基础的心理学相关知识、熟练使用信息化的教学手段、拥有进行课程改进和课程开发的能力及教学评价与反馈能力等方面。基础教学能力是"双师型"教师必备的素养，是高等教育院校为了培养高水平技能型人才对教师提出的要求。教学拓展能力包括指导学生实训课程的能力、开展教学研究的能力以及行业发展预测能力。指导学生实训课程的能力包括在实践课程中发现学生存在的问题并帮助他们解决这些问题的能力，以及指导学生参与实践技能相关比赛的能力。开展教学研究的能力指"双师型"教师通过自身的努力具备更新教学手段、改进教学方法、完善教学内容等方面的能力。行业发展预测能力是指教师要具备较为专业化的预测力和判断力，能预测行业未来的发展方向和发展潜力，在学生进行专业选择和确定专业发展方向时给予建设性的意见，引导他们建立符合行业发展规律的职业生涯规划。

（三）**专业技能**

具备较强的专业技能是"双师型"教师区别于普通教师的一个特点。"双师型"教师要通过自己的知识和能力去帮助学生解决实训过程中遇到的困难。具体而言，专业技能主要包括以下几方面的能力。一是专业实操能力。职业教育比较重视人才的实践技能，这就要求教师能够比较熟练地进行专业操作和技术应用。可以通过专业实操测试、在企业的实践经历以及职业技能大赛获奖情况来评价教师的专业实操能力。二是专业设计和技术开发能力。教师可以独立进行专业相关的设计工作和相关的技术开发。学校可通过教师所取得的技术研发成果和设计成果来评价教师的专业设计开发能力。三是科研能力。教师可以运用已经掌握的理论知识和实践技能，采用科学的思维、利用合适的手段，探索未知领域。认定"双师型"教师时，可以通过教师发表的学术论文和取得的科研成果来评价教师的科研能力。四是调研能力。职业教育与行业企业的发展息息相关，仅通过在学校内部闭门造车，难以培养出高水平的技能型人才。教师需要与学生一同前往专业相关的行业企业进行实地访谈和调研，获取切实有效的资料和数据，进行筛选分析整理，分析其中的规律，这样才能更好地把握行业企业发展的最新动向。因此，调研能力也是"双师型"教师不可或缺的专业技能。学校可以通过教师所取得的调研数据和调研成果评价教师的调研能力。

（四）品行规范

教师对学生的影响不仅局限于课堂之上，其所有的言行举止都在影响学生。品行规范也是"双师型"教师资格认定的标准之一。它具体包括以下几个方面的要求：首先，教师要关心爱护学生。教师对学生发自内心的关爱有助于学生健康成长，也有助于学生养成乐于助人的好习惯。学校可通过问卷和访谈来调研教师对学生的关爱程度，作为认定"双师型"教师资格的依据。其次，教师要具备良好的职业道德。教师要忠于教育事业，具备爱岗敬业的精神，认真履行教师的职责。再次，教师要具备健康的心理条件。为人师表必须有良好的心理状态和心理素质，能够沉着冷静地处理各种突发情况。最后，教师要具备较高的思想政治理论水平。"双师型"教师要在思想上、行动上保持与党中央的高度一致，提高自身的政治敏感度，认真学习先进的思想政治理论，将思政教育融入课堂教学和学生的日常管理工作中，帮助学生提高思政素养。

二、"双师型"教师资格认定标准的核心内容

（一）目标任务

"双师型"教师队伍建设，必须以提高教师实践教学和应用能力为目

标，以强化学生实践能力和创新精神培养为宗旨，以促进学生就业创业为导向，坚持培养与引进并举、专业进修与技能培训并重，进一步提升教师队伍综合素质，让企业经历真正转变为双师能力。

有计划分步骤地实施"双师双能型"教师队伍培养培训计划，到 2022 年，建设一支熟悉行业企业需求、工作经验丰富、实践教学能力强的专兼职结合的"双师型"教师队伍，职业院校"双师型"教师占专业课教师的比例超过一半。

（二）认定范围

1.内涵界定

"双师型"教师是指职业院校同时具备理论教学和实践教学能力的专业课教师。

2.适用范围

适用于普通中等专业学校、职业高中学校、高等职业院校和应用型本科院校。

3.认定对象

"双师型"教师认定的对象是普通中等专业学校、职业高中学校和高等职业院校专任教师中的专业课教师。

4.认定有效期

"双师型"教师认定的有效期为 5 年，有效期满后需要重新认定。

（三）认定条件

1.基本条件

（1）热爱高等教育事业，教书育人，为人师表，师德高尚。

（2）具有较强的理论基础和专业技能，胜任学校教学工作。

（3）具备较强的实践教学能力，能灵活运用专业理论，完成实践实训教学的指导任务。

（4）具有高校教师资格证书且承担学校教学任务。

2.必备条件

专业课教师满足下列条件之一：

（1）取得与所从事教学专业相关的中级及以上职业技能等级证书或职

业资格证书或非教师系列的专业技术职务证书。

（2）有累计3年以上与所从事教学专业相关的行业企业从业经历或1年以上行业企业实践锻炼经历。

（3）近5年参加省级或国家级职业院校"双师型"教师培养培训基地组织的连续不少于4周的"双师型"教师培训，其中含连续不少于2周的企业实践活动，并取得"双师型"教师培训合格证书。

（4）近5年本人参加省级及以上技能大赛并获得省级以上奖项。

（5）近5年取得与所从事教学专业相关的省级以上专业技能考评员资格。

（6）近5年指导学生参加国家级及以上技能大赛，并获得国家级三等奖及以上奖项。

（7）其他相当的、与专业实践能力密切相关的经历或应用于生产领域的专利等成果。

（8）具有较强的应用研究及技术服务能力（至少满足下列一项）：

①在业内（行业、企业或科研院所）从事本专业实际工作连续6个月及以上或累计1年及以上的实践工作经历。

②在与本专业相关的政企事业单位挂职连续1年以上的实际工作经历，包括科技特派员等。

③主持2项及以上纵向应用技术研究项目，且成果已被推广使用，效益良好。

④主持2项及以上横向研究与技术服务项目（含咨询等），成果在行业企业应用并直接创造效益或有专利转让、许可，获得2项及以上授权专利。

⑤主持2项及以上由企业行业参与的校内专业实践实训教学设施建设或提升技术水平的设计安装工作，运行2年以上，成果已被学校使用并取得较好效果。

⑥近5年指导学生（指排名第一）参加应用型A类学科竞赛（指面向具体生产设计、开发类的学科竞赛），先后2次获得省级二等奖以上成绩或1次获得国家级三等奖以上成绩。

（四）认定主体

院校作为认定主体。专业教师所在的职业院校作为认定主体，对专业教师的双师能力进行认定，为每一位"双师型"教师建立认定档案，统一管理，每年向上级"双师型"教师认定管理部门上报本校专任专业教师认定"双师型"教师的整体情况并进行备案。

（五）认定程序

（1）本人对照"双师型"教师资格认定条件，所在院校提出书面申请，并提交相关证明材料。

（2）所在院校组建成立"双师型"教师资格认定委员会，对申报人员的资格进行审核，确定拟定人员，并在校内公示。

（3）上报上级教育行政机关单位备案，并颁发"双师型"教师资格证书。

（六）监督机制

加强监督检查。建立"双师型"教师培训项目实施情况的跟踪、检查机制。组织开展对职业院校"双师型"教师队伍建设实施情况的监督检查，确保各项政策举措落到实处。将"双师型"教师队伍建设情况作为职业院校办学水平评估的重要内容。

第三节　"双师型"教师资格认定标准实施路径

一、政府层面：各部门加强领导，做好宏观把控

首先，确保高素质"双师型"教师发展方向。加强党的领导，明确高素质"双师型"教师对职业教育发展的重要性，联合教育部、发改委、财政部、人社部等各行政部门共同做好高素质"双师型"教师培养的保障工作。其次，加大培养高素质"双师型"教师的资金投入。提高教师工资水平，真正落实教师工资不低于当地公务员工资的政策，提高师范生生均拨款标准，利用教育公用经费对高素质"双师型"教师进行培训，并且吸引

社会筹资。最后，建立高素质"双师型"教师机制体制。落实教育督察机制体制，及时进行奖惩；建立健全教师管理制度，借鉴德国"双元制"模式，按类别分为文化课教师、专业课教师、技能课教师和实习课教师，让每位教师能够各司其职；健全教师激励体制，采取优胜劣汰的方式，职称评定考虑教师的科研成果，对高素质"双师型"教师颁发荣誉称号；健全教师评价制度，评价主体由学校、企业和学生构成，评价内容包括教师师德、教育能力、实践能力、科研能力和创新能力，评价方式包括本人自评、学生评价、同行互评等。

二、社会层面：打造适宜的建设环境

第一，社会要为教师教育营造适合发展的大环境，在社会中大力弘扬工匠精神，利用舆论宣传让教师了解自己的责任，同时能够让社会认可职业教育。第二，制定纵横贯通的"双师型"教师标准，纵向上有机衔接国家和省级教师标准，横向上建立由政校企构成的多元认定机构，认定内容从教师职业性、师范性和学术性三方面入手，在认定资格、认定程序和认定时间等方面制定细则，在宏观层面推动高素质"双师型"教师队伍建设。第三，完善"双师型"教师资格认定，实施动态认定标准，对教师资格证书的时效性、内容和层次实施多元化标准，不以一证定终身，使资格证书注册和认定常态化，综合考虑教师教育能力、实践能力和科研能力。

三、学校层面：提升"双师型"教师数量与质量

学校是高素质"双师型"教师的重要培育场所。第一，要扩宽"双师型"教师来源途径，通过师范院校和综合大学培养一批高素质"双师型"教师，职前培养要做好顶层设计，从人才培养方案上根据社会人才需求适时调整；组建一支高水平兼职教师队伍，合理规划兼职教师数量，强化对兼职教师教学能力和实践能力的培养，加强与企业合作培育教师，保障兼职教师的合法权益；从职业院校内部选拔优秀教师，派送到企业生产一线

中。第二，提升"双师型"教师质量，将职后培训落到实处，借鉴美国社区学院教师培养途径，采取"送""培""下"和"带"的模式。"送"是将实践能力强、理论水平稍差的教师派送到大学对口专业深造，以提高学历；"培"是指多样化的职后培训，培训遵循实用性、实践性和研究性相结合的原则，建立健全教师培训制度，落实校本培训，转变教师培训理念，设计教师所需的培训内容，真正提高教师教育水平、科研水平和实践能力，另外培训方式可以采取微格教学、定岗实习、置换脱产等多种途径；"下"是指让教师利用寒暑假进入企业，培育一批了解生产前沿发展趋势、掌握最新生产技术的教师；"带"是指以老带新的方式，通过青年教师与资深教师或者企业的技术专家人员组成师徒关系，充分利用学校和企业的资源，最终实现共同进步。

四、企业层面：抓住产教融合发展契机

我国对于"双师型"教师认定标准的最低要求是同时拥有"教师资格证书"和"职业资格证书"。当前我国职业教育大力提倡校企合作、产教融合，高素质"双师型"教师队伍建设应该抓住契机，加深和企业的合作，将职业院校教师培养为"双师型"教师，也可以将企业员工培养为"双师型"教师。让职业院校教师深入企业实践，能够让其了解整个生产线的流程，熟悉企业管理标准和体制，掌握最新生产知识和技能，结合企业实际优化教学模式；鼓励教师到企业挂职锻炼，使教师参与企业产品开发，既可以为企业提供人才支撑，又可以增强教师的服务社会能力、技术研发能力；联合教师到企业培训员工，这样既能够调动教师企业育人的积极性，又能够提升教师的实践能力。职业院校和企业要建立有效的沟通体系，共同制定高素质"双师型"教师师资培训体系，完善师资培训基地建设。从职业院校中选拔一批优秀教师为企业培训员工，让员工掌握教育教学基本知识，通过微格教学快速提高员工的教学技能；让实践经验丰富的员工参与到产教融合课程开发中，提升员工的科研能力；聘请企业能工巧匠到职业院校充当兼职教师或者担任实习指导教师，增加员工收益，调动员工积极性。

五、个人层面：制定职业生涯规划

高素质"双师型"教师队伍建设离不开教师自身的努力。高素质"双师型"教师应该具备较强的素质结构、知识结构和能力结构。素质结构是指教师要有职业道德，自身能够胜任岗位需求，还应该具有高尚的个人品德和社会公德；知识结构包括科学文化知识、教育教学知识和本专业知识；能力结构包括教学能力、实践能力、科研能力和创新能力。要想成长为高素质"双师型"教师，教师自身要有明确的职业规划，树立终身学习的理念，积极参加教师培训，掌握职业教育教学规律，丰富专业理论知识，加强与其他教师的交流沟通，踊跃参加教学竞赛，提高教育教学能力，提升综合素质；同时，要主动去企业基地挂职，向企业技术人才学习，掌握相关行业的知识、技术和管理制度，了解前沿技术发展动态，丰富企业实践经历，在实践中锻炼提高专业实践能力。

第四节　"双师型"教师资格认定标准
在应用型高校的实践探索

武昌工学院"双师型"教师认定与培养暂行办法

为加快我校"双师型"教师队伍建设，根据武昌工学院《关于转型发展，加强应用技术型大学建设的若干意见》（武工院〔2014〕81号）等有关文件精神，结合我校实际，制订本暂行办法。

一、"双师型"教师认定条件

高等学校中具有讲师及以上教师职称，又具备下列条件之一的专业课教师：

1.有本专业实际工作的中级及以上技术职称（含相关行业执业资格证书）。

2.近五年中有一年以上（可累计计算）在企业第一线从事本专业实际

工作的经历，或参加教育部组织的教师专业技能培训且获得合格证书，能全面指导学生专业实践实训活动。

3. 近五年主持（或主要参与）两项应用技术研究（或两项校内实践教学设施建设及提升技术水平的设计安装工作），成果已被企业（学校）使用，达到同行业（学校）中先进水平。

二、"双师型"教师培养途径

1. 在招聘专业教师和聘请兼职教师的过程中，着重从企事业单位引进既有理论水平又有实践经验的高级人才。

2. 定期选送专业教师到相关企业、社会进行生产实践，丰富实践经验，提高教学、生产、实习的指导能力。

3. 鼓励教师参加相关专业执业资格考试、技术职务资格考试、相关技能的培训等，并予以支持。

4. 鼓励专业教师参加对企业的技术服务、技术改造，主持参加院内实验、实训基地的建设，不断积累生产实践经验，并支持教师申报其他系列专业技术职务评审。

三、"双师型"教师的待遇

1. 满足"双师型"教师认定条件的第一条，且具有讲师或副教授职称（不含校内评副教授）的教师，学校按照"双师型"档位工资兑现；满足"双师型"教师认定条件的第一条，且具有教授职称（不含校内评教授）的教师，学校按照教授第二档档位工资兑现。

2. 职称评定、职务晋升、先进评比等方面适当向"双师型"教师倾斜。

3. 对外交流、项目申报、教材编写、指导青年教师等方面优先考虑。

四、"双师型"教师的认定工作，每年进行一次，一般于11—12月进行。

五、本办法自公布之日起施行，由人事处负责解释。

二〇一四年十一月四日

上海应用技术大学加强"双师双能型"教师队伍建设的规定（暂行）

上应人〔2016〕5号

为实现我校培养高水平应用型人才的需要，建立一支兼具教育教学能力和专业实践指导能力的"双师双能型"教师队伍，现研究制定关于加强"双师双能型"教师队伍建设的规定，具体如下：

一、"双师双能型"教师的条件

具有大学本科以上学历及高校教师资格证，从事教学工作并聘任在中级职务岗位以上，且具备下列条件之一：

1.在和专业相关的行业、企业等单位有2年及以上的实践工作经历。

2.在二级学院指定基地进行"产学研践习"累计1年及以上并达到考核标准（具体见沪应院人〔2016〕9号《上海应用技术学院实施"教师专业发展工程"计划的规定》）。

3.取得人力资源和社会保障部门或行业主管部门、行业协会等颁发的与本专业相关的高级及以上职业资格证书（目录见当年国家人力资源社会保障部发布的年度专业技术资格考试计划）。

二、"双师双能型"教师资格的认定程序

凡符合"双师双能型"教师资格条件的个人，应于每年10月份向二级学院提交相应的证明材料，由人事处负责初审，提交学校教师社会实践评议小组核定。

三、"双师双能型"教师的培养途径

各二级学院应根据自身师资队伍发展规划，采取得力措施，加强"双师双能型"教师的培养。

1.根据学校和学院"十三五"规划目标，引进一批具有实践和科研开发能力的教师；或者制定当年度教师专业发展工程"产学研践习"的具体方案，选派教师到指定基地（优选协同创新平台的合作单位）进行产学研践习。

2.组织教师参加高级及以上职业资格证书的培训考试。

四、配套政策

1.教师经过考试取证达到"双师双能型"条件的，学校将按照考试报名费的100%给予一次性补助，培训班费用凭发票一次性补贴800元。

2.在专业技术职务聘任中分类评价"双师双能型"和非"双师双能型"教师，在评审条件中对于前者有针对性的评价指标。

五、本通知由人事处负责解释。

浙江科技学院"双师双能型"教师队伍建设暂行办法

第一章 总 则

第一条 为建设特色鲜明的现代化应用型大学，实现"人才强校"战略目标和"三三"战略行动计划布局，坚持将师德师风作为评价教师队伍素质的第一标准，鼓励应用型学科专业教师深入生产和社会一线，进行实践锻炼和培养培训，提高教师的实践技能和教学科研水平，努力建设一支具有应用型人才培养能力和产学研合作能力的高素质"双师双能型"师资队伍。

第二条 根据教育部、国家发展改革委和财政部《关于引导部分地方普通本科高校向应用型转变的指导意见》（教发〔2015〕7号）和学校《人才发展"三三"战略行动计划（2018—2022）》（浙科院党发〔2018〕1号）的要求，结合学校实际，特制定本办法。

第二章 目标和任务

第三条 "双师双能型"教师队伍建设，必须以提高教师实践教学和应用能力为目标，以强化学生实践能力和创新精神培养为宗旨，以促进学生就业创业为导向，坚持培养与引进并举、专业进修与技能培训并重，进一步提升教师队伍综合素质，让企业经历真正转变为企业能力。

第四条 有计划分步骤地实施"双师双能型"教师队伍培养培训计划，到2022年年末，建设一支熟悉行业企业需求、工作经验丰富、实践教学能力强的专兼职结合的"双师双能型"教师队伍，数量达到专任教师总数

70% 以上。

第三章 认定条件与程序

第五条 认定条件

（一）基本条件

1. 热爱高等教育事业，教书育人，为人师表，师德高尚。

2. 具有较强的理论基础和专业技能，胜任学校教学工作。

3. 具备较强的实践教学能力，能灵活运用专业理论，完成实践实训教学的指导任务。

4. 具有高校教师资格证书且承担学校教学任务。

（二）必备条件

在具备基本条件的基础上，满足下列条件之一者，可申报"双师双能型"教师资格认定：

1. 具有本专业实际工作的中级及以上非教师系列专业技术资格，如工程师、实验师、会计师、统计师、经济师、网络工程师等，但不含研究系列、图书资料系列、档案系列、卫生系列。

2. 有行业特许的资格证书或有专业技能考评员资格（至少满足下列一项）：

（1）取得国家承认的、与本专业实际工作相关的行业特许的从业资格或执业资格证书（如注册建造师、注册会计师、注册电气工程师、注册资产评估师等）。

（2）具有与本专业实际工作相关的高级（三级）以上国家或行业的职业（技能）资格证书，如国家职业资格的高级工、"三级/高级技能"证书等。

（3）参加国家、省（自治区、直辖市）人社部门及教育行政主管部门组织的教师专业技能培训获得合格证书，指导学生专业实践、实训活动效果良好。

（4）取得国家承认的、与本专业实际工作相关的专业技能考评员资格。

3. 具有较强的应用研究及技术服务能力（至少满足下列一项）：

（1）在业内（行业、企业或科研院所）从事本专业实际工作连续 6 个月及以上或累计 1 年及以上的实践工作经历。

（2）在与本专业相关的政企事业单位挂职连续 1 年以上的实际工作经历，包括科技特派员、块状经济转型升级专家服务组成员、农村指导员等。

（3）主持 2 项及以上纵向应用技术研究项目，且成果已被推广使用，效益良好。

（4）主持 2 项及以上横向研究与技术服务项目（含咨询等），成果在行业企业应用并直接创造效益或有专利转让、许可，获得 2 项及以上授权专利。

（5）主持 2 项及以上由企业行业参与的校内专业实践实训教学设施建设或提升技术水平的设计安装工作，运行 2 年以上，成果已被学校使用并取得较好效果。

（6）指导学生（指排名第一）参加应用型 A 类学科竞赛（指面向具体生产设计、开发类的学科竞赛），先后 2 次获得省级二等奖以上成绩或 1 次获得国家级二等奖以上成绩。

4．特殊情况，由学校认定委员会确定。

第六条　每年 4 月，学校统一组织认定"双师双能型"教师资格一次，具体程序如下：

（一）本人对照"双师双能型"教师资格条件，于每年 4 月上旬向所在二级学院（部、中心）（以下简称"二级学院"）提出书面申请，填写《浙江科技学院"双师双能型"教师资格认定申请表》（见附件 1），并提交相关证明材料。

（二）二级学院组织本院学术委员会和教学指导委员会认真审核申报者材料，并形成明确考核意见。二级学院确定的上报人员要在本学院内公示 3 个工作日。公示无异议后，填写《浙江科技学院"双师双能型"教师资格认定汇总表》（见附件 2），并与相关材料报送人事处。

（三）人事处会同教务处、科研处等职能部门和有关专家成立"双师双能型"教师资格认定委员会，对二级学院上报人员的资格进行审核，确定拟定人员，并在校内公示 5 个工作日。

（四）公示无异议后，由学校颁发"浙江科技学院双师双能型"教师资格证书。

第四章　建设途径

第七条　"双师双能型"教师队伍建设的主要途径是外引内培。二级学院要结合本单位实际情况，科学制定实施方案，报学校备案后组织实施。

第八条　加大校外引进"双师双能型"教师力度。应用型专业和"卓越计划"专业要积极引进一批具有行业资格证书或具有 5 年及以上企业、行业工作经历的技能型人才，并具有高级专业技术职务（不含教师系列）和大学本科及以上学历，或具有中级技术职称（不含教师系列）和研究生学历，重点引进产业领军人才。

第九条　聘请企业技术骨干或行业专家担任兼职教师。二级学院要积极与企业、行业建立良好的合作关系，聘请有实践经验又能胜任教学任务的企业技术骨干或行业专家来校担任兼职教师，承担教学任务，指导教师和学生的实验实训，帮助校内教师了解行业发展动态、提高实践能力、促进科研成果转化和教师向"双师双能型"转化。

第十条　加强校企合作项目研究。二级学院与企业行业共建科技合作平台，通过实践调研、科学研究、技术服务、项目开发、人才培养模式研究等方式引导和带动一批教师参与工程实践、技术开发和产品研发等社会经济活动，提高教师的科研创新能力和实践动手能力，扩大服务社会的范围和社会知名度。

第十一条　选派教师到企业、行业挂职或培训。选派教师到企业生产一线进行实践操作、实践教学、技术指导、技能培训等工作，将课堂、实验室、技能培训延伸到企业。加强教师实践（挂职锻炼）基地建设，学校与合作单位签订培养协议，建立长期产学研合作关系。每个二级学院均要建立相对稳定的校外教师实践培训基地或教师实践能力培养合作共建单位。

（一）选派办法

1. 派驻到企业、行业进行挂职或培训的人员主要从我校在岗的专业教师特别是新引进的缺乏企业行业工作经历的专业教师中选派，派驻时间分长期挂职锻炼和短期培训，长期挂职锻炼时间不少于 1 年，短期培训主要利用暑期进行，时间为 1～2 个月。每个二级学院根据自身实际情况有计划地选派教师到企业行业进行长期挂职锻炼，至 2022 年年末，"双师双能型"教师比例不低于70%，同时，积极选派教师到企业行业进行短期培训。

2．二级学院负责提名推荐拟选派人员，并明确其在派驻单位的岗位和职责，填写《浙江科技学院派驻企业行业挂职和培训对象推荐表》（见附件3），经教务处、人事处审核，长期挂职锻炼人员报校长办公会审定后实施。

3．派驻人员与学校签订《浙江科技学院派驻企业行业挂职和培训协议书》。

（二）考核管理

1．二级学院与派驻单位共同对派驻人员的工作业绩情况进行考核，学校随机抽查考核情况。

2．派驻人员在派驻单位期间的基本工作量以派驻单位的同岗位职工基本工作量为标准；派驻人员的工作质量考核以派驻单位对派驻人员工作质量的评价为重要依据。

3．二级学院根据派驻人员的工作业绩、工作报告和派驻单位对派驻人员的考核鉴定意见等情况确定派驻人员的考核等级，报学校审核后公示。

4．派驻人员在派驻单位期间，应全面完成派驻单位工作。

派驻期满后必须按期返校，并承担与派驻工作相关的专业课教学和学生专业实践实训的指导任务。

第五章 待 遇

第十二条 选派到企业行业挂职或培训（以下统称挂职），经考核合格，挂职期间可享受下列待遇：

（一）工资（基本工资和基础性绩效工资）和福利待遇不变，长期挂职人员的奖励性绩效工资按照学校相关文件进行补助。

（二）交通费标准：挂职在杭州市区内的每月 80 元、杭州市区外的其他区县每月 500 元、杭州市以外的每月 1000 元，交通费凭票在限额内报销。

在途期间（仅指首次前往派驻单位和期满返回）的城市间交通费、伙食补助费等，按照相关差旅费管理办法报销。

（三）长期挂职期满经考核合格者，可申报实践进修基金，基金项目作为校级课题立项，经费为每项 10000 元。

第十三条　教师参加的校企双方共同开展的社会生产实践、应用技术研究项目、工程应用项目、开发研究项目、调查与对策研究项目、文化创意项目，学校予以优先推荐申报和重点资助。

第十四条　鼓励教师取得行业主管部门认可的本专业一级、二级职业资格证书，对新取得资格证书的，学校给予人才专项经费3000元资助，对已经取得职业资格证书的教师，学校报销继续教育培训经费凭发票一次性补贴800元。

第十五条　经学校认定为"双师双能型"教师，在职称评审、岗位聘任、评优评先、外出访学进修及骨干教师队伍建设等方面在同等条件下优先。

第六章　附　　则

第十六条　二级学院要高度重视"双师双能型"教师队伍建设，采取切实可行的措施，积极鼓励和支持相关教师提高实践技能，制定合理有效的建设方案，要优先安排"双师双能型"教师参与科研项目研发，参与本专业范围的实验项目、实验装置开发负责解决较为复杂的技术问题，指导青年教师进行实践能力培养等工作。

第十七条　本办法自发文之日起执行，由人事处负责解释。

浙江科技学院院长办公室2018年7月12日印发

沈阳大学"双师双能型"教师资格认定暂行办法

根据《沈阳大学"双师双能型"教师培养工作方案》精神，结合学校实际，制定本办法。

一、资格条件

1.基本条件

（1）热爱高等教育事业，教书育人，为人师表，师德高尚。

（2）具有较强的理论基础和专业技能，胜任学校教学工作。

（3）具备较强的实践教学能力，能灵活运用专业理论，完成实践实训教学的指导任务。

（4）具有教师资格证书和讲师及以上专业技术职务。

2. 必备条件

在具备基本条件的基础上，满足下列条件之一者，可申报"双师双能型"教师资格认定：

（1）取得本专业非教师系列的中级及以上专业技术职务或行业执业资格证书，如工程师、医师、经济师、统计师、会计师、审计师、注册建造师、注册咨询工程师、注册税务师、注册土木工程师、律师、翻译、网络工程师、网络规划设计师、信息系统项目管理师、裁判员、社会体育指导员等资格证书。

（2）具有本专业高级（三级）以上国家或行业的职业（技能）资格证书，如国家职业资格的高级工、"三级／高级技能"证书等。

（3）近五年有一年及以上在企业或科研单位从事本专业或相近专业的挂职工作经历，能全面指导学生实验、实训等专业实践活动。

（4）近五年主持或主要参与应用技术研究，成果已被相关机构或企业使用，经济效益和社会效益良好。

（5）近五年主持或主要参与实践教学设施建设或提升技术水平的设计安装工作，使用效果好，在同类院校中居先进水平。

（6）参加国家、省市权威部门组织的教师专业技能培训获得合格证书，近两年指导学生专业实践、实训活动效果良好。

（7）具有省（部）、市级以上职业技能大赛获奖证书。

（8）能积极适应学校转型发展和应用型人才培养需要，经学校领导小组认定的其他条件。

二、认定程序

1. 本人申报

符合条件人员如实填写《沈阳大学"双师双能型"教师资格认定申报表》（附件1），并提供相关证书原件、复印件或其他符合"双师双能型"教师资格条件的证明材料。

2. 基层部门推荐

申报人员在本部门范围内进行述职。部门推荐工作小组在本人述职

的基础上,对申报人员的申报材料进行初步审核,提出初审意见,并填写
《沈阳大学"双师双能型"教师资格认定汇总表》(附件2),连同申报材料
报送人事处。部门确定的上报人选要在部门范围内公示,公示期为三天。

3. 学校资格审查

人事处会同教务处、研究生学院、大学生创新创业指导中心等有关部
门,对被推荐人选的申报材料进行审核,提出推荐名单。

4. 学校审定

推荐名单报请学校主要领导审定,确定人选。

5. 公示

对审定人选在全校范围内进行公示,公示期为七天。

6. 手续办理

审定人选经公示无异议后,由学校统一颁发"双师型"教师聘书,聘
期五年。

三、管理机制

1. "双师双能型"教师实行动态管理,每五年复审一次。对复审不合格
者,取消其"双师型"教师资格。

2. 学校教务处和研究生学院负责"双师双能型"教师的管理与考核工
作,具体管理与考核办法另行制定。

四、工作要求

1. "双师双能型"教师队伍建设是师资队伍建设的重要组成部分,各教
学院(部)要积极为广大教师申报"双师双能型"教师资格创造条件,同
时在政策上给予倾斜,鼓励教师积极参加社会生产实践、应用技术研究项
目、工程应用项目、开发研究项目、调查与对策研究项目,参加专业技能
培训并考取高级技术(技能)等级证书。

2. 各教学院(部)要高度重视"双师双能型"教师队伍建设工作,认
真制定"双师双能型"教师培养计划,逐步改善本部门教师的知识结构、
能力结构和技能结构。

3. 各教学院(部)要积极与企业、行业联系,建立良好的合作关系,
聘请有实践经验又能胜任教学任务的行业专家或生产一线技术骨干承担实

践教学任务，构建稳定的"双师双能型"兼职教师队伍。

4. 申报人员持有的专业技术（执业）资格或水平证书以及国家或行业的职业（技能）资格证书须为国家部委或全国性行业协会颁发、认定，并与所教授专业课程相同或相近。

5. "双师双能型"教师资格认定工作每年开展一次。各教学院（部）符合资格条件的教师可按规定程序和时间，将相关材料报送人事处。

6. 为增强"双师双能型"教师资格认定工作的透明度，充分体现公平、公正、公开的原则，学校纪检监察部门将对"双师双能型"教师资格认定工作进行全程监督。

沈阳大学人事处 教务处 研究生学院
2015 年 12 月 30 日

黄淮学院双师型教师培养与管理暂行办法

为了加强双师型教师队伍建设，优化教师队伍结构，进一步提高我校教师实践教学技能水平，建设一支适应应用型人才培养要求的"双师型"教师队伍，结合我校实习指导教师数量不足、"双师型"教师比例偏低的实际，特制定本办法。

一、适用范围
校内专兼职教师。

二、双师型教师的标准
指高等学校中具有中级及以上教师职称，又具备下列条件之一的专业课教师：

（一）有本专业实际工作的中级及以上技术职称（含行业特许的资格证书，有专业资格或专业技能考评员资格者）。

（二）近五年中有两年以上（可累计计算）在企业第一线从事本专业实际工作的经历，或参加教育部组织的教师专业技能培训且获得合格证书，能全面指导学生专业实践实训活动。

（三）近五年主持（或主要参与）三项应用技术研究（或两项校内实践教学设施建设及提升技术水平的设计安装工作），成果已被企业（学校）使用，达到同行业（学校）中先进水平。

三、确认程序

（一）双师型教师资格确认每年受理两次，一般每年5月份和9月份受理。

（二）本人填写《黄淮学院双师型教师资格确认申报表》，并附上有关证明材料复印件。

（三）所在院系初审后，提出审核意见，连同相关资料报人事处。

（四）人事处组织相关专家对申报人员进行资格审查，提出初步意见，报学校研究确认。

四、双师型教师的培养途径与措施

双师型教师的培养是加强师资队伍建设的一个重要环节。各院系应加强对双师型教师的培养工作，制订年度培养计划，根据发展需要提出双师型人才培养数量、规格和具体措施，报学校审定后组织实施。根据双师型教师的具体要求，可以结合实际采取以下措施：

（一）组织教师参加国家组织的各类行业资格和职称资格的培训考试。

（二）应充分利用学校资源进行双师型人才培养，鼓励教师参加校内实践教学设施建设，通过科研、社会服务、技术开发等方式带动一批教师参与社会实践和科研开发工作，提高教师的实践能力。

（三）专业课和专业基础课教师三年内至少到企事业单位实践锻炼3至6个月。

（四）重视从企事业单位引进和聘请既有工作实践经验，又有较扎实理论基础的高级技术人员到我校从事教学工作。

五、双师型教师的有关待遇

（一）教师在外参加双师型资格培训期间享受在校工作教师同等的津贴待遇。

（二）在职称评审、骨干教师选拔等方面，双师型教师在同等条件下优先。

（三）各院系要优先安排双师型教师参与科研项目开发、教材编写等工作。

（四）鼓励我校教师积极获取与本专业相关的专业资格证书或行业资格证书，取得以上资格证书后，学校奖励 1000 元。

重庆工程学院"双师型"教师认定及考核办法（修订）

第一章　总　则

第一条　为建设一支师德高尚、熟悉行业企业需求、工作经验丰富、实践和教学能力强的"双师型"教师队伍，规范"双师型"教师的认定与考核，更好地实现"理论基础好、综合素质高、专业技能强"的应用型人才培养目标，扎实推进学校的特色发展，特修订本办法。

第二条　本办法适用于全校专业教师。

第二章　认定条件

第三条　"双师型"教师是指教师、工程师等资格兼具，教学能力、实践能力兼备的教师类型。须具有讲师及以上教师系列职称，能胜任本专业教学工作及全面指导学生专业实践实训活动，且具备下列条件之一：

（一）具有本专业非教师系列中级及以上专业技术任职资格证书；

（二）有与本专业相关的国家二级以上职业资格证书或中级以上执业资格证书；

（三）参加专业技能考评员培训，取得考评员资格证书；

（四）近五年参加教育部组织的教师专业技能培训，并获得合格证书；

（五）近五年中有两年以上（可累计计算）在行业、企业一线或校内外实践基地从事本专业实际工作经历，或经批准脱产到行业、企业挂职锻炼、接受专门技术培训；

（六）近五年主持或参与（排名前三）两项应用技术研究，成果已被企业使用，效益良好；

（七）近五年主持或参与（排名前三）两项校内实践应用教学设施建设

及提升技术水平的设计安装工作，使用效果好，达到同类院校中先进水平。

第三章　认定程序

第四条　每年9月由人事处组织开展"双师型"教师资格认定，程序如下：

（一）符合"双师型"教师资格认定条件的教师向所在二级学院提交《"双师型"教师资格认定申请表》（附件1）及相关证明材料；

（二）二级学院核实申报教师的专业技术职务、专业资格证书、项目经历、企业经验等材料，提出初步认定意见，并将《"双师型"教师资格认定汇总表》（附件2）报人事处；

（三）人事处会同教务处、科技处等职能部门对上报材料进行复核并提交师资队伍建设专委会审议，确定"双师型"教师名单；

（四）审议通过名单在全校公示3个工作日，公示无异议后报校长办公会审批发文。任期5年。

第四章　培养与考核

第五条　为发挥"双师型"教师在学科专业建设、课程建设、实践教学、学生培养等方面的作用，各二级学院应积极创造条件，通过有计划地组织教师到企业实践、挂职锻炼、实验设备改造、考取专业资格证书、参与社会服务、指导学生等多种形式对"双师型"教师进行持续培养。

第六条　"双师型"教师培养途径包括以下类型，每人每年累计时长不少于2个月：

（一）各学院安排教师到校企合作单位参与本专业相关的企业实践或挂职锻炼，报校企合作办公室备案，实践结束后由校企合作办公室认定实践天数（每月最多计21天）。

（二）新取得与本专业相关的中级及以上执业资格或任教专业的国家二级及以上职业资格证书或非教师系列中级及以上专业技术职务任职资格证书。每类证书认定0.5个月。

（三）主持或参与（排名前三，参与人的时长由主持人分配）横向科研项目，经科技处立项备案，理工科到账每1万元认定0.2个月，人文社科到账每1万元认定1个月。

（四）作为第一指导教师指导学生完成基于横向科研项目（以学校科研

系统登记为准）的毕业设计（论文），认定 0.2 个月一生（第三项与第四项若为同一指导教师同一项目同一学生，不再重复累计月数）。

（五）主持或参与（排名前三，参与人的时长由主持人分配）实验教学仪器设备改造、设计或研发（教务处立项备案约定时长），使用效果良好，由教务处认定时长。

第七条 "双师型"教师考核分为过程考核、期满考核。考核结果分为合格和不合格。

（一）过程考核每两年一次，对未达到规定时长的（两年不足 4 个月）予以预警提醒。

（二）期满考核累计时长不足 10 个月的，考核结果为不合格。

第八条 考核程序与认定程序相同，教师填写《"双师型"教师考核登记表》（附件 3）。学院填写《"双师型"教师任期业绩汇总表》（附件 4），考核材料及结果存入教师个人档案。

第五章 结果应用

第九条 期满考核合格者，继续认定为"双师型"教师。同时享受下列政策：

（一）报销在任期内取得与专业相关的各类资格证书的各项费用（报名费、考试费、资料费或技能鉴定费）。

（二）学校在教师绩效考核、评优评先、岗位聘用、专业技术职务评聘等方面向"双师型"教师倾斜，同等条件下优先。

（三）学校优先安排"双师型"教师参加考察、培训和学术交流，优先支持"双师型"教师申报相关人才项目、科研项目等。

第十条 期满考核结果不合格者，取消其"双师型"教师资格，次年可再认定"双师型"教师。

第六章 附 则

第十一条 本办法自 2021 年 1 月 1 日起实施。其他与本办法有不一致的规定，以本办法为准。

第十二 条本办法由人事处负责解释。

第十一章　新时代高校"双师型"教师
专业素质提升策略

第一节　加强教师的思想政治教育管理

　　要建立与社会主义市场经济体制相适应的高校教师队伍管理制度，必须破除旧的思想观念，树立与市场经济法则相适应的思想观念，如科学的观念、法制的观念、竞争的观念、开放的观念、动态的观念、多元的观念、效益的观念等。破除人才部门所有制和"封闭式静态指令型"管理模式，构建"开放式动态优化型"管理模式；充分借助市场竞争机制，面向社会广揽人才，优化高校教师资源配置，使高校教师队伍在合理的动态中求稳定。同时，要转变政府职能，扩大高校教师人事管理自主权，建立和完善与社会主义市场经济体制相适应的用人机制，促进高校教师合理流动。

一、高校青年教师思想政治工作面临的嬗变与困境

　　新形势下，复杂的国内外环境和激烈的职业竞争对高校青年教师的价值观念和行为方式产生了重要的影响，高负荷的工作和高强度的压力导致青年教师容易出现职业倦怠与自我否定的情绪，产生心理失衡与职业迷茫的困惑。高校青年教师的这些变化导致高校青年教师思想政治工作面临三大嬗变与困境。

　　第一，高校青年教师思想政治工作面临全新的国际环境，外部环境失

衡和内部因素缺陷导致青年教师的价值观念嬗变。青年教师自身的价值观趋向多维态势，导致高校青年教师思想政治工作面临严重的观念性困境。随着世界多极化、经济全球化的深入发展，文化全球化与经济全球化相伴而生，西方发达资本主义国家的所谓西方文明在中西文明交流、文化交融中占据有利地位，通过大力输出以影视文化、新闻图书等文化作品为载体的价值观和人生观，对我国青年一代进行文化渗透。在传统社会思想观念的熏陶和感染下成长的青年教师受到新形势下多元价值取向和意识形态的冲击，其人格养成实现了从传统到现代的碰撞、从被动到主动的转型、从一元到多元的嬗变，理性认知体系也受到新的挑战。青年教师在社会主义核心价值观的践行中扮演着传播者与被传播者的双重角色，但是其理想信念的动摇和理性分析的缺失导致高校青年教师思想政治工作面临困境，不仅影响着青年教师的个人发展，也直接或间接地影响着大学生的价值取向，影响着大学生的健康成长。

第二，高校青年教师思想政治工作面临全新的社会环境，刚性考核指标与高校立德树人本质任务的背离导致青年教师评价标准嬗变，青年教师自身的成长困境导致青年教师思想政治工作面临尴尬的制度性困境。随着国内改革进入深水区，各种社会矛盾和问题凸显。在复杂的社会环境和激烈的职业竞争中，高校青年教师大都面临着教学、科研和买房还贷、结婚育子、赡养老人的重压力。这些压力使青年教师无形中把职业当成谋生的手段，忽视了自身教书育人的使命。党和国家高度重视高校教师思想政治工作，出台一系列政策文件保证高校思想政治工作的开展，各高校也围绕思想政治教育、意识形态领域建设、师德师风建设等出台文件，并通过搭建平台、给予支持保障等方式促进思想政治工作的顺利开展。但是，由于高校重科研偏重教学的倾向明显，对教师职业道德、行为规范、思想政治素质的考核缺乏刚性指标和量化标准，在某种程度上导致了高校青年教师思想政治意识淡薄，教师思想政治教育面临严峻挑战。

第三，高校青年教师思想政治工作面临全新的媒体环境，全媒体视阈下立体化传播方式的改变导致青年教师思想政治工作的话语体系嬗变，青年教师自身行为方式的转变导致高校青年教师思想政治工作面临陈旧的方法性困境。随着互联网技术和移动通信技术的发展，人们获取信息的方式和使用习惯向移动智能终端转移。新媒体的异军突起和媒体融合的加剧，导致了全媒体立体化传播方式的改变和广泛应用，改变了人们固有的思维模式和生活状态，逐渐成为人们特别是青年一代获取信息和进行社交沟通的重要渠道。借助全媒体，有助于丰富思想政治教育资源，拓展思想政治工作空间，增强信息传播互动。同时，全媒体视阈下立体化传播方法的改变导致青年教师思想政治工作话语体系的嬗变，信息传播的迅速便捷、信息内容的碎片化、观点的多元化无形中增加了高校思想政治教育引导的难度，思想政治工作手段方法相对陈旧，缺乏新意，实效性不强，亟须改进思想政治教育内容和方法，加强舆论引导，因势而为，顺势而动。

二、新形势下做好高校青年教师思想政治工作的对策

（一）从入脑到入心，加强思想引领，强化理想信念教育

理想信念，如高校青年教师精神之"钙"。教育管理部门和高校应该高度重视青年教师理想信念问题，将青年教师思想政治工作列入重要工作日程，专题研究，及时发现、掌握青年教师思想的新动向、新问题，并找出问题症结和解决办法。一是建立完善青年教师理想信念教育制度，通过理论学习、专题培训、讲座、党组织学习等方式，引导青年教师坚定理想信念的自觉性和积极性；二是完善理想信念教育的内容体系，以马克思列宁主义、毛泽东思想、邓小平理论、"三个代表"重要思想、科学发展观、习近平新时代中国特色社会主义思想为指导，以社会主义核心价值观及习近平系列重要讲话精神、理想和职业道德为教育内容，在"贯穿、结合、融入"和"宣传、教育、引导"上下功夫，坚定青年教师投身中国特色社会主义建设事业和教育事业的决心；三是拓宽理想信念教育路径，高校要充分利用学科和人才优势，发挥基层党组织作用，采用各种行之有效的学习方式，借助新媒体手段，弘扬主旋律，传播正能量；四是选树培育青年教师师德师风典型人物，利用全媒体途径大力宣传，把先进人物、典型事件讲真切，切实发挥榜样的示范作用，激励广大青年教师用心感知、用爱践

行，见贤思齐，牢固树立坚定的理想信念和立德树人的决心，内化于心外化于行，引导青年教师争做有情怀的教育者和引路人。

（二）从显性到隐性，创新丰富载体，建构教师思政

思想政治工作体系是做好高校青年教师思想政治工作的重要组成部分。高校应实现显性教育和隐形教育的有机融合。一是要在思政工作机制上下功夫。高校应建立三级联动机制，建立多部门沟通协调机制，建立联合预警机制和合作保障机制，把握教师思想特点和发展需求，坚持理论教育和实践活动相结合，坚持普遍要求和分类指导相结合，形成教书育人、科研育人、实践育人、管理育人、服务育人、文化育人、组织育人长效机制。二是要在师德师风教育上下功夫。高校要完善重师德、重育人、重贡献的考核评价机制，促进优秀青年教师脱颖而出。坚持师德师风建设活动，联动宣传部、人事处、组织部、教务处、学工处、校团委等各部门，每年确定鲜明主题，开展师德模范、教学名师、最受学生欢迎老师、优秀辅导员、十佳班主任等主题评选活动和特色文化活动，引导广大教师以德立身、以德立学、以德施教。三是要在创新载体上下功夫。要创造有利条件，搭建发展平台，为学术水平和教学科研业绩特别突出的青年教师创造破格晋升机会，并通过教职工代表大会等渠道，支持和引导青年教师参与学校管理，涉及青年教师切身利益的决策要充分听取青年教师意见。四是要在管理体制、执行制度、考核制度、反馈制度和评价制度上下功夫。在选聘教师、岗前培训、绩效考核、队伍建设、教师心理健康教育等环节进行相关改革和突破，把思想政治政治工作的目标要求融入教学考核、工作考核、干部考核、评奖评优等环节，并建立健全教师职业道德考核评价制度，实行师德一票否决制，引导青年教师自觉将立德树人放在工作首位，争做学生的精神引路人。

（三）从外化到内化，重视文化涵育，实现以文化人、以文育人

大学文化建设是扎根中国大地建设世界一流大学的有机组成部分。校园文化不仅对大学生的思想观念、价值取向和行为方式有着潜移默化的影响，对高校青年教师也起着不可低估的浸润作用。优秀的校园文化可以塑造青年教师的思想品格，提升青年教师的人文素养，起到春风化雨、润物无声的效果。一是加强校园物质文化建设，建设好楼堂馆所、山水、路、桥洞等校园显性文化载体，建设平安、文明、和谐的校园，实现校园环境使用功能、审美功能和教育功能的统一，使每一面墙壁都会说话，每一个角落都有育人功能。二是加强校园精神文化建设，提炼大学的精神气质，弘扬古今中外的优秀经典，传承创新和弘扬校训、校歌、校风，打造优秀的文化作品，让青年教师感受学校的优秀历史和文化底蕴，激发他们的爱校情怀，增强他们对学校的认同感和自信心，从而更好地潜心学问和教书育人。三是加强校园特色文化建设，把厚重的学校历史文化资源转化为别具一格的思想政治教育资源，以特色文化建设引领青年教师思想政治工作，通过特色文化的激励作用和感召作用，激发思想政治工作活力，让青年教师思想政治工作更有感染力和亲和力。

（四）从"专人"到"人人"，实现"思政课程"到"课程思政"的转变

高校思想政治教育落实到课程教学中，不仅是针对思想政治课教师，也是针对全校教师教育的首要任务。可见，高校青年教师的思想政治工作覆盖不同属性的各类课程教师，包括思想政治课教师、专业教育课程教师和综合素养课程教师，以及行政管理工作人员。在青年教师思想政治工作中，厘定各自功能定位，分类开展重点建设，显得尤为重要。一是强化"课程思政"的学术研究、试点改革和效果评价。高校应以推进"双一流"建设为契机，从内容建设、教学方法、师资团队乃至全媒体运用等途径推进教育教学改革，通过"课程思政"改革试点到全面推广"课程思政"建设，探索全课程大思政教育体系，真正实现全员育人、全方位育人、全过程育人。二是调整教育教学评价体系。高校应将课程教学评价从单一的专业维度，向人文情怀、德育量化、社会责任感等多维度延伸，大力弘扬"课程思政"的成效，引导青年教师从无意识地参与向有意识地实践转变。三是分类指导，贯连融合，实现传统思想政治课有所突破，专业教育课程展示人文情怀，综合素养课程润物细无声，行政岗位青年教师在日常管理工作中高站位、严要求，从而实现全校教师同频共振、同向同行、共建共享，形成协同效应，形成全方位德育"大熔炉"的教育合力作用。

（五）从背离到融合，善用网络媒体，创新全媒体育人路径

全媒体立体化传播方式的改变对高校青年教师思想政治工作既是一个机遇，又是一个挑战。探索新形势下"互联网＋教师思想政治工作"，有效整合各类资源，有助于壮大主流思想舆论，使思想政治工作获得声像并茂、情景交融的效果，从而在网络上唱响时代主旋律，增强社会主义意识形态话语权。

一是要加强意识形态领域阵地建设和网络信息渗透，引导青年教师正确使用网络工具，强化青年教师网上言行的法律意识和责任意识，并通过议程设置等主动占领网络思想政治工作阵地，积极搭建网络教育服务平台，建立及时互动沟通机制，提升运用网络开展青年教师思想政治工作的能力；二是加强传统媒体和新媒体融合，创新"互联网＋思政"内容生产模式，发挥全媒体立体化传播的优势，建设好"两微一端"等新媒体平台，打造一批"微思政"精品，增强网络思想政治教育的亲和力；三是通过网络掌握高校青年教师思想理论动向和网络舆情，关注青年教师的民主意识和诉求表达，并及时发现倾向性、苗头性问题，有效应对涉及青年教师的舆论事件，调动和发挥好高校青年教师自我学习、自我提高、自我教育的主动性和积极性，为高校发展提供有力的思想保证、舆论支持、精神动力和文化条件。

第二节　加强教师的法治管理制度

一、高校教师人力资源法治化管理的法律依据

现行的高校教师资格、职务、聘任三大法律制度是高校教师人力资源法治化管理的主要法律依据，高校教师人力资源的管理必须全面正确遵循和厉行这三大法律制度。

高校教师职务制度是国家对高校教师岗位设置及各级岗位任职条件和取得该岗位的程序等内容的规定。《教师法》第十六条规定："国家实行教师职务制度。"《高等教育法》第四十七条也规定："高等学校实行教师职务

制度。"该法条还规定了高校教师职务的设置、取得高校教师职务的条件，特别是比较具体地规定了教授、副教授的任职条件。高校教师聘任制度是高校与教师在平等自愿的基础上，由高校根据教育教学需要设置一定的工作岗位，按照教师职务的职责、条件和任期，聘用具有一定任职条件的教师担任相应职务的一项制度。我国《教师法》第十七条第一款规定："学校和其他教育机构应当逐步实行教师聘任制。教师的聘任应当遵循双方地位平等的原则，由学校和教师签订聘任合同，明确规定双方的权利、义务和责任。"《高等教育法》第四十八条规定："高等学校实行教师聘任制。教师经评定具备任职条件的，由高等学校按照教师职务的职责、条件和任期聘任。高等学校教师的聘任应当遵循双方平等自愿的原则，由高等学校校长与受聘教师签订聘任合同。"

二、高校教师管理法治化过程中存在的主要问题

（一）教师管理法律制度有待进一步完善

国家颁布了《高等教育法》《教师法》等教育基本法律，但与其配套的法规尚不完善，如教师聘用、编制管理、教师考核、教师申诉等尚无具体法规可循。依据《高等教育法》第三十条的规定，高等学校自批准设立之日起取得法人资格，这意味着高校作为独立的教育公法人具有自主管理的权利。我国高校在教师管理方面虽然建立了许多管理制度，但总体上看高校教师管理制度还不够健全，主要体现在以下方面：首先，在招聘录用教师时，缺乏严格的资格审查和考试考核制度；其次，岗位责任制和福利制度的建立不够普遍；再次，教师培训教育制度没有规范、行之有效地建立起来。既然自主管理的权利是由法律授予的，高校的自主管理就必须符合法律的相关规定，同时在符合法律相关规定的前提下，针对高校教师管理过程中存在的有法不依、执法不严、违法难究以及部分教师依法执教意识不强等现象，加强对教师管理法律制度的建设和完善。

（二）教师队伍管理模式和管理方式较单一

在我国，高校教师以"国家干部"身份，用管理党政干部的单一模式

管理教师，没有根据工作性质、社会责任和职业特点制定不同的管理制度和管理方法。只强调以人事控制为主导的管理手段，导致人事管理大都采用行政命令或指令、控制等方式，使教师不能按照自己的特点获得充分的发展，影响了教师的成长。

（三）高校教师管理行政化现象突出

其主要表现在以下几方面：庞大的行政队伍成为支配和支撑高校的真正主体，教师的主体地位淡化，单位和人员被固定在行政系统的不同等级框架中，缺乏自由和合理流动；权力是高校运作的根本价值信号，权力价值标准成为评价人的贡献和价值的主要依据和标准。教育行政化势必会导致以下严重后果：首先，主体倒错。高校的主体应当是教师，但在高校教育行政化体制下，行政人员成为支配学校的核心，教师成为行政系统中的"被管理者"，在行政系统运作中缺乏主动性，甚至造成与行政人员之间的关系不和谐。其次，价值系统混乱。按照目前高校教师管理中衍生出来的价值系统，评价教师的标准不在于教育本身，而在于行政职位的高低和被行政系统行政权力认可的程度。学术权力与行政权力混淆，学术带头人往往兼任行政职务，学术标准产生偏差，学术价值的可信度由此降低。再次，机构膨胀。教育资源按照行政权力大小和权力所涉及的领域来分配，导致某些高校单位部门不断升级，大量教师为利益驱使而跻身于行政系统，导致人浮于事，机构膨胀。

（四）对从事不同性质工作的教职工未能形成有效的分类管理

高校教职工主要有教师、行政管理人员和后勤服务人员。教师主要进行教学科研工作，是高等教育体系中的主体，高校应当构建独立的教学科研管理体系，保障广大教师合法的教育教学权利；行政管理人员主要从事职能管理和事务服务工作，高校应当通过组织人事管理体系和监督考核评价体系，提高管理人员的管理水平，增强管理人员的服务意识，维护管理人员的合法权益；后勤服务人员主要为学校提供公共服务和后勤保障，社会化程度较高，高校应有针对性地适用劳动合同管理体系，对其实现由行政化管理向社会化管理的顺利转变。但是，目前我国部分高校的教职工管理工作还处于不加区分的"一刀切"的初级阶段，这种做法不仅降低了高校管理的效率，增加了教师、行政管理人员和后勤服务人员之间的矛盾和不满，也不利于高校有针对性地加强队伍建设和法治建设。

（五）教师队伍管理体制有待进一步改革完善

从教师队伍管理体制方面看，人事管理权限过于集中在学校人事部门，教师队伍管理体制不顺，人事部门直接包揽统管教师职务岗位数额下达、教师职务评审委员会组建、教师职务评审，甚至借发任职资格证书、申报材料审查、评审结果审批等向教师收取证书费、审批费、评审费等，这种集中、治事与用人脱节的管理体制不符合高校人事制度改革的要求。

（六）教师运行机制有待进一步改革完善

在高校内部，教师队伍管理、学科建设、教学、科研、培训等职能部门各自为政，协调性较差，导致校内的教师流动比较困难，教师队伍运行缺乏有效的激励机制，存在教师"能上不能下，能高不能低"的弊端，有些高校在工资、津贴、奖金等分配上采用平均主义做法，教师职务聘任和岗位设置没有真正实行，存在人为因素干扰等非法治化现象。

（七）忽视对教职工基本权利的保护

高校教职工根据相关法律的规定，依法享有财产权、人格权、劳动权、知情权等基本权利。但由于教师管理方面存在非法治化的现象，一些非法治化行为会对教职工的合法权益造成伤害。比如，有些高校在没有合法授权的情况下，随意停发、扣缴或者冻结教职工的工资，或者在没有法律依据的情况下，降低教职工的福利待遇和劳动保障，都属于侵犯教职工财产权、知情权的行为。又如，少数高校的管理部门和服务部门随意拒绝或不礼貌对待前来办事的教职工，或者将教职工的信息、资料甚至个人隐私随意泄露、公开和传播，构成对教职工人格权的侵害。

（八）教师队伍不稳定与流动不畅并存

高校普遍感到教师不够用，想尽办法斥资引进人才，但本校优秀人才又不断流失，造成教师队伍不稳定，出现了学校要"留"的人留不住，学校想"流"的人流不起来的现象。高校青年教师的流失还表现为"隐性"流失，这主要是由于高校教师从事"第二职业"引起的教师队伍不稳定，同时教师待遇不高也造成高校教师队伍的不稳定。这种高校教师队伍的隐性流失极大地影响了高校正常的教学、科研和管理工作,给学校师资队伍建设带来了较大的困难。

三、完善高校教师管理法治化的措施

(一)树立科学的教师管理法治观

首先,必须树立"以教师为本"的教师管理法治观,在高校内真正形成尊师重教的良好风气。一所高校的教育水平和教学质量、学科建设与学术研究的水平主要取决于教师的水平。其次,要树立开放、竞争的教师管理法治观念。高校教师队伍建设要具有开放性,借助市场竞争机制面向社会优化教师资源配置,在高校内部必须牢固树立人才竞争的观念,建立起公正、平等、择优的教师管理机制以提高教师队伍整体素质。再次,要树立辩证看待人才稳定和流动的教师管理法治观。人才流动是市场经济发展的必然结果,人才的流动既给教师队伍建设带来负面影响,也会带来发展的活力。教师队伍的稳定是相对的,其合理流动有利于教师队伍结构的合理化,只有在流动中保持大部分骨干教师的相对稳定,在竞争中保持部分教师的流动,才能使教师队伍在流动中素质得到不断提高。

(二)不断建立健全教师管理法律制度

国家制定了《教师法》《教育法》和《高等教育法》等教育基本法律,高校应在此基础上逐步制定和完善教师管理配套法规。首先,建立完善符合人本思想的考核奖惩制度。在教师资格、任用、考核、晋升、培养、培训、流动、待遇、兼职、奖惩、申诉、仲裁等环节上建立健全各项制度,依法管理,促使教师依法执教,做到有法必依、执法必严、违法必究。同时,要建立健全教师队伍管理制度,推行公开招聘、平等竞争、择优聘用的教师任用合同制度,坚持按需设岗、以岗聘用、严格标准、择优选聘。实施人员工资总额动态包干办法,坚持指令性编制和非指令性编制相结合的原则,实行学校自主管理;教师考核要与教师的聘用、职评、奖惩等密切联系,注重教师管理法治化中的量化考核,确保公正、合理;在津贴分配制度建立完善方面,要根据各个学校的实际情况因地制宜,坚持优劳优酬、多劳多得原则，不宜采用一种固定的模式和做法。其次，建立完善名师工程。名师是提升高校人才核心竞争力和社会知名度的重要条件之一，应按照高校发展战略的客观要求和人才发展规律建立完善名师工程系列制度。再次，建立健全优秀教学团队建设制度。高校教师管理法治化建设的一个重要任务就是建立完善教学团队建设规章制度，要重视对教师团队意识的培养，强化团队建设的法治意识，弘扬团队精神，提高教师队伍整体素质和竞争力。

（三）加强学科梯队和骨干教师队伍管理法治化建设

学科梯队建设对高校学科专业建设和骨干教师队伍建设起决定性作用，直接关系着教师队伍的整体质量和高校人才培养质量与科研水平。要完成好学科带头人和骨干教师的新老交替，必须加强学科梯队和骨干教师管理的法治化。首先，建立完善经费支持制度。在教师队伍建设与管理中，要把学科带头人和骨干教师队伍建设作为高校教师队伍建设的重点，围绕学科发展和教学改革的需要，设立专项经费用于学科梯队和骨干教师队伍建设。其次，建立有效激励机制，充分发挥老一辈学科带头人的"传、帮、带"作用。在人力、物力、财力等方面，给予重点支持，包括配备助手、争取科研基金、改善实验室条件、提高工资和生活待遇，并通过法治化的手段建立各种制度，充分调动他们培养学科带头人和骨干教师的积极性。再次，建立完善教师队伍结构优化制度。高校教师队伍结构合理性是衡量高校教师队伍建设质量的重要标尺和高质量教师队伍的重要标志。优化高校教师队伍结构，既要注重高校教师的年龄、学历、职务、学科、学缘等显性结构的优化，也要注重高校教师的思想、能力、水平、修养、性格等隐性结构的优化，努力建设"一低三高"，即"低年龄、高学历、高素质、高效能"的高校教师队伍。

（四）加强高校教师培训管理制度的法治化建设

高校教师培训必须建立在继续教育和培训制度法治化的基础上，才能形成有效的高校教师培训法治化制度体系。首先，提高认识，树立高校教师必须不断进行继续教育的法治观念。现代科学技术和社会生产力的飞速发展要求高校教师必须加强继续教育培训，主要目的是使教师不断接受新知识、新理论、新思想、新观念以提高其素质、能力和水平。其次，转变观念，改革高校教师培训模式。要改革高校教师培训的组织方式，由学校组织培训向教师自觉培训转变；改革培训内容，把以理论知识为主的培训变为思想、政治和业务全面培训；改革培训面向，把以青年教师为主要培训对象变为教师全员岗位培训；改革培训经费管理制度，把由政府、学校承担费用变为政府、学校、教师共同承担。再次，建立有效的高校教师培训机制。在政策导向方面，大力宣传继续教育观念，明确各级教师培训的目标要求并与教师的职务聘任等紧密挂钩；在具体实施方面，教师的培训机制要与教师队伍结构优化、学科建设、专业调整、学术骨干和学科带头人的选拔培养相结合；在培训的内容和形式方面，要根据各级教师岗位的全面要求设置并由教师根据规定的指标要求和自身条件自主安排参加培训；在培训考核制度方面，要制定有利于各级教师自觉参加继续教育的政策法规制度，把教师培训的结果作为各级教师聘用、晋升、奖励的前提和依据。

（五）建立完善优化教师资源配置的法治化管理制度

高校应积极适应人才竞争流动的形势，因势利导，通过引进优秀硕士研究生，吸引博士、教授等高层次人才，向社会公开招聘高水平教师和建立高层次培训等系列教师管理法治化制度，调整教师队伍的学历、职务和学科结构，提高教师队伍的整体水平。同时，高校应调整和改革教学科研组织形式，加强校际合作，加大学科交叉合作的深度和广度，组建以学科群为基础的高层次人才协作组织。互聘、联聘教师，互相开放图书资料及实验室，共享教师资源和教育资源，优化教师配置。另外，通过聘请高水平的专家任教、组织联合攻关、鼓励教师主持校外重点项目和重点实验室工作等多种途径和方式，使基础学科，特别是应用学科教师队伍始终保持向上发展的势头。

（六）加强教师队伍思想政治教育和职业道德教育的法治化建设

高校教师职业的特点使其加强思想政治教育和职业道德教育具有特殊的重要性。因此，高校在加强教师思想政治教育和职业道德法治化建设时要正确处理好政治与业务的关系，坚持两手抓，两手都要硬，完善教师队伍思想政治教育和职业道德建设法治化建设。教师职业道德作为一种道德力量,将对学生产生巨大影响,因此必须高度重视教师队伍的思想政治教育和职业道德的法治化建设。在当前部分教师价值观念向个人倾斜、敬业精神有所减弱的情况下,更要重视这个问题。在法治化建设中,要强化教师工作中的思想政治教育的制度导向,并把教师职业道德作为教师考核的重要内容和职务聘任的重要条件之一,以此促进广大教师增强事业心和责任感,努力提高高等职业教育道德水平。

(七)建立完善"以人为本,人尽其才"的教师管理法治化环境

一是要重视教师管理法治化硬环境构建,为教师队伍的发展提供良好的教学、科研条件和生活服务设施。高校教师管理者要根据高校教师职业的特点,建设良好的工作环境和生活环境,重视改善教师的工资待遇、住房以及子女的就业、升学等问题,在符合法治化原则前提下,千方百计地挖掘可利用条件,尽可能地为教师解决各种困难,创造优良的硬件环境。二是重视教师管理法治化软环境的构建。重点是构建有利于教师成长的文化环境。在吸引、留住人才等开发与管理上应改变思路,致力创造有利于吸引、稳定人才的文化生态环境,营造一种积极向上、和谐融洽、自由宽松、文人相敬的校园精神,形成人尽其才、才竭其力的教师管理法治化环境。

第三节　优化教师队伍人文环境建设

高校教师队伍建设和发展需要良好的外部环境和内部环境。在理顺管理体制、健全管理制度、改进运行机制的基础上,要进一步改善高校教师的工资待遇,解决高校教师的住房问题。要坚持"高素质、高水平、高要求、高待遇"的原则,加大政府对教育的投入,大幅度地提高高校教师的工资水平,使高校教师付出的劳动与其收入相对应;要建立各类津贴制度,制定各种地方性政策,提高教师的待遇。同时,加快教师养老保险、医疗保健等社会保障制度的改革,认真贯彻党中央、国务院关于解决高校教师住房问题的方针、政策,采取有效措施,尽快改善高校教师尤其是高校青年教师的住房条件,为教师安居乐业和骨干教师队伍的稳定创造条件。

一、人文环境对加强师资队伍建设的意义

人文环境是调动教师队伍工作积极性的重要因素。良好的人文环境能够激发教师的工作积极性，提高教师的工作效率，从而为提高高校的教学科研水平和人才培养质量打好基础。高校师资队伍是由教师个体彼此交织相互作用形成的整体，教师个体只有在一个好的环境中才能够开心工作，才能对教育事业投入无比热情，进而组成一支强有力的师资队伍，从这个角度讲，人文环境就是"兴奋剂"。构建有序竞争、团结向上的人文环境，能够让教师和学校同心同德、同向而行，激发教师的内在动力，形成全校凝聚力，推动高校整体事业发展。

人文环境能够确保师资队伍的稳定和质量。马斯洛需求理论中讲到，尊重和自我实现是最高一层的需求。在良好的师资队伍建设人文环境中，教师的尊重和自我实现能够满足，师资队伍的人才流失可以降到最低，这本身也是师资队伍人文环境建设的目标。同样，良好的人文环境不但能够留住人才，还能吸引人才。师资队伍本来就处在一个开放的系统中，教师在校际间的交流很频繁，对彼此的环境都很清楚，没有人愿意留在糟糕的环境中，都愿意进入能够实现自我价值的环境中。如果师资队伍人文环境足够好，必然能够留住和吸引到优秀的人才。

人文环境能够为教师快速成长提供保障。人和环境的关系是相互的，人创造环境，同样环境也创造人。良好的师资队伍建设的环境是教师成才不可缺少的条件，同时每个教师又对整个师资队伍的环境产生影响。良好的人文环境不但能够提升教师的业务素养，还能为教师自身的发展提供空间。在优良的人文环境中，每一个教师都是高素质教师，一个人在这种环境中必然提升自身素质，正所谓"近朱者赤，近墨者黑"。在良好的环境中，教师职务晋升渠道通畅、奖励政策完备、保障制度健全，这样的环境能够为教师发展提供足够的空间，教师在这种环境中能够不断提高、进步。环境可以影响人，也能够塑造人，良好的人文环境是师资队伍人才辈出必不可少的条件。

人文环境为师资队伍建设提供环境支持。任何一个人的发展都离不开周边环境，师资队伍建设也离不开环境的建设。环境的好坏直接制约着师

资队伍建设水平的高低，优良的环境是师资队伍得以建设好的基石。从发展观念讲，师资队伍发展好离不开人文环境的支持，高水平的师资队伍又能构建良好的人文环境，二者相辅相成，辩证统一。

二、多角度入手为高校师资队伍建设优化人文环境

人文环境中包含特定社会共同体的态度、观念、认知和信仰系统等内容，这些内容在特定的精神环境中通过文化观念和潜在的精神力量产生价值导向，完成对社会成员的影响和教育过程。人文环境通常分为三个层面的内容：第一层面是物质文化环境，如校园建筑、校园景观、绿地、场馆等；第二层面是精神文化环境，如校园文化、大学精神、校园氛围、学校文化传统等；第三层面是管理文化环境，如制度环境、管理模式等。三个层面的内容相互作用、相互渗透，构成高校人文环境。

（一）加强物质文化环境建设，为师资队伍提供物质文化保障

物质文化建设是基础，没有物质文化建设就没有精神文化和物化建设。高校的物质文化建设有很多方面，包括营造有文化底蕴的校园建筑、校园景观、设施设备、科研教学硬件环境等。教师与校园建筑景观的融合，是教师与学校物化环境和谐共生的最高境界。将优美的校园景观和建筑与良好的教学科研氛围融于一体，就能在高校营造良好的物化环境。优美的校园环境给人以美的感受，蕴含着崇高的审美理想和博雅的审美情趣。有研究表明，良好的工作环境是促进高效作业、取得理想工作成果的必要条件。教师积极的富有创造性的教学科研状态来源于能够给人以精神安慰和精神享受的物化环境。环境不但可以陶冶情操、净化心灵，还可以使教师身心得到放松。有文化特色的校园景观可以使人具有归属感。虽然很多高校对校园物化环境的创建很重视，但制定切实可行的创建方案和计划的高校不多，创造一个能够激发人的工作欲望和开拓精神的外在环境是高校亟待解决的问题。优厚的物质条件是教师开展高质量教学科研工作的基础，高校应该为教师提供优雅、明亮、温馨、舒适的工作和生活环境，这样才能让教师全身心地投入教学科研工作中去。

高校优良的校园物化环境是人创造的，而校园物化环境也反作用于人。

因此，高校物化文化环境对高校师资队伍稳定和素质提升都发挥着至关重要的作用。

（二）加强精神文化环境建设，为师资队伍提供精神支持

高校精神文化是由学校的学风、教风和校风体现出来的师生共享的价值观念、道德行为规范、文化传统、校园舆论和师生的共同意识。高校精神文化环境能够为高校师资队伍提供精神支持，也能够确立师资队伍的价值取向和精神追求，进而塑造教师的人格和精神品质。高校精神文化环境能够不断为师资队伍输送精神食粮，提升和保持师资队伍建设的品质。

1.营造良好的师资队伍文化氛围

第一，加强文化氛围的建设要采取多种方式深化学校的精神文化底蕴，形成学术自由的风气、海纳百川的学术风尚、追求卓越的精神，守住教书育人的职业操守。努力营造宽松、自由、民主、平等、公开、公平、公正的人文环境，使教职工在和谐、轻松、自如的气氛和融洽、信任的人际关系中相互协调和支持，提高工作效率。高校精神文化应该深入内心，形成精神动力，改变和提升教师的精神面貌。

第二，努力创建良好的工作氛围。良好的工作氛围不但能够凝聚人、鼓舞人，还能留住人、激发人，发挥人的最大潜力。

第三，在高校的师资队伍中形成尊师重教的良好风气。对于教师来说，能够受到尊重和实现自我价值比什么都重要。因此，高校要采取措施，在高校培养尊重教师、尊重教学的氛围，使教师在此环境中得到认可。

第四，要形成积极向上、争先创优的人文环境。一个好的人文环境应该是一个激发人奋发拼搏的环境，一个鼓励人做出成绩、多出成绩的环境。

第五，要营造为教师成长、成才和发展提供机会的文化环境。通过这些人文氛围的熏陶，使教师更加积极地投入到工作中去。

2.利用校园文化建设推进师资队伍建设

校园文化是由学校倡导的，被全体师生认同并融化在血液里、落实在行动中的价值观念，是一所学校历史传统、精神和理想追求的综合体现。教师队伍是校园文化建设不可或缺的一部分，教师队伍的健康发展也离不开校园文化建设。校园文化建设不仅能够为师资队伍建设注入新的文化元素，还能够从文化认同上凝聚师资队伍，促进良好的校风、学风的形成。校园文化建设内容有很多，包括学校的发展定位、价值观念、校史校训、行为文化等，同时包含中华优秀传统文化教育。这里着重谈一下校史校训，高校师资队伍人文环境建设离不开高校校史校训教育。校史是一所学校发展轨迹的真实记录，是高校校园文化建设的重要组成部分。一部系统的校史记载着一所学校的发展历程，是高校办学特色和大学精神的重要体现，对一所学校的发展具有重要意义。加强校史教育有利于对教师进行学校传统教育和优良校风教育，更有利于增强教师对学校的认同感和凝聚力。校训是一所学校精神文化的集中体现，是校园文化建设的重要内容，是广大师生共同遵守的行为准则和道德规范，它是一所学校办学理念和治校精神的反映，体现了大学文化精神的核心内容。加强教师校训教育不但能够指导教师行为，还能引导和激励教师不断努力。

3. 加强高校德育环境建设

思想政治素养和职业道德素养是体现高校教师整体素养的重要方面，高校教师是否有良好的思想政治素养和职业道德素养将直接决定其是否能够把学生培养成为社会主义合格接班人。面对社会道德和高等教育质量滑坡的现实，高校应该加强德育生态环境建设，形成人人讲政治、处处谈师德的德育氛围及明德崇德的校园环境。要在高校中深入、广泛、细致地开展教师队伍的思想政治教育和师德教育，在制度上严格实施"师德一票否决"制。加强高校德育环境建设，对增强教师的责任心、提升教师爱岗敬业精神、引导师资队伍向着积极健康的方向发展具有至关重要的作用。

4. 加强教师队伍人际环境建设

每位高校教师在教师队伍中都不是孤立存在的，避免不了相互交流、互相影响，自然而然就形成了教师与教师之间的关系。同时，高校师资队伍中还存在不同人员之间的关系，如教学人员和教学人员之间的关系、教学人员和管理人员之间的关系、教学人员与其他职工之间的关系等。人际交往看起来是小事，但它体现了人的思想道德素质，是人的精神面貌的体现。和谐、协调的教师间的人际关系，是打造一支具有较高专业水平和强大凝聚力的教师队伍的基础。一所学校只有建立起和谐、协调的人际关系，才能营造充分尊重个性发展、团结向上的人文环境，以实现教职员工个体和学校集体的共同发展。人际氛围不好会直接导致教师的工作效率低下和人才流失，使教师队伍不稳定。因此，高校要高度重视创造和谐的人际关系环境。教师也要树立共同发展理念，营造互相帮助、互相协调、和谐团结的人际关系。和谐的人际关系能够增加凝聚力，有利于实现师资队伍团队建设。只有创建和谐的人际关系，不断消除人际关系中的不良因素，才能让教师全身心地投入到教学和科研工作中去。

5. 加强师资队伍教学科研软环境建设

教学科研工作是高校的核心工作，教学科研软环境建设也是人文环境建设不可或缺的部分。创造良好的教学科研环境是学校人文环境建设的重要内容，注重开展科研活动，在高校形成浓厚的学术氛围，从而提高教师的科研积极性；大力开展教学环境建设，广泛开展教学活动，在教师队伍中培养爱教学、教好学的教学氛围，不断提高教师对教学工作的重视程度。在高校师资队伍中形成教学科研并重的价值导向，才能使教师潜心教学科研工作，使教师在良好的教学科研环境中成长为优秀人才，提升师资队伍质量。

（三）加强管理文化环境建设，为师资队伍建设提供制度保障

1. 营造以人文本的管理文化环境

大学的发展离不开高水平的管理和良好的大学管理文化环境。大学管理文化环境是大学管理模式、管理特征和管理者与被管理者之间关系的综合反映。一个学校的治学思想和治校方针直接体现在学校的管理环境中，学校的管理水平直接影响了教师的发展水平。良好的管理文化环境能够培养教师的法制观念和组织纪律观念，能够使教师自觉按照管理要求开展教学科研活动。所有教师都遵守管理才能形成良好的教学科研秩序，使学校各项工作井井有条地开展。教育的根本价值追求就是实现人的全面发展，因此学校的管理活动必须贯穿以人为本的理念，营造以人为本的管理环境。一切管理工作都围绕教师开展，提升对教师的服务质量，改善对教师的服务态度，为教师提供良好的后勤保障，这样才能调动广大教师的积极性。

2. 构建优良的制度环境

制度环境是管理文化环境的一部分，它是高校教师管理行为的集中体现。科学的管理离不开制度建设，师资队伍建设又离不开科学的管理。构建有利于师资队伍建设的制度包括多方面的内容：建立完善的职称评定制度、教师进修制度、培训培养制度，能够优化师资队伍结构；建立动态的队伍管理机制，既能保证吸引优秀人才，又能淘汰不适合的人员，同时能保证师资队伍的稳定；为提高师资队伍的质量，需要完善考评制度，调整校内分配制度，落实聘任制，建立竞争激烈、争先创优的师资队伍环境；创新激励机制，鼓励教师自我发展，实现自我目标；制定奖惩办法，对工作积极、教学优秀、科研能力强的教师要给予奖励，反之，要有惩戒；完善人才制度，既保障现有人才的需求，又能够使优秀的人才脱颖而出。良好的制度环境不仅需要科学合理地制定制度，还需要严格地执行制度。

三、推动人文环境建设与师资队伍建设协调发展

人文环境建设的一个重要目的就是为师资队伍建设服务，师资队伍建设离不开人文环境建设。人文环境与师资队伍的关系类似人与环境的关系，师资队伍创造人文环境，人文环境也创造师资队伍。人文环境建设与师资队伍建设相互促进、彼此推动、协调发展。良好的环境是建设高水平师资队伍必不可少的条件，高素质的师资队伍又能够营造良好的人文环境。为了促进高校的发展，必须把优化人文环境和提高师资队伍建设水平放在同等重要的位置上。为了实现高校的发展目标，必须推动人文环境建设和师资队伍建设齐头并进、协调发展。

第四节　创建骨干队伍以及学科梯队

学科梯队建设对高校学科专业建设和骨干教师队伍建设起着决定性的作用，它直接关系到教师队伍的整体质量，以及高校人才培养质量和科研水平。要全面完成学科带头人和骨干教师的新旧交替，必须进一步加大学科梯队和骨干教师队伍的建设力度，完善和优化教师队伍结构。

一、落实经费，为学科梯队和骨干教师制定相应的倾斜政策

要把学科带头人和骨干教师队伍建设作为高校教师队伍建设的重点。各地政府和学校要围绕学科发展和教学改革的需要，设立专项经费用于学科梯队和骨干教师队伍建设，并积极争取社会各界的支持，鼓励企业、个人为高校学科梯队和骨干教师队伍建设设立奖励基金或提供专项资助。同时，要充分利用国家教育行政部门设立的专项基金计划，对骨干教师特别是拔尖人才给予重点支持。根据各地各校的不同情况制定相应的倾斜政策，积极鼓励和支持高校学科梯队和骨干教师队伍建设。

二、创造条件，充分发挥老一辈学科带头人的作用

老一辈学科带头人是高校事业发展的宝贵财富，他们坚持正确的政治方向，学识渊博、业务精良、经验丰富、为人师表、教书育人、尽职尽责，要充分发挥他们对新一辈学科带头人和骨干教师的传、帮、带作用。在人力、物力、财力等方面要给予重点支持，包括配备助手、争取科研基金、改善实验室条件、提高工资和生活待遇。要充分调动他们培养学科带头人和骨干教师的积极性，如确定特聘教授、实施"长江学者奖励计划"；对于资深教授实行不占岗位职数的终身教授制，使他们安于终身从教、乐于奉献，积极培养青年教师。

第五节　完善高校教师培训机制

继续教育是当今世界上普遍存在的一种社会现象。它担负着传授新知识、新技术、新技能、新观念，培养各类人员的业务能力、工作能力、职业思想，提高他们的素质和水平等多种任务。高校教师培训只有建立在继续教育的基础上，才能形成有效的教师培训机制。因此，必须树立继续教育观念，改革高校教师培训模式，建立有效的高校教师培训机制。

一、提高认识，树立高校教师继续教育观念

现代科学技术和社会生产力的飞速发展，使继续教育的国际思潮与我国现代化建设的客观需要产生了共鸣，引起了我国的重视和关注。继续教育是以更新知识、深化水平、加强能力、提高素质，使受教育者不断适应社会和工作需要为目的的高等继续教育。继续教育的根本特点就是理论与实践相结合，坚持学以致用、干什么学什么、缺什么补什么，针对岗位需要的知识、能力、水平进行培训提高。继续教育具有学习内容的针对性、办学方式的灵活性、教学组织的层次性、培训效果的实用性、教育要求的终身性等特点。一般来说，接受大学教育、研究生教育只是一次性的，而为了提高工作水平、适应工作需要，接受更新、扩充知识的继续教育却是多次性的，甚至没有终止的。在知识经济时代，劳动创新主要依靠的不是体力，而是智力和知识。知识的生产力是决定人们创新能力和竞争能力的关键因素。各级管理部门、学校和教师要树立继续教育观念，加强高校教师的继续教育工作，使他们不断接收新知识、新理论、新思想、新观念，提高他们的素质、能力和水平。

因此，我们要从以下几个方面努力，切实提高高校教师继续教育水平与质量。

（一）切实转变观念，深化对继续教育的认识

改变行为，观念先行。高校教师、管理者要紧跟时代步伐，在思想观念上与时俱进，自觉加深对继续教育的认识和理解，不断提升自我。

第一，充分认识继续教育的重要性。继续教育于国家而言，有利于建设学习型社会，为国家强盛提供支撑；于高校而言，可以提高教师队伍的整体素质，促进高校办学质量、办学效益的提升；于个人而言，可以促进自身专业化发展，更好地教书育人。高校管理者及教师都要对继续教育的重要性有更为深刻的认识。

第二，树立终身教育理念。继续教育不仅仅是业务能力的培训，更是全方位、多层次、长期的、重要的基础建设。高校教师和管理者必须以"终身教育"理念为指导，自觉参与继续教育，提高综合素质，肩负起人民

赋予的责任。

第三，树立正确的继续教育目的观。继续教育的首要目的是增加受教育者的知识储备，强化受教育者的操作技能，以更好地做好本职工作。对于高校教师而言，接受继续教育的目的无疑就是培养出德智体美劳全面发展的大学生。高校教师要将每一次培训看作自我提升的机会，为自身素质提升奠定良好基础。

（二）加强制度建设，完善继续教育管理系统

加强制度建设，构建较为完善的继续教育管理系统，是高校教师继续教育得以规范运行的重要保障。我们要从三个方面努力，进一步优化高校教师继续教育管理系统。

第一，探索建立全国性的高校教师继续教育管理中心。高校教师继续教育是一项长期和系统的工作，为了使继续教育工作能有序开展，我们有必要尝试建立高校教师继续教育管理中心。该中心的主要职能是制定高校教师继续教育的标准，并按照标准确定相应的教学目标、教学规划及教学权责等。

第二，完善法律法规体系。政府部门应该将继续教育纳入高校行政管理规划中，并在法规制度建设上做出努力，进一步推动继续教育法治建设，逐步建立起一套符合继续教育实情，更好地约束继续教育主体、客体行为的继续教育规章制度体系。

第三，大力完善继续教育考评体系。科学考评不但能有效检验学习效果，更能激发学员的积极性。我们在对高校教师参与继续教育的实效进行考核时，要将接受继续教育期间的表现及实际能力的增长量作为考评的重要指标。同时，我们还要注意对培训后的效果进行追踪，将培训实效、态度作为职称评定、职务晋升的关键条件。

（三）大力推进合作，确保继续教育经费充足

有充足的经费作为保障，是高校教师继续教育得以开展的重要条件。在市场经济条件下，我们要充分认识到仅仅依靠国家财政投入举办高校教师继续教育是远远不够的，我们要多方努力，最大限度地为高校教师继续教育提供资金支持。

第一，政府要加大投入。高校教师继续教育的直接受益者虽然是教师个体，但最终受益者却是国家和社会。因为教师素质得到提升后，必将进一步促进高等教育事业的发展，进而推动社会进步。因此，政府及教育行政部门有必要设立专项经费，资助高校教师接受各类继续教育。

第二，要拓宽经费来源渠道。美国教师继续教育经费主要由联邦政府、州政府、高校和教师本人共同承担。假设教师参与继续教育，一门课程的费用是300美元，联邦政府补助65美元，州政府资助15美元，高校资助70美元，其余部分由教师本人承担，有效改善了继续教育经费不足的局面。我国可以借鉴美国继续教育成本分担体系，根据实际情况，研究制定出高校教师继续教育成本分担比例标准，建立多方合作的经费筹措机制。

第三，要加强经费监管。我们要依托高校教师继续教育管理中心，完善相关法律法规，加强对高校教师继续教育经费的监督管理，使经费在阳光下运行，确保专款专用。此外，还要积极吸引社会力量支持高校教师继续教育，以争取到更为富足的继续教育经费。

（四）全面与时俱进，优化继续教育教学体系

教学体系是继续教育的重要载体，我们要与时俱进地优化高校教师继续教育教学体系。

第一，培训内容"接地气"。高校教师继续教育培训机构应要求送培高校对受训教师进行分析，培训机构根据分析结果对高校教师进行归类，并依据送培教师的实际情况进行有针对性的培训。同时，在开展继续教育的时候，内容要体现全面性、实用性。全面性即继续教育内容要包括专业知识、专业技能、专业伦理及专业精神四个方面，实用性即培训的内容要与高校教师的日常工作关系紧密，使受训教师在接受培训后能有效解决工作中的难题。

第二，培训方法"多样化"。由于培训资源的紧缺和受训学员量大，在现有条件下，我们必须坚持讲授法，在讲授中融入多媒体、网络、新媒体等手段，提高讲授效果。同时，我们要将启发式教学法、互动式教学法、案例教学法、探究式教学法等尽可能地融入继续教育教学方法体系中，提高继续教育的实效性。

第三，培训形式"现代化"。随着现代信息技术的不断发展，网络在信息的收集与传递方面的优势日益凸显，已逐渐成为人们获取信息的一个重要渠道。在此背景下，高校教师培训也应顺应时代潮流，充分利用现代信息技术，搭建网络培训平台，积极开展网络形式的继续教育培训。这种"现代化"的培训方式，不仅有利于实现优质教育资源的共建共享，还打破了时间与空间的限制，有利于实现教师的自主学习。

二、转变观念，改革高校教师培训模式

目前，我国高校教师培训主要是一种政府和学校行为，培训经费也基本上由政府和学校承担。结合教师岗位需要，不断提高素质、能力和水平的自觉培训学习风气还没有形成。因此，要改革教师培训的组织方式，把由政府和学校组织培训变为教师自觉参加培训；政府和学校只制定相关政策、提出培训指标、提供培训场所，由教师自主参加培训。要改革培训内容，把以理论知识为主的培训变为思想、政治和业务的全面培训，尤其不能忽视教师的思想道德素质的培训、教育教学技艺的培训，要培养教师的教育教学和科研创新能力。要改革培训面向，把以青年教师为主要培训对象变为教师全员岗位培训；按照各级教师的岗位要求进行全面的继续教育，提高各级教师实施素质教育的能力和水平。要改革培训经费办法，把由政府和学校承担培训费用变为政府、学校和教师分担或由教师承担。各级教师的素质水平应符合岗位的全面要求才能应聘。因此，教师的培训提高是教师的权利和义务，也是教师受聘任教的必要途径，教师有责任承担培训费用。

因此，我们要从以下几个方面努力。

（一）建主健全组织架构，成立教师教学发展中心

学校组建教师教学发展中心，以提升教师教学业务、促进教师队伍整体发展为目标，以"提升教学能力、促进教师发展、集结优质资源、合力育人树人"为理念，主要负责学校教师业务进修与培训、教学研讨与交流、教学咨询与服务、教学改革与研究、教学考核与评价，为学校教师成长与

发展提供优质服务。中心挂靠教务处，负责具体工作的组织实施；成立专家指导委员会，由学校督学、省级以上教学名师代表、省级以上专业教学指导委员会委员代表组成，为中心提供教学指导、教学咨询和建议、教学评估检查等。

（二）完善培训机制，开展各类专题培训

1. 以"师德师风"培训为引领

以"师德师风"培训为引领，保证教师培训沿着健康道路前行。学校师德师风建设贯穿教学、科研、思想政治教育、教学管理等全过程，涉及教学环节的方方面面，应逐步建立并完善教育、宣传、考核、监督与奖惩结合的工作体系，探索自律与他律并重的师德建设长效机制。在培训过程中，学校引导广大教师明确"立德树人、教书育人"的职责目标，形成重视师德的良好氛围，改变以往脱离实际、流于空泛的道德说教，通过社会实践、主题讨论、专项培训、老教师传帮带、评选标兵等多种形式，全方位开展师德培训工作。

2. 以专业培训为主渠道

学校定期邀请校外知名学者专家针对学科特点来校做专题报告或学术讲座，聘请校内国家级教学名师、本科教学工程项目负责人做有关教学能力提升和教师教学艺术等方面的讲座，要求全校青年教师参加。学校每学期制定教师教学培训规划，重点资助青年教师参加各类教师培训，如骨干教师培训、教师国内进修、教师国内访学、教师参加学术会议等。

（三）改革各项制度，建设教师培训保障体系

1. 实行教学课时津贴分配制度改革

在全校范围实行教学课时津贴分配制度改革、学校宏观管理与调控、二级学院实施分配细则。鼓励教师开设学术前沿和反映社会新动态的新课，对开新课的教师给予一定奖励；鼓励教师开设双语课程，拓宽学生知识视野，注入国际化新内容，增加课时津贴系数标准。

2. 健全和完善教师教学质量评价机制

学校教育教学质量评估办公室建有规范、科学、合理的教师教学能力评价标准，成立了校院两级管理的教学督导体系，实行学校督学宏观监督、

学院督导微观督查的教学评价机构，为教师教学质量评价和教学培训质量提供保障。

3.搭建优质网络教学资源平台

学校依托网络中心、新闻中心等多家单位，搭建优质教学资源共享平台，为教师网络在线培训、教师集中培训等提供交流和互动的平台。

（四）关于教师培训模式的进一步思考

通过近几年组织教师培训实践，结合国内其他高校组织教师培训的经验和教训，有效组织教师培训，切实提高教师教学能力，促进教师发展。

一是引导广大青年教师参加各类培训，调动其参加培训的主动性和积极性。高校管理者应充分认识到教师培训工作的重要意义，创新培训模式，大力宣传教师培训对促进教师学习优秀教学经验、提高自身能力的重要性，营造学校领导高度重视、组织者周密计划实施、教师主动参加的和谐氛围。

二是紧跟教育发展需求，开展主题鲜明的教师培训。每次培训要有明确的主题，围绕主题开展相关专业内容培训，从而使培训目的更加科学合理、培训方案更加明确有效。同时，要开拓培训途径，更新培训内容，多形式、多角度、全方位开展各类培训。除常规培训外，还要基于教师发展要求，紧跟社会和教育发展需求，为广大教师提供交流、互动、学习的平台，分享优秀教师教学成果。

三是完善培训体系，以机构建设带动教师培训，促进教师专业发展。高校应完善组织机构建设，成立教师教学发展中心，加大培训力度，丰富培训内容。明确专门人员负责培训的组织管理，形成培训的长效机制，促进教学研讨、教学交流、教学互动的开展等，充分发挥教学名师示范作用，帮助青年教师解决教学过程中遇到的问题，灵活、创新、有效地组织各类培训。

三、制定政策，建立有效的高校教师培训机制

通过开展和实施继续教育建立高校教师全员培训体系，以适应各级教师岗位的全面要求，不断提高各级教师的素质和水平；必须制定相应政策，

建立有效的高校教师培训机制。在政策导向方面，要大力提倡继续教育，树立继续教育观念；制定相应政策，明确各级教师培训的指标要求，并与教师的职业招聘和职务聘任紧密挂钩，激励教师主动参加继续教育。在具体实施方面，继续教育要与教师队伍的结构优化、学科建设、专业调整、学术骨干和学科带头人的选拔培养相结合；要围绕各级教师岗位的全面要求设置高校教师的各项培训内容，采取多种培训形式，由教师根据规定的指标要求和自身条件自主安排参加培训，实行先培训达标、后聘任上岗的原则。在考核制度方面，要制定有利于各级教师自觉参加继续教育的政策法规，把教师参加培训的内容、成绩、次数、实效作为各级教师聘用、晋升、奖励的前提和依据，促进高校教师活到老学到老，切实建立有效的高校教师培训机制。

第六节　高校师资队伍建设的创新理念

国际竞争的实质是国力竞争，国力竞争归根于教育的竞争。中国的未来之路在于科技创新，科技创新取决于创新人才的培养，广泛地推行素质教育，培养具有创新精神和实践能力的新式人才，关键是要有一支创新型师资队伍。深化高等教育改革涉及方方面面，而大力推进高校人事制度改革，创新人才队伍建设特别是师资队伍建设，理应是高校改革的一个重要课题。

一、加强高校创新型师资队伍建设的重要意义

大力实施创新驱动战略、培养创新型人才是新时代高校的根本使命，建设一支高素质的创新型教师队伍是完成这一使命的重要任务。高层次创新型师资队伍是能适应创新型人才培养的根本任务和竞争日益激烈的高校发展形势，具有较强的学习、进取、奉献意识，富有创新精神、创造能力，积极探索创新方式方法的教学科研人才。其主要包括教学技能高、能够启

发学生创造性思维的高水平教师，能够在学术上有建树和有代表性成果的科研骨干，能推动某个学科或某个专业发展的领军人物。加强创新型师资队伍建设对于深化教学改革、推进学校内涵建设具有重要现实意义。一是贯彻落实国家发展战略的基本要求。近年来，一直强调建设创新型国家、建设创新型人才队伍，为加快转变经济发展方式、推进产业结构优化升级提供人才支撑。高校是集聚创新人才的高地、培养创新创业型人才的基地，但前提是高校要具有一支高层次的创新型师资队伍，这也是高校加强人才队伍建设的基本目标。二是推动内涵式发展的根本条件。推动高等教育内涵式发展，是新的历史时期我国高等教育深化改革、科学发展的基本方向，也是高等学校自身发展的必然选择，这也决定了高校谋划发展、推动发展必须更多地在内涵发展上做文章。高层次创新型师资队伍是全面提高办学水平和教育质量的核心要素，是推进内涵式发展的关键。高校应把高层次创新型人才队伍建设放在更加突出的位置，着力推进人事制度改革，着力形成汇聚人才和发挥作用的体制机制，着力营造利于人才奋发有为、干事创业的良好氛围，大力推动内涵建设。三是提升人才培养质量的迫切需要。近年来，为了保证人才质量，教育主管部门通过全面评估、专项评估等形式，对高等学校办学情况进行评判、评价。然而，各类评估都离不开对师资队伍的评估，这对深入实施人才强校战略、加强创新型师资队伍建设提出了更迫切的要求。高校依照评估要求，积极创造条件，更加准确地把握特色定位、办学思路、教学改革的有关要求，更新师资队伍建设观念，有针对性地加强高层次创新型师资队伍建设。只有这样才能适应发展需要，为提升人才培养质量创造条件。

二、树立高层次创新型师资队伍建设的新理念

目前，高校高层次师资队伍，尤其是创新型师资队伍状况还不容乐观，这主要体现在教师业务能力提高、教育素养提升、教育理念创新等方面。具体来说，一是适应性不强。普遍来看，学校当前人才队伍建设现状与适应学校内涵式发展的要求还有差距。随着学校办学规模的扩大、办学空间

的拓展、办学层次的提升、办学理念的更新，师资和科研队伍整体层次有待提高，以及具有较强创新能力、较高创新水平的学科带头人、博士数量相对较少。二是统筹性不够。高校需要进一步统筹学校发展目标、专业学科建设方向和人才队伍建设导向，有待在重点培养高素质科研队伍、优秀教师、科技尖子人才和推进中青年人才队伍建设等方面进一步研究。三是平衡性不足。高校内部单位、部门对人才工作的重视程度、推动工作力度不平衡，在人才工作理念、思路和方式方法的科学性上不平衡，在队伍建设和推动教学科研管理工作成效上不平衡。

结合高校发展实际，按照高层次创新型师资队伍建设的基本规律，有关政府管理部门和高校需要不断创新师资队伍建设理念。一是强化"培育"理念。新形势下，加快经济发展方式转变，推进产业结构优化升级，需要具有创新素质的高层次人才队伍作支撑。对高校来讲，创新型教师的基本体现就是能够创造专业新知识、发明生产新技术、创建教育新方法等。加强高层次人才队伍建设，就是要突出创新、强调创新、鼓励创新、奖励创新，特别是引导青年教师勇于创新、学会创新，成长为创新人才。二是强化"协同"理念。高校应积极开展协同创新实践，积极探索校校协同、校企（行业）协同、校地（区域）协同等创新模式，为教师主动融入地方经济社会发展创造机会，为教师成长搭建平台，让教师在社会服务中真正地成长起来，充分发挥智囊团、思想库作用。三是强化"适应"理念。高层次人才队伍建设要与学校发展定位相一致，与学科建设、专业建设相一致，要根据学校的主干学科、特色专业发展需要，确定人才引进对象，明确人才培养的方向，培养学科带头人，形成人才梯队，建设一支适应学校发展的高层次人才队伍。

三、建设高层次创新型师资队伍的新机制

第一，增强服务意识，优化学校高层次创新型师资队伍建设的软环境。首先坚持党管人才原则，各级党组织、广大干部牢固树立服务意识。党管人才，就是管宏观、管政策、管协调、管服务，根本上说就是做好服务。

高校党组织和有关部门负责同志要牢固树立以人为本的理念，放下身段用服务拴心留人，积极回应人才的不同服务诉求，细心周到地为人才办好事办实事，特别是在思想工作上给予全方位呵护，让他们全神贯注发挥自己的才干，使之全身心投入教学、科研、学习、工作之中，真正为学校发展发挥应有作用。其次加强和谐文化建设，着力营造创新人才成长的环境。加强对"高层次教师队伍是学校第一资源"这一认识的宣传，树立和宣传表彰那些不浮躁、能创新、善创造的好典型，形成崇尚创新专家、教学名师、科研尖子、服务能手的舆论导向；引导院系注重和谐文化建设，在院系、教研室克服文人相轻的现象，营造团结协作的工作环境、和谐融洽的人际环境、民主活泼的学术环境、鼓励创新和宽容失败的人文环境，支持创新、引导创新，培养创新型教学、科研和管理骨干。最后重视师德建设，实现业务创新能力和个人职业道德素养双提升。加强教师职业理想和职业道德教育，鼓励教师立足讲台干事创业，形成良好学术道德和学术风气，增强教师的大局意识和团结协作意识，提高教师为学校发展贡献力量的自觉性、主动性和创造性。

第二，突出工作重点，优化完善高层次创新型师资队伍建设工作机制。首先抓规划。高校将师资队伍建设与学科建设相结合、与学校定位相结合、与学校长远发展目标相结合，全面分析教师队伍现状，不能为引进人才而引进人才，明确师资队伍建设的工作目标、主要任务和保障措施。其次抓政策。多方调研，制定有利于吸引人才、留住人才的政策；完善引进机制，对于高层次教师，采取一人一议的办法，由点带面地加强师资队伍建设。再次抓培养。师资队伍建设要引进和培养两手抓，注重培养可能更有主动权。学校创造条件鼓励在职教师进行业务培训、进修和攻读学位，也可以对培养对象在课题研究、论文专著出版、学术交流等方面，特别是创新研究方面给予重点支持。基层教学单位要关注教师队伍培训培养，突出提高创新能力这一目标，加强培训和传、帮、带，建立培养计划、培育计划、奖励办法等工作激励机制，推动教师努力提高自身水平。最后抓考核。积极探索创新型教师的考核机制，努力建立优胜劣汰的竞争机制，引导大家多出科研成果，提高教学效果，让优秀人才脱颖而出，为高层次人才提供施展才华的舞台。

第三，创新工作机制，优化高层次创新型师资队伍建设工作格局。首先推动创新型人才优先发展。推动学校科学发展、建设创新型学校，必须优先发展创新型人才。谋划发展优先、谋划教师发展，推动工作优先、推动教师队伍建设工作，使学校教师优先发展具体化、项目化，推动教师培养工作水平的提高。其次加强人才工作方面的研究。高校要加强师资队伍综合研判，分析创新型教师队伍建设问题，在探索创新型教师培养途径和制度，形成新机制、增强新成效方面下功夫。最后形成创新型师资队伍建设的合力。有关管理部门牵头，加强宏观的管理和指导，高校发挥主体作用，在组织和具体措施上进行探索和创新，积极利用社会资源，加强校企合作，为教师培养创造好的机会和平台，形成常态化机制，凝聚创新型师资队伍建设的合力。

第四，实施名师培养和团队建设工程，优化学校高层次创新型师资队伍结构。实施人才培养工程是打造人才优势的重要经验，也是高层次人才队伍建设的基本途径。我国重大科技计划的组织实施大力加强了我国科技人才培养和创新团队建设，涌现出不少科研团队领军人物。不少高校也积极开展了人才培养计划和团队建设工程，实施"杰出人才引进与培养计划""学术创新团队培育计划""青年骨干教师培养计划"等人才培养工程，努力构建层次清晰、衔接紧密、促进优秀人才可持续发展的培养和支持体系，并取得了明显成效。学术大师加创新团队的管理模式是一个有效方法。高校也可以设计、实施人才培养工程，进行项目化运作，创建学校的人才工作品牌工程、品牌项目。通过加快重点实验室建设、特色研究中心建设，实施学校重大科研计划等项目，抓紧引进、培养和造就一批具有创新能力的中青年学术带头人和学术骨干，大力推进创新团队建设，形成"学术带头人+优秀团队"的人才格局，优化人才队伍结构，从而带动整个人才队伍建设。

四、高校"协同创新"理念下的师资队伍建设路径

在当今重视创新型人才的时代下，要培养拔尖的创新型人才不仅需要教师有更加广博的专业知识，而且需要有开阔的视野和开放的学术氛围。

然而，这样的综合型人才不是仅仅依靠条件单一、资源有限的院校培训就能够打造的，而是需要社会多种资源的共同协作。因此，协同创新为应用型高校的师资队伍建设指出了新的发展方向，这有利于创新师资队伍的建设理念和方式，实现优质培训资源的共享，促进师资队伍的专业化、一体化发展。

（一）建立合作"区域联盟"，促进教育资源共享

如今，我国已经形成了以高校为主、应用型高校为辅的高等教育格局，这些学校承担着各自师资队伍建设的大部分工作。但在与政府和社会其他教育机构的衔接上不足，导致师资队伍建设只停留在院校层面，培训效果也就十分有限。而通过协同创新的机制参与师资队伍建设的主体多元化，需要应用型高校加强与政府、社会机构、组织等的联系与沟通，建立合作联盟，形成发展共同体，促进教育资源的共享。

一是要形成区域性联盟。应用型高校相较于普通高校而言，所占有的教育资源相对有限，社会支持力度也相对薄弱。因此，在开展师资队伍协调创新建设的过程中，需要结合应用型高校的发展特点，以区域为单位，和周边的教育机构、企业等形成区域性联盟，形成师资队伍建设的实验基地和研究基地，并逐渐向周边辐射，形成一个强大的教育合作发展共同体，共同参与应用型高校的师资队伍建设。

二是要强化教育机构互动。教育合作发展主体的区域性联盟建立之后，需要强化各个主体之间的沟通、联系与互动，真正实现应用型高校与其他学校之间、与政府之间、与科研机构之间、与社会组织之间的密切合作，从而促进教育资源的共享，并加强各资源的流动，共享专业化进程，最终推动应用型高校的师资队伍建设走向联合，以促进地区基础教育的均衡发展。

（二）建立学术"共同体"，创新人才培养模式

在协同创新的视角下，参与应用型高校师资队伍建设的主体都是来自社会的各个层面，其多元化的培训主体决定了应用型高校需要在其内部结构上进一步完善，一般来说，对于应用型高校而言，目前可以参与的协同创新主体主要包括同类型的院校、地方政府、中小学校等，这三个主体之

间呈现出协调共生性,能够为应用型高校的师资队伍建设提供保障和支持。这就使应用型高校在协同创新的框架上,强化资源整合,建立起学术"共同体",从而创新应用型高校的师资人才培养模式。

一是整合优质教育资源。对于建立的区域联盟,应充分整合其内部的优质教育资源,结合应用型高校师资队伍的发展特点,建立教育发展中心;根据本校师资的专业特点和发展优势,建立一支师资特色建设队伍,以起到对外示范和带动的作用。同时,建立教学中心,促进不同学院、不同学科和不同专业的教师能够以组合课程代替传统的分类式课程,打破学科专业之间的壁垒,为教师带来大量内容丰富、专业性突出、综合性强的知识,以实现教育资源的合理流动,促进师资队伍创新型人才的发展。

二是建立核心人才智囊库。在协同创新机制下开展的应用型高校师资队伍建设,其形成联盟的主体是多元的、复杂的,如果没有专业的人才智囊团,其机构的运行和辐射效能是有限的。因此,应用型高校应以区域联盟为中心,建立起核心人才智囊库,通过引进专业教师、专家开展专题讲座、教学实践培训、人才培养交流研讨会等多种形式,组建学术交流共同体,以此建立核心人才智囊库,为应用型高校的师资队伍建设提供人才支撑。

三是深度合作交流与推广。强化应用型高校同联盟各个主体之间的沟通与联系,建立深度合作,采用"请进来、走出去"的方式,充分发挥区域教师培训基地的优势,广泛开展专业化培训,相互交流师资培养的有效方式与理念,进一步推广协同创新师资队伍建设模式的发展,不断提升应用型高校师资队伍的专业化水平。

(三)健全管理制度,构建师资建设保障体系

在现有管理制度的基础上,结合协同创新的开展实际,对相关管理制度进行优化和升级,以优化应用型高校当前的制度环境,以完善的管理制度为应用型高校的师资队伍建设提供保障。

一是建立定量定性结合式考评制度。在应用型高校传统的师资队伍建设中,其采用的考核机制通常都以定性为主,即不注重考核的过程,以最终结果定胜负。而在协调创新的视角下,由于其参与主体的多元化和复杂化,单独的定性考核显然是无法做到公平、公正的。因此,这就需要建立

起定量与定性相结合的考评制度，即制定相应的考核标准，同时更侧重其产生的经济效益和社会效益等，以此综合评估师资队伍的建设成果。

二是建立协同创新激励制度。协同创新的实质是一种创新型的教研活动，而创新是有风险的，可能成功也可能失败，为了避免打击学校的积极性，需要建立协同创新激励制度，对于创新成功的给予奖励，而对于失败的也要给予一定的鼓励。同时，对于教师不同的岗位、不同的级别，以定级的方式明确不同的项目建设经费、时限、目标和方式等，以避免师资建设资源浪费。对于成功者应通过申报奖励或广泛宣传等方式，增强教师的荣誉感，以此激励教师积极投入协同创新的活动。

三是设立独立协同创新监督机制。应用型高校应设立协同创新部门，并成立协同创新活动小组，专门开展协同创新活动。除此之外，还要设立独立的协同创新监督机制，建立专门的协同创新委员会，由专人负责监督和审核在师资队伍协同创新建设过程中的经费使用和活动开展情况，以充分确保师资队伍建设的实效性。

四是打造资源共享平台，培养优秀师资队伍。协同创新视角下的应用型高校师资队伍建设将拥有更加多元的参与主体、更加丰富的教育培训资源和更加专业的师资培养理念，而这些资源只有各个参与协同创新的主体共享，才能形成培养的合力。应用型高校需要结合自身的发展实际，建立多层次、多功能的教育培训系统，既包括先进的教育理念、科学的培训模式，还包括优质的自主学习资源，用以帮助教师自我综合素养的提升。同时，该系统还应有线上、线下灵活切换的功能，方便教师们相互交流、资源共享和效果反馈，以此培养更加优秀的师资队伍。

综上所述，21世纪，人才是高等教育院校赖以生存的要素，师资队伍是高等教育院校发展的重要人才资源，师资队伍的建设质量与教师的专业化发展水平直接影响到高等教育院校的办学质量。因此，在强调发展创新的当下，高等教育院校也应积极顺应形势，从协同创新的视角开展师资队伍建设，以充分确保师资队伍建设的实效性，提高师资队伍的专业化发展水平，促进高等教育院校的可持续健康发展。

参 考 文 献

[1] 龙辉明.双高建设背景下高职院校"双师型"教师队伍建设研究[M].合肥：合肥工业大学出版社，2020.

[2] 崔静静，龙娜娜，房敏.新时代地方本科院校"双师型"教师队伍建设研究[M].北京：冶金工业出版社，2020.

[3] 黄立.产教融合背景下高职院校"双师型"教师团队建设研究[M].长春：吉林人民出版社，2020.

[4] 方莹，于尔东，陈晶濮.职业院校"双师型"教师培养研究[M].秦皇岛：燕山大学出版社，2019.

[5] 黄莺，贾雪涛.双师型教师的专业发展研究[M].北京：中国书籍出版社，2019.

[6] 梁韵妍.创新创业教育背景下"双师型"教师胜任力模型研究与构建[M].北京：航空工业出版社，2019.

[7] 陆敏，乔刚.产教融合新实践新成果[M].上海：上海科学普及出版社，2019.

[8] 廖上源.高校教育教学改革与师资队伍建设[M].长春：东北师范大学出版社，2019.

[9] 褚瑞莉.激励理论视域下高校师资队伍构建研究[M].北京：九州出版社，2019.

[10] 孙爱武.应用型高校的未来[M].西安：西安电子科技大学出版社，2019.

[11] 田沛.互联网＋环境下应用技术型民办高校可持续发展研究[M].长春：

吉林人民出版社，2019.

[12] 黄扬杰.新时代高校创业教育师资队伍建设实证研究 [M].北京：中国社会科学出版社，2018.

[13] 郑山明.地方本科院校教师队伍建设研究 [M].北京：光明日报出版社，2018.

[14] 邵光华，晏成步，徐建平.地方本科高校转型发展研究 [M].杭州：浙江大学出版社，2018.

[15] 李玉萍."双师型"视域下高职院校教师在职培养困境研究 [M].合肥：中国科学技术大学出版社，2018.

[16] 韩雪军，韩猛.民族地区高职院校"双师型"教师队伍建设研究 [M].长春：吉林大学出版社，2018.

[17] 丁超峰，林萍.应用型本科高校"双师型"外语教师培养研究 [M].北京：光明日报出版社，2018.

[18] 刘琴.信息化背景下现代职业教育"双师型"教师培育研究 [M].北京：高等教育出版社，2018.

[19] 杨秀英，兰小云.国际视野下的职业院校专业教师培养研究与实践 [M].上海：上海交通大学出版社，2018.

[20] 郑山明.地方本科院校教师队伍建设研究 [M].北京：光明日报出版社，2018.

[21] 贾平.高职院校师资队伍建设有序培养研究与实践 [M].南京：南京大学出版社，2018.

[22] 彭丽娟，彭克发.职业学校师资队伍梯队建设与管理体制机制研究 [M].长春：吉林文史出版社，2018.

[23] 韩晓强，刘铁玲，舒晓红.教师文化素养与师资队伍建设 [M].成都：电子科技大学出版社，2017.

[24] 邓院方.应用型本科教育与高职专科教育衔接提升研究 [M].武汉：武汉大学出版社，2017.

[25] 魏真，石焕霞，杨晓波.民办应用技术型大学师资队伍建设研究 [M].北京：北京出版社，2017.

[26] 黄建雄.转型与提升地方本科院校教师队伍结构优化研究 [M].武汉：华中师范大学出版社，2017.

[27] 鲍玮.高职教育实践教学体系的建设探索 [M].天津：天津科学技术出版社，2017.

[28] 申燕.民办高校师资队伍建设 [M].北京：中国纺织出版社，2016.

[29] 刘玉红.高校师资队伍建设与管理工作新探 [M].北京：光明日报出版社，2016.

[30] 曾怡华.高职院校师资队伍建设研究 [M].北京：光明日报出版社，2016.

[31] 刘伟斌.高职院校"双师型"师资队伍建设研究 [M].北京：兵器工业出版社，2016.

后　记

这本书的撰写，源于自己多年来从事高校师资培训培养管理工作，特别是自我校开展应用型大学转型发展工作以来，师资队伍建设方面遇到的实际问题引起我对"双师型"师资队伍建设方面的深入思考。也是由于主研了河北省社会科学发展课题《河北省职业院校"双师型"教师资格认定标准研究》（编号：20210201458），结合前人关于"双师型"师资队伍建设研究成果，经过反复酝酿、构思，形成了本书的结构体系。

本书结合运用教育学相关学科知识，在广泛收集资料的基础上，总结出应用型高校"双师型"师资队伍建设的发展路向是：加强师德师风建设，培养高素质"双师型"教师；增强教师发展中心建设，促进"双师型"教师专业发展；健全产教融合机制，统筹协调"双师型"教师资源配置；完善教师发展评价机制，保障"双师型"教师队伍建设。这对指导应用型高校教师队伍建设实践、丰富职业教师师资理论具有很好的参考价值。

本书在吸收前人的优秀成果之上融入了自己的观点和创新，也结合了理论研究及自己的实践研究，是自己多年工作实践获得的启示和想法的体现，部分研究内容可能不完全充分，而且时间仓促，部分构思尚未完全成熟，本书中的一些错误也在所难免，希望学术界同人多多批评指导。

本书的完成离不开众多人的关心、支持和帮助，书稿的完成得益于集体合作，共计约 26 万字，其中姜鑫完成第六章至第十章约 18 万字，王建猛完成第三章至第五章、第十一章约 5 万字，刘欣完成第一章至第二章约 3 万字。在本书完稿的过程中，课题组全体成员都参与了书稿的修改、校对等工作，在这里一并感谢。另外，项目的完成和书稿的出版得到各级领导的大力帮助和指导，特别是冯瑞银副校长对本书提出很多建设性意见和建议，在此表示诚挚的感谢。

姜 鑫

2021 年 10 月于秦皇岛